**명문대 입학을 위해
반드시 읽어야 할**

생기부
고전
필독서
30

| 철학 편 |

명문대 입학을 위해 반드시 읽어야 할

생기부 고전
필독서 30

박시몽 지음

철학 편

데이스타
Daystar

《생기부 고전 필독서 30》
시리즈를 내며

　우리는 빠른 속도로 변하는 사회에 살고 있습니다. 그 사이 정보는 폭발적으로 증가하고, 내용과 형식 면에서 더욱 다양해지고 있습니다. 이에 반해 정보의 생명력은 날이 갈수록 짧아지는 모습입니다. 이에 따라 우리 사회가 요구하는 인재상도 달라지고 있습니다.

　현대 사회는 단순히 한 분야만을 전문으로 하는 인재보다는 다양한 능력과 가치를 동시에 지니며 공동체 내에서 활발히 소통하고 협력할 수 있는 전인적이며 통합적인 인재를 원합니다. 스스로 새로운 가치를 창출하고 이를 증명할 창의적이고 종합적인 사고력을 지닌 인재를 요구하는 것입니다. 이는 단순히 인지적 능력만이 아니라 정서적 능력, 실천 능력, 의사소통 능력, 창의적 능력 등 다방면의 능력과 공동체 역량까지 골고루 발달시켜야 한다는 의미이기도 합니다.

현대 사회가 요구하는 인재를 키우기 위해서는 무엇이 필요할까요? 의외로 다시 옛것으로 돌아가는 것이 요청됩니다. 변화하는 세상 속에서 변하지 않는 것을 찾는 일이지요. 바로 고전古典 읽기입니다. 고전은 시간과 공간을 초월하여 인류 문화의 보편적 가치를 담고 있습니다. 인류의 정수를 담은 보고와도 같습니다. 고전을 읽고 탐구하는 것은 단순히 지식을 습득하는 과정을 넘어서 그 시대의 문화, 사상, 가치는 물론 인간이 마주한 근본적인 질문과 답을 찾는 과정입니다. 고전은 시대를 대표하는 천재들의 사유를 포함하며, 이를 통해 학문의 발전에 기여하고 인류 발전의 원동력이 되어 왔습니다.

복잡다단한 현대 사회를 살아가며 우리가 맞닥뜨리는 문제를 해결하는 데에도 고전이 필요합니다. "나는 어떻게 살아야 하는가?", "내가 원하는 게 무엇인가?", "어떤 삶이 올바른 삶인가?", "어떤 선택을 하는 것이 도움이 되는가?"와 같이 본질적인 문제에 대해 고전이 훌륭한 조언을 줄 수 있습니다. 고전에는 시간이 흘러도 변치 않는 인류의 지혜와 통찰이 담겨 있기 때문입니다.

시대를 살아오며 많은 이들이 고민해 온 보편적인 문제들, 그 문제들을 바라보고 해결하는 과정, 그 속에서 나의 가치관을 세우는 시간. 고전을 읽다 보면 자연스럽게 경험할 수 있는 것들입니다. 이는 창의성과 비판적 사고력을 키울 수 있는 가장 좋은 방법입니다. 또한 고전을 읽다 보면 다양한 감정과 상황에 대한 이해를 넓혀 갈 수도 있습니다. 이는 자신과 타인에 대해 깊이 이해할 기회가 됩니다. 고전을 읽는 것은 단순히 책을 읽는 것이 아니라 인생을 읽고 삶의 의미를 탐구하는 일입니다.

최근 교육의 흐름도 바뀌고 있습니다. 통합적 전인적 인재 양성이 중요해짐에 따라 고교학점제가 도입되고, 문이과가 통합되었습니다. 이에 따라 학생들은 스스로 진로를 탐색하고 결정하여 교과목을 선택해야 합니다. 이번 《생기부 고전 필독서 30》 시리즈는 2022 개정 교육과정과 2028 대입 개편안에 따라 학교생활기록부에 교과 세부 능력 및 특기사항의 중요성이 커지고 있는 교육 현장의 변화를 반영하여 기획되었습니다.

고전의 중요성에 공감하는 현직 교사 6명이 한국문학, 외국문학, 경제, 과학, 역사, 철학 등 다양한 분야의 대표적인 고전 작품 180편을 엄선하여 소개합니다. 국내 굴지의 대학들이 제시하는 권장 도서 혹은 필독 도서를 중심으로 학생들이 반드시 살펴보아야 할 대표적인 작품을 담았습니다. 이렇듯 다양한 영역의 고전 독서는 학생들이 선택의 방향을 잡는 데 나침반이 되어 줄 것입니다.

이 책에는 고전에 대한 소개뿐 아니라 학생들의 학업 역량을 향상시킬 수 있는 내용, 심화 탐구 활동 가이드를 함께 제공함으로써 단순히 독서 활동에서 끝나지 않고 학업과 연계될 수 있도록 심혈을 기울였습니다. 핵심 내용을 통해 학생들이 고전 읽기에 대한 심리적 허들을 낮추고 한결 편안하게 고전을 받아들일 수 있도록 하였으며, 작품에 대한 꼼꼼한 해설로 내신 대비도 가능하도록 했습니다.

한 단계 더 나아가 교과별로 고전과 연계하여 찾아볼 탐구 주제와 방향 등을 제시하여 학생들이 고전 독서를 학교생활기록부 교과 세특과 연계하여 반영할 방법을 예시를 통해 안내하였습니다. 이는 독서를 통해 학생부종합전형을 대비할 수 있는 최고의 방법이 되어줄 것입니다.

고등학교의 생활기록부는 그 학생의 명함이나 마찬가지입니다. 자신의 진로를 위해 준비해 나가는 모습을 고스란히 담은 것이 바로 학교생활기록부입니다. 현직 교사로서 학교생활기록부의 중요성을 크게 체감하고 있습니다. 진로가 확고하든 확고하지 않든 가장 안전하고 편안하게 접근할 수 있는 방법이 바로 독서입니다. 더구나 그것이 양질의 독서라면 더할 나위 없을 것입니다. 나만의 포트폴리오를 만드는 방법으로, 고전 독서를 통해 학교생활기록부의 로드맵을 그려 보길 추천합니다.

이 책을 통해 학생들이 독서의 즐거움과 삶의 가치를 배우고, 학부모님들은 자녀가 독서를 통해 풍부한 경험과 지식을 쌓도록 도울 방법을 찾길 바랍니다. 교사들 또한 학생들에게 독서를 장려하는 효과적인 방법을 찾을 수 있으면 더욱 좋겠습니다.

이 고전 시리즈가 여러분의 독서 여정을 돕고, 그 기록이 학교생활기록부를 통해 더욱 빛나기를 바랍니다. 그 과정에 이 시리즈가 도움이 되기를 기원합니다. 감사합니다.

《생기부 고전 필독서 30》
철학 편을 내며

고전은 단순한 옛 문서가 아니라 인류의 지혜와 경험이 집약된 귀중한 자산입니다. 그것은 당대부터 지금까지 시대를 뛰어넘어 꾸준히 사랑받아온 가장 대중적인 문화유산이자 삶을 더 나은 방향으로 이끌어주는 지혜입니다.

그중에서도 철학 고전은 세상 모든 것에 대한 깊은 탐구를 담고 있습니다. 단순한 지식이나 정보의 나열이 아니라, 인간 존재와 삶의 본질에 대한 심오한 질문을 던지는 매개체입니다. 물론 직관적이고 표상적인 개념으로 끝나지 않기에 어렵게 느껴지지만, 이 깊은 사유야말로 철학의 진정한 매력이라고 볼 수 있습니다.

철학은 우리 삶에서 동떨어진 '어려운 것'이 아닙니다. 오히려 철학은 우리 사회의 모든 근간을 이루고 있습니다. 개인의 가치관에 영향을 미치는 것은 물론 가족과 공동체의 근본을 설정해주고, 사회와 국가의 시스템을 체계화하는 데에도 '철학'은 반드시 필요합니다. 예를 들어 정의, 자유, 평등과 같은 개념은 철학적 논의를 통해 형성되고 발전해왔습니다. 이렇듯 철학은 개인의 삶뿐만 아니라 사회 전반에 걸쳐 중요한 역할을 하고 있습니다.

인간의 사유야말로 인류의 발전과 진보를 이끌어 낸 가장 근본적인 원천이므로, 사유의 학문인 철학은 인류의 원초적인 생존과 함께 해온 위대한 여정이라고도 볼 수 있습니다. 철학은 과거의 고전에서 끝나는 것이 아니라, 현대 사회에서도 여전히 중요한 역할을 수행하고 있으며 우리가 처한 다양한 사회적, 경제적, 정치적 문제들을 해결하기 위해서는 철학적 사고가 필수적입니다. 따라서 "모든 고귀한 것은 어렵고 드물다"라고 했던 스피노자의 말을 떠올리며, 철학에 대한 부담감을 내려놓고 차근차근 옛 지성들의 사유와 고민을 따라가다 보면 어느새 넓어진 생각의 그릇을 마주하게 될 것입니다.

오늘날 학생들은 어려운 텍스트를 읽는 데 어려움을 겪는 경향이 있습니다. 이는 미디어와 기기의 발달로 인해 종이책을 접하는 경험이 줄어들고, 다양한 지식 습득 방법이 생겼기 때문입니다. 그럼에도 불구하고 종이책을 읽으면서 느끼는 기쁨은 여전히 특별합니다. 종이책의 따뜻한 감촉과 페이지를 넘길 때의 소리는 디지털 매체에서는 느낄 수 없는 독특한 경험을 선사합니다.

저는 지금의 학생들이 좀 더 어려운 글을 읽기를 바랍니다. 문장이 휘황찬란하고 화려해서 이해하기 어려운 글보다, 단순하고 짧은 문장이지만 그 뜻이 심오하고 철학적이어서 어렵게 느껴지는 글들을 더 많이 읽었으면 합니다. 그러한 과정을 통해 생각하고 고뇌하는 순간을 더 많이 경험했으면 좋겠습니다. 자신의 생각을 정리하여 더 깊이 있는 인사이트를 얻는 기회를 만나고, 무슨 뜻인지 천천히 이해하고 소화해보는 즐거움을 느껴보기를 바라고 있습니다.

요즘의 입시 상황을 보면, 교과 내용에 대한 깊이 있는 이해와 응용을 바탕으로 학생들이 효과적으로 자신을 표현하고 스스로의 가치를 전달하는 과정이 더 중요해지고 있습니다. 특히, 생기부는 학생의 잠재력과 역량을 보여주는 중요한 자료이기 때문에 단순한 내용의 나열이 아닌 유의미한 활동들이 기록되어야만 진정한 의미를 가질 수 있습니다. 철학 고전은 그러한 면에서 매우 뛰어난 재료입니다. 모든 학문의 기초가 철학에 뿌리를 두고 있기 때문에, 철학 고전을 통해서 다양한 주제를 깊이 있게 탐구할 수 있는 기회를 가질 수 있습니다. 그것은 곧 책 읽는 활동을 뛰어넘어 다방면의 융합 프로젝트를 통한 다양한 활동으로도 이어질 수 있습니다. 그리고 학생들은 이를 통해 자신의 생각을 표현하고 발전시키는 기회를 얻게 되고, 사고력과 문제 해결 능력을 향상시키는 데 큰 도움을 받을 수 있을 것입니다.

이 책《생기부 고전 필독서 30 철학 편》을 통해 생기부에 기재할 수 있는 구체적인 예시를 살펴보고, 아이디어를 얻어 즐겁고 의미 있는 학교 활동을 누리기를 바랍니다. 철학 고전을 통해 얻은 통찰과 경험이 생기부에 기록될 때, 그것은 단순한 문장 이상의 깊은 의미를 갖게 될 것입니다. 이러한 기록은 진정한 성장과 발전의 증거가 될 것이며, 나아가 여러분의 미래에 유의미한 영향을 미칠 것입니다. 그 사유의 여정에 이 책이 도움이 되기를 기원하며, 여러분의 꿈과 목표를 이루는 데 힘을 보태줄 수 있기를 진심으로 바라고 또 바랍니다.

차례

첫 번째 책

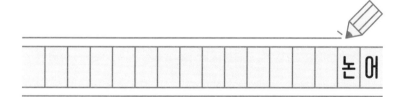

논어

공자 ▶ 휴메니스트

《논어》는 유교 사상의 시조라 할 수 있는 공자와 그의 제자들의
어록을 엮은 책입니다.《논어》는 총 20편으로 구성되어 있는데, 각
각의 간단한 내용을 보면 다음과 같습니다. 제1편 〈학이學而〉에서는
배움의 즐거움과 수신修身의 기본을 이야기합니다. 제2편 〈위정爲政〉
에서는 정치에 있어서 형刑과 벌罰보다 덕德과 예禮로 다스리려면 어
떻게 할 것인가를 이야기합니다. 제3편 〈팔일八佾〉에서는 예악禮樂과
제사에 관한 내용을 이야기합니다. 제4편 〈이인里仁〉에서는 사람의
내면적 도덕성인 인仁에 대해 깊게 이야기합니다. 제5편 〈공야장公
冶長〉과 제6편 〈옹야雍也〉에서는 공자가 제자들을 비롯한 고금古今의
인물들에 대해 솔직하게 평가하고, 그 근거를 자신의 사상으로 해

설하고 대화합니다. 제7편 〈술이述而〉는 공자가 학문을 대하는 태도에 관한 이야기로, 겸손한 자세로 배우고 바르게 행동하는 것의 중요성을 이야기합니다. 제8편 〈태백泰伯〉에서는 주나라 태왕太王의 장자인 태백泰伯을 비롯한 성현의 덕행과 공자의 정치관을 이야기합니다. 제9편 〈자한子罕〉에서는 제자들이 공자의 덕행과 가르침을 이야기합니다. 제10편 〈향당鄉黨〉에서는 공자의 일상생활에서의 예법과 행동들에 대해 이야기합니다. 제11편 〈선진先進〉에서는 공자가 제자들의 일상적인 물음에 대해 현인賢人들의 말과 행동을 논하면서 옳고 그름을 이야기합니다. 제12편 〈안연顏淵〉은 제자들이 공자에게 인仁을 비롯한 군자의 올바른 행동과 정치 등을 묻고 가르침을 받는 내용입니다. 제13편 〈자로子路〉와 제14편 〈헌문憲問〉은 주로 치국治國에 대해 논하면서 그 기본은 수신修身이라 이야기합니다. 제15편 〈위령공衛靈公〉은 수신修身의 방법과 올바른 처세에 관한 내용을 다루고 있습니다. 제16편 〈계씨季氏〉는 질서가 무너진 세상에서 군자君子로 살아가기 위한 실천적 가르침을 다룹니다. 제17편 〈양화陽貨〉에서는 혼란한 세상을 바라보는 공자의 한탄과 그것을 이겨내기 위한 올바름에 대해 이야기합니다. 제18편 〈미자微子〉에서는 성현의 이야기들을 통해 올바름을 논합니다. 제19편 〈자장子張〉은 공자의 제자들의 자유로운 학문적 논쟁들을 다룹니다. 마지막 제20편 〈요왈堯曰〉에서는 성현의 말씀을 빌려 천하를 다스리는 방법에 대해 논하고 있습니다.

《논어》를 처음부터 읽기는 쉽지 않습니다. 목차도 많을 뿐더러 공자와 제자들의 간단한 대화들이 나오는데 맥락과 상황이 불분명한 경우가 많거나, 약 2,500년 전의 시대상이 반영되어 있기 때문입니다. 또한 공자는 '이것은 이것이다'라는 식의 가르침보다는 비유나 추상적으로 자신의 사상을 표현하는 경우가 많았습니다. 하지만 《논어》에는 공자의 인간적인 에피소드와 가감 없는 그의 생각이 담겨 있기 때문에 교훈과 유머가 있는 고전이기도 합니다.

공자는 노나라 출신으로 서자로 태어난 데다 3살 때 부친이 세상을 떠난 탓에 아들로 인정받지 못하고 불우하고 가난한 유년 시절을 보냈습니다. 모친이 무녀(무당)였다는 설이나 어릴 적 제사 지내는 흉내를 내며 놀았다는 이야기 등을 미루어 볼 때, 공자는 제사와 관습에 밝았던 사람이라고 짐작할 수 있습니다. 그렇기에 공경하는 마음仁과 예절禮을 아주 중요하게 생각했던 것입니다.

공자의 핵심 사상은 인仁으로 설명할 수 있습니다. 《논어》를 읽다 보면 인仁이 약 100번 정도 언급됩니다. 인仁이란 인간이 본능적으로 지니고 있는 자연스러운 정감으로, 타인에 대한 이타적인 사랑을 의미합니다. 공자는 가장 가까운 사람을 사랑하는 것에서 인仁의 실현이 시작된다고 말합니다. 인간에게 가장 가까운 사람인 부모님을 사랑하는 것을 효孝, 형제간의 공경과 우애를 제悌라고 하여 가정에서 이루어지는 효제孝悌가 인仁을 실천하는 가장 기본적인 덕목이라 말합니다. 또한 가정 윤리인 효제孝悌를 바탕으로, 인仁을 사회 윤리로 확장시켜서 타인에게 충실하고 타인의 마음을 헤아려 배려하는 것을 강조합니다.

예禮는 내면의 인仁이 겉으로 드러난 것으로 인간이 행해야 할 외면적 규범입니다. 인仁을 바탕으로 누군가를 공경하고 사랑하면 그것은 응당 예절로 드러납니다. 그렇기에 인仁을 지닌 사람은 예禮를 다해 타인을 대하는 것입니다. 예를 들어 어떤 사람을 공경하고 사랑하면 그 사람을 불편하게 하거나 피해를 주려고 하지 않고, 최대한 평안하게 만들고자 합니다. 그것이 유교에서 말하는 예의범절입니다.

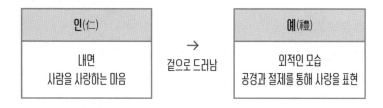

공자가 활동하던 시기는 주나라 왕실이 쇠퇴하면서 전국 각지의 제후들이 신하로서의 직분을 망각하고 왕처럼 행동하던 때였습니다. 공자는 이러한 사회적인 혼란의 원인을 인仁과 예禮가 사라졌기 때문이라고 생각했습니다. 사욕私慾을 추구하고 인仁과 예禮가 부족하

기에 사람들은 도덕적으로 타락하고 통치자는 잘못된 정치를 한다고 생각했습니다. 특히 제후들이 아버지나 형과 다름없는 주나라 왕을 무시하고 자신들이 왕 행세를 하는 세태를 강력하게 비판했습니다.

공자는 이런 세태를 바꾸기 위해서는 이름을 바로잡아야 한다고 주장합니다. 이른바 정명正名 사상입니다. 이름을 바로잡는다는 것은 사회적 지위에 따른 직분을 다할 것을 요청한다는 뜻입니다. 즉 사회 구성원들이 각자의 신분과 지위에 따른 역할을 충실히 수행하는 것을 의미합니다. 임금은 임금답게, 신하는 신하답게, 아버지는 아버지답게, 아들은 아들답게 행동할 때君君臣臣父父子子 세상은 비로소 안정된다는 것입니다.

공자는 정치에 큰 관심을 가졌습니다. 인仁과 예禮가 구현된 대동사회大同社會를 만들고자 했습니다. 대동사회는 재화의 균등한 분배가 이루어지고 백성들이 서로에 대한 사랑으로 조화를 이룬 사회를 의미합니다. 대동사회大同社會를 이룩하기 위해서는 최고의 도덕성을 갖춘 통치자가 덕德을 발휘해 백성을 덕으로 다스리는 정치德治를 해야 합니다.

공자는 사회를 안정시키기 위해서는 사람들이 수양을 통해 군자君子가 되어야 함을 강조합니다. 군자君子는 예禮를 통해 사욕私慾의 주체인 자기를 극복한 사람입니다. 또한, 자기를 먼저 닦고 사람들을 편안하게 하는 수기이안인修己以安人을 실현하는 사람입니다.

공자는 꿈을 가진 혁명가였습니다. 실제로 노나라에 있을 때 정치에 발을 들였지만 오래지 않아 물러나게 되었고, 자신의 사상을 실현하기 위해 천하를 방랑하며 뜻이 맞는 왕을 찾아다녔습니다. 또한 스승으로서 제자들에게 큰 가르침을 주었습니다. 비록 자신의 정치적 이상을 실현할 수는 없었지만 꿈을 이루고자 하는 그의 끊임없는 여정이 이 책《논어》에 고스란히 담겨 있습니다.

우리는 여전히 유교 문화권에서 살고 있습니다. 《논어》는 약 2,500년이 지난 현재에도 동서양에서 엄청난 사랑을 받고 있습니다. 동양 사상의 초기 고전인 《논어》를 통해 고루한 옛날이야기가 아닌, 현재에도 적용될 수 있는 삶의 지혜를 발견하고 공자처럼 사람을 사랑하는 마음이 가득한 사회를 꿈꿔보는 것도 좋을 것입니다.

도서분야	철학	관련과목	도덕·윤리	관련학과	사학과, 사회학과, 윤리교육과, 정치외교학과, 중국어과, 철학과, 한문학과

▶ 기본 개념 및 용어 살펴보기

주요 기본 개념 및 용어	
개념 및 용어	의미
인仁	– 타인에 대한 이타적인 마음씨. – 사람에 대한 존비친소(높고 낮음, 친하고 먼)가 있는 분별적인 사랑.
예禮	– 인간이 행해야 할 외면적 규범. – 인간의 내면적 인仁이 자발적으로 드러나 형식과 규범으로 구체화된 것. – 인仁을 현실에서 실현하는 질서.
예악禮樂	– 예악禮樂: 예禮와 음악樂이 조화를 이루어 사회질서를 구축하는 것. – 예禮: 구분과 절제의 원리로 상하의 질서를 바로 세우는 것. – 악樂: 음악, 화합의 원리로서 화합을 달성하는 것, 예禮(사회적 규범)에 부합하는 것, 사람들의 마음을 순화하는 도구.
정명正名	– 명名(사회적 지위)에 따른 분分(의무, 직분)을 바로잡는 것. – 사회구성원들이 각자의 신분과 지위에 따른 역할을 충실히 수행하는 것.
대동사회 大同社會	– 인仁과 예禮가 구현된 사회로, 재화의 균등한 분배가 이루어지고 백성들이 서로에 대한 사랑으로 조화를 이루는 사회.
수기이안인 修己以安人	– 자기 수양을 통해 내적인 덕을 완성하고, 이를 바탕으로 백성을 편안히 하고 천하를 안정시키는 것.
수신修身	– 악을 물리치고 선을 북돋아서 마음과 행실을 바르게 닦아 수양함.

| 팔일八佾 | – 여덟 명의 춤이라는 뜻으로, 주나라 왕실의 천자가 하늘天에 제를 지내며 춤을 출 때 가로, 세로 8열씩 64명이 추는 예악禮樂.
– 팔일八佾편 첫 번째 장에 노나라의 대부 계씨 이야기가 나온다. "일佾은 춤추는 대열인데 천자는 8열, 제후는 6열, 대부는 4열 사士는 2열이다."
계씨는 대부였기 때문에 원래 4열씩 16인의 사일무四佾舞를 추는 게 맞지만, 자신이 천자인 양 팔일무八佾舞를 췄고 공자는 이를 비판한다. 그리고 이름名이 무너졌기 때문에 이러한 일들이 일어나는 것이라고 말한다. |

▶ 시대적 배경 및 사회적 배경 살펴보기

당시 중국의 주나라는 중앙 집권체제가 아닌 봉건국가였다. 주나라의 천자天子는 왕족과 공신들을 요충지의 제후로 봉하여 주나라를 지키는 울타리로 삼았다. 따라서 천자天子인 왕 아래 신하인 제후諸侯가 있었다. 하지만 시간이 흘러 세대가 내려갈수록 왕과 신하의 관계는 점점 멀어졌다. 형제에서 4촌으로, 4촌에서 8촌으로 점점 소원해지다가 결국 남과 다를 바가 없어졌다. 그 사이 주나라 왕실은 점점 쇠퇴해갔고, 몇몇 제후국은 나날이 번창했다. 그러면서 이름名이 무너지기 시작했다. 제후들은 왕이 탈 법한 마차를 타고 다니기 시작했고, 사회 질서는 점점 더 어지러워졌다. 공자는 질서가 무너진 이유를 인仁과 예禮를 잃었기 때문이라고 생각하고 정명正名사상을 주장했다.

현재에 적용하기

현재 우리가 행하는 예禮에 대해 찾아보고 그것이 인仁의 마음과 어떤 관련이 있는지 생각해 본다.

생기부 진로 활동 및 과세특 활용하기

▸ 책의 내용을 진로 활동과 연관 지은 경우(희망 진로: 역사학과)

'논어(공자)'를 읽고 현재까지 우리나라에 이어져 오고 있는 유교적인 관습을 조사해서 그것과 관련된 이야기를 '논어'에서 찾아 발표하였으며, 관습적으로 이어져 오고 있지만 윤리적 의미가 이미 퇴색된 허례허식을 제시하면서 오늘날 사회에 알맞은 예절과 예법을 제안하는 혁신적인 모습을 보임. 정명 사상에 큰 영감을 받아 도덕적으로 인간답게 살아가고 자아실현을 하는 것이 자신의 이름을 바로 세우는 것이라고 말하며, 미래의 삶에 대해 진지하게 고민하고 직업을 선택하고 살아가는 삶에서 이름값을 하겠다고 다짐하는 모습을 보임.

▸ 책의 내용을 국어 교과와 연관 지은 경우

'논어(공자)'를 읽고 책 속에 끊임없이 등장하는 '인'에 대한 여러 가지 의미를 정리하고 그 내용들을 포괄해서 문장으로 만듦. 공자의 시대정신을 찾기 위해 주나라의 형성과 쇠퇴기를 조사하고, 사회가 혼란한 이유를 추론하여 봉건제의 문제점을 짚어냄. 친구들과 함께 논어를 활용한 도서 편찬 프로젝트 활동을 기획함. 2,500년 전 공자의 가르침에서 현재의 부모자식관계 및 다양한 인간관계에 적용해볼 수 있는 이야기들을 묶어 '공자 왈 인간관계 이렇게 하라고!'라는 책을 만들어 친구들에게 배포하고 함께 실천하는 모습을 보임.

논어·공자

후속 활동으로 나아가기

▸ 《논어》에서 등장하는 다양한 일화들을 각색하여 우리들의 인간관계에 접목할 수 있는 부분들을 찾고 그 의미를 담은 학교 폭력 예방 영상을 제작해 본다.

▸ 현재의 우리 사회가 혼란하거나 부족해진 이유를 《논어》에서 찾아보고, 그것의 대안과 해결책을 제시하는 탐구보고서를 작성해 본다.

▸ 공자의 주장을 반박한 묵자의 '겸애兼愛 사상'을 찾아보고, 공자와 묵자의 의견으로 나눠 토론하면서 두 학자가 세상을 보는 관점이 어떻게 달랐는지 비교한다.

▸ 《논어》에 나온 군자君子가 되는 구체적인 방법을 정리해보고 그것을 실천 목록으로 만들어 생활에 적용해 본다.

▸ 유교 사상이 시간이 흘러가면서 역사적, 사상적으로 어떻게 변화했는지 구체적으로 알아보고 그 이유에 대해 토의해 본다.

함께 읽으면 좋은 책

묵자 《묵자》 인간사랑, 2018.

증자, 자사 공저 《대학·중용》 문예출판사, 2023.

맹자 《맹자》 휴머니스트, 2021.

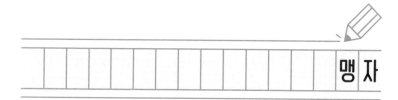

맹자 ▶ 휴머니스트

《맹자》는 맹자와 그의 제자들과의 대화 및 에피소드들을 기록하여 정리한 책입니다. 총 7편으로 이루어져 있으며 간단한 목차와 내용은 다음과 같습니다. 제1편 〈양혜왕梁惠王〉에서는 맹자가 위魏나라 양혜왕을 만나고 제후국을 돌아다니며 자신의 정치사상인 왕도정치王道政治를 피력하는 내용이 담겨 있습니다. 제2편 〈공손추公孫丑〉에서는 맹자가 자신의 제자인 공손추와 인정仁政을 이야기하고 왕도王道정치와 패도霸道정치를 논합니다. 제3편 〈등문공滕文公〉에서는 맹자가 등나라 세자와 만나 왕이 어떻게 국가를 다스려야 하는지에 대해 논합니다. 제4편 〈이루離婁〉에서는 혼란한 세상에서 개인이 어떻게 올바르게 살아가야 하는지를 논합니다. 제5편 〈만장萬章〉은 맹자가 자신의 제자 만장^{萬章}과 문답하는 형식으로 구성되어 있는데, 그는 고금^{古今}의 성현들의 이야기를 통해 인도^{仁道}를 행할 것을 주장합니다. 제6편 〈고자^{告子}〉에서는 맹자가 고자^{告子}의 인간 본성론인 성무선악설^{性無善惡說}에 대해 비판하고 자신의 관점인 성선설^{性善說}을 이야기합니다. 마지막 제7편 〈진심^{盡心}〉은 '마음과 정성을 다함'이라는 의미를 담은 제목으로 맹자가 자신이 중요하게 생각하는 유교 사상에 대해 다양한 이야기를 합니다.

맹자는 공자가 사망하고 약 100년 후인 기원전 372년 추^鄒나라에서 출생했습니다. 맹자는 아주 어릴 때 아버지를 여의고 편모 가정에서 성장했습니다. 아들의 교육을 위해 세 번이나 이사했다는 맹모삼천지교^{孟母三遷之敎}의 옛 이야기를 미루어봤을 때 넉넉하진 않았어도 어머니가 최선을 다해 맹자를 키운 것으로 보입니다.

맹자는 주나라 말 전국시대 사람입니다. 춘추시대부터 시작된 혼란은 더욱더 심해지고 있었고, 주나라의 국운은 풍전등화와 같았습니다. 제후들은 노골적으로 자신이 왕임을 공공연히 공표하고 주 왕실은 나날이 쇠약해져 갑니다. 이런 혼란한 시기에 양주와 묵자를 비롯한 다양한 학자들의 사상이 유행하고 있었고, 한때 수많은 제자를 거느리고 각지의 제후들에게 영향력을 발휘하던 공자의 사상은 뒷전이 되었습니다. 제후들은 오직 자신의 이익^利과 패자^{霸者}가 되기 위해 날뛸 뿐이었습니다. 맹자는 그런 세상에서 공자의 유학

사상을 계승하고 발전시킨 인물입니다.

전쟁과 살육, 권모와 술수가 소용돌이치는 불안과 절망의 전국시대임에도 불구하고 공자의 인仁을 계승한 맹자는 원래 인간의 본성은 선천적으로 선하다고 말합니다. 사람들이 나쁜 행동을 하는 이유는 선한 마음을 잃어버렸기 때문이라고 주장합니다. 유명한 우산지목牛山之木의 이야기처럼 잃어버린 선한 마음을 되찾아야 한다求放心고 말합니다.

그렇다면 인간 본성이 선하다고 주장할 수 있는 이유는 무엇일까요? 그것이 바로 하늘의 뜻天命이기 때문입니다. 인간은 숭배와 경외의 대상인 천명天命을 따르고, 천인합일天人合一을 위해 하늘이 부여한 보편적·선천적인 인의예지仁義禮智 도덕성을 실현해야 하는 존재입니다.

《맹자》에는 인간의 성선性善을 주장하는 두 가지 근거가 나옵니다. 첫째, 모든 사람은 불인인지심不忍人之心, 즉 타인의 고통을 차마 보지 못하는 마음을 지니고 있다는 것입니다. 맹자는 이를 유자입정儒子入井의 사례를 들어 설명합니다. 둘째, 모든 사람은 천부적으로 사덕四德을 지니고 있기 때문에 양지良知(도덕적 지각 능력)와 양능良能(도덕적 행위 능력)이 있다는 것입니다. 결국 인간은 선천적으로 인의예지仁義禮智라는 사덕四德을 지니고 있기에 그 본성이 선하다는 의미입니다. 맹자는 유자입정의 사례를 통해 불인인지심不忍人之心이 측은지심惻隱

之心을 포함한 사단四端으로 드러난다고 말합니다. 사단은 인의예지라는 사덕四德이 있음을 알려주는 네 가지 단서로서 어떤 상황에 처했을 때 즉각적으로 일어나는 감정인 측은惻隱, 수오羞惡, 사양辭讓, 시비是非의 마음을 뜻합니다. 이렇게 성선의 근거를 소개한 후 맹자는 《맹자》의 제6편 고자告子 장에서 고자告子의 성무선악설性無善惡說을 상세히 언급하며 버들가지와 물水의 속성, 타고난 성性, 인의人義 이렇게 네 가지 주제를 들어 고자의 의견을 논박합니다.

본성에 대해 논한 맹자는 불선不善의 근원에 대해 말합니다. 인간은 늘 선한 행동을 하도록 결정지어지지 않았고 가능성의 형태로 존재합니다. 선천적으로는 선하지만 환경적인 요인에 의해 불선不善이 생깁니다. 따라서 좋은 환경을 선택할 줄 아는 지혜가 중요하다고 말합니다. 또, 감각적 욕구를 추구하는 자기 자신小人이 불선의 근원이 되기도 합니다.

인간 본성에 대해 깊이 논의한 맹자는 사회 혼란의 해결책을《맹자》에서 이야기합니다. 하나는 개인이 자신의 선한 본성을 되찾는 것이고, 다른 하나는 사회적으로 올바른 정치를 하는 것입니다.

먼저 맹자는 인간이 감각적인 욕구를 따르는 소인小人에 머무르지 않고, 사유를 통해 도덕적인 마음을 따르는 대인大人 혹은 대장부大丈夫가 되어야 한다고 말합니다. 또한 수양을 통해 인의예지 도덕성을 완전히 실현하면 성인聖人이 되는데, 그 성인이 인의仁義의 덕을 통해 나라를 다스려야 한다고 주장합니다.

《맹자》에는 시작부터 왕들을 만나서 올바른 정치에 대해 논의하는 내용이 나옵니다. 맹자는 힘으로 다스리며 인仁을 표방하는 패도霸道와 달리 덕으로 다스리며 인仁을 행하는 정치인 왕도정치王道政治에 대해 논합니다. 이에 백성의 뜻을 존중하고, 백성을 사랑하며, 차마 백성의 고통을 보지 못하는 동정심을 갖고 행하는 인정仁政인 민본주의民本主義 사상을 강조합니다. 특히 '일정한 생업이 없으면 일정한 도덕심이 없다'는 무항산無恒産 무항심無恒心을 통해 백성들의 경제적 안정까지 고려해야 함을 주장합니다.

맹자가 꿈꾸는 인정仁政을 실현하기 위해 통치자는 안으로는 성인의 마음을 갖추고 밖으로는 군주의 덕을 갖춰 백성을 진정으로 사랑하는 내성외왕內聖外王을 갖춘 대인大人이어야 합니다. 만약 군주가 군주답지 못하면 인정仁政을 실현할 수 없기 때문에 역성혁명易姓革命으로 군주를 몰아내야 합니다. 공자가 말했듯 정명正名에 부합하지 않는 군주는 하나의 시정잡배市井雜輩에 불과하기 때문입니다.

맹자는 생전에 자신의 뜻을 실현하거나 큰 주목을 받지는 못했지만, 혼란한 세상에서 옳다고 여기는 가치를 꿋꿋이 지키면서 세상과 맞서 싸웠습니다. 음모, 선동, 교활한 계획, 배반, 전쟁과 학살이 가득한 세상에서 짐승과 다를 바 없는 소인小人들이 이익에 따라 움직일 때, 인의仁義를 지키며 끝까지 인간에 대한 가능성을 믿고, 잃어

버린 선한 마음을 되찾을 수 있다는 희망을 끝까지 안고 살아간 가
장 큰 이상주의자[*][^]였습니다.

도서 분야	철학	관련 과목	도덕·윤리	관련 학과	사학과, 사회학과, 윤리교육과, 정치외교학과, 중국어과, 철학과, 한문학과

▸ 기본 개념 및 용어 살펴보기

주요 기본 개념 및 용어	
개념 및 용어	**의미**
하늘天	– 고대 중국에서는 하늘天은 어떤 위대한 힘을 가지고 있고 인간계에 지배력을 가지고 있다고 보아 숭상, 경외의 대상으로 삼았다. – 은나라 시대에는 천상天上에서 지배력을 가진 것을 '제帝' 또는 '상제上帝'라고 불렀는데, 은과 주나라를 거치면서 제, 상제라는 명칭이 '천'天으로 변하였고 여기서 '하늘'이란 관념이 등장하였다. – 하늘天은 인간계에 그 힘을 미치고 있음과 동시에 이것에 중대한 관심을 가지고 있으며 이 관심은 '천명'天命이 된다.
천명天命	– 하늘天은 순선純善한 도덕성의 원천이다. – 인간의 선한 본성의 형이상학적인 근원이다. – 우리의 본성은 하늘에서 왔기 때문에 우리 본성을 밝히면 천인합일天人合一할 수 있다.
사단事端	– 측은지심惻隱之心: 인仁의 단서, 타인의 불행을 측은히 여기는 마음. – 수오지심羞惡之心: 의義의 단서, 자신 혹은 타인의 옳지 못함을 부끄럽게 여기고 미워하는 마음. – 사양지심辭讓之心: 예禮의 단서, 상대의 입장에서 생각하고 배려해 사양하는 마음. – 시비지심是非之心: 지智의 단서, 행위의 선택에 있어서 옳고 그름을 구분하는 마음.
역성혁명 易姓革命	– 왕조에는 각각 세습되는 통치자의 성姓이 있지만, 왕의 성이 바뀌게 되는 것도 천명天命에 의한 것이라는 사상思想으로, 덕망이 있는 사람이 폭군暴君을 폐위廢位시키고 새 왕조王朝를 세우는 것.

‣ 시대적 배경 및 사회적 배경 살펴보기

당시 전국시대 초기를 주름잡고 있던 두 사상이 양주와 묵자의 사상이다. 맹자는 이 두 사상을 비판하고 경쟁을 통해 자신의 사상을 전개했는데 상세한 내용은 다음과 같다.

맹자는 양주의 사상을 '위아주의爲我主義'로 평가하고 비판하였다. 자기 자신의 생의 가치를 무엇보다 중시하는 위아주의 사상이 자신의 삶을 파괴할 수도 있는 명예, 지위 등을 경시하고, 은둔하면서 사회와 타인에 대해 무관심해야 한다는 내용이었기 때문이다. 맹자는 양주의 사상을 국가 또는 공동체를 부정하는 이론으로 보고 '무군無君의 사상'이라고 규정하여 비판하면서 당시 혼란한 사회를 극복하기 위해선 피세避世와 은둔의 방식이 전혀 도움이 되지 않음을 강조한다.

한편 맹자는 묵자의 겸애兼愛사상도 비판했는데 겸애兼愛사상은 친소親疏(친함과 친하지 않음)에 차이를 두지 않고 자신의 부모와 이웃의 부모를 똑같이 사랑해야 한다고 주장하는 사상이다. 맹자는 이런 묵자의 주장이 인간의 자연스러운 감정을 해치고 부모를 부정하는 '무부無父의 사상'이라며 천륜을 훼손하는 금수의 사상이라고 평가했다.

현재에 적용하기

맹자의 입장에서 현대 사회를 진단하고, 올바른 세상이 되려면 어떻게 해야 하는지 생각해 본다.

생기부 진로 활동 및 과세특 활용하기

▶ 책의 내용을 진로 활동과 연관 지은 경우(희망 진로: 의예과)

고전 읽기 활동에서 '맹자(맹자)'를 읽고 인간관에 대해 다시 생각하는 계기로 삼아서 자신의 살아온 삶을 성찰하는 시간을 가짐. 맹자의 성찰법을 통해 자기 자신과 대화하는 방식을 체득하고, 인생의 뜻을 세우는 계기가 되었다고 발표함. 또한 원하는 인생의 로드맵을 그려보고 그것을 친구들에게 공언함으로써 자신의 가치를 명료화함. 자신의 과거 경험을 이야기하며 누군가를 돕는 것에 대한 소중함을 말했는데, 그 감정의 근원이 측은지심이었다고 말함. 이에 앞으로의 진로에서 누군가를 돕는 일을 하고 싶다고 밝힘. 누군가를 돕는 일 중 특히 생명을 다루는 의사가 되고 싶다고 말하며 측은지심을 바탕으로 사람을 잘 돌보는 선한 인간으로 살아갈 것을 다짐함.

▶ 책의 내용을 심리 교과와 연관 지은 경우

'인간의 본성은 과연 선한가? 실험해보자!'라는 주제로 융합 교과 팀 프로젝트를 직접 기획해 윤리학과 심리학을 탐구함. 팀원들과 맹자의 '유자입정 실험'과 '착한 사마리아인 실험'을 기획하여 특정한 상황에서 사람들이 어떻게 행동하는지에 대해 실험함. 실험이 진행되는 동안 실험 과정을 영상으로 찍고 그 후 실험자들에게 상황을 알리고 인터뷰까지 하는 방식으로 진행함. 총 10번의 실험 후 심리학적 분석을 바탕으로 상영회를 열어 발표함. 실험 전에는 성악설을 예상하는 의견이 강했는데, 막상 실험을 해보니 피험자 대부분이 사람을 돕는 선택을 하는 것을 보고 반성하게 됐다고 발표함. 또한 우수한 결과물에 대한 만족감을 드러내며 다른 교과에서도 비슷한 방식의 프로젝트를 기획할 것을 다짐하는 모습을 보임.

후속 활동으로 나아가기

▸ 맹자가 비판한 양주楊朱, 묵자墨子에 대한 탐구 활동을 한 후, 한 학자를 정하고 '난세를 살아가기 위해 어떤 처세가 옳은지'를 주제로 3자 토론을 한다.

▸ 《맹자》에서는 고자告子가 일방적으로 논박 당하는데, 반대로 고자의 입장에서 맹자를 비판하는 논거를 작성해 본다.

▸ 인간 본성이 선한 이유에 대해 깊게 논의하기 위해 학생들이 살면서 느낀 경험을 공유하는 시간을 갖는다.

▸ 《맹자》에서 나오는 유명한 고사성어를 찾아보고, 그것이 맹자의 사상과 어떻게 연관되어 있는지 탐구해 본다.

▸ 《맹자》에서 수양법을 찾아보고, 실천 목록을 작성해 생활에 적용해 본다.

함께 읽으면 좋은 책

공자 《논어》 휴머니스트, 2019.

묵자 《묵자》 인간사랑, 2018.

순자 《순자》 인간사랑, 2021.

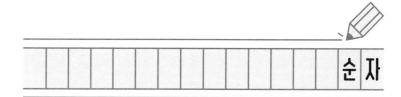

순자 ▶ 인간사랑

《순자》는 총 32편으로 이루어져 있으며 대화 형식인 《논어》나 《맹자》와 달리 논문 형식으로 순자의 사상을 풀어냈습니다. 이 중 몇몇 편들을 살펴보면 다음과 같습니다. 〈권학勸學〉과 〈수신修身〉편에 서는 학문과 개인의 수양을 논합니다. 〈불구不苟〉와 〈영욕榮辱〉편에서 는 군자君子와 소인小人의 특성을 비교하며 인간 본성에 대한 깊은 탐 구를 펼칩니다. 〈비상非相〉편에서는 관상觀相으로 인간의 운명을 판 단하는 세태를 비판하면서 운명은 오직 인간에게 달려 있다고 주장 합니다. 〈비십이자非十二子〉편에서는 도가道家, 명가名家를 비롯한 당대 12명의 대표적인 학자와 그들의 학설을 비판하는데, 이 중에는 유 가儒家인 자사子思와 맹자孟子까지 포함됩니다. 〈중니仲尼(공자의 이름)〉

편에서 공자 사상에 대한 순자의 해석을 제시하고, 〈왕제王制〉, 〈부국富國〉, 〈왕패王霸〉, 〈군도君道〉, 〈강국強國〉, 〈군자君子〉편에서는 군주의 정치사상과 통치법에 대해 논합니다. 〈천론天論〉편에서는 전통적인 천명天命사상을 비판하면서 하늘天에 대한 새로운 관점을 제시합니다. 〈예론禮論〉편에서는 순자의 핵심 사상인 예禮에 대해 체계적으로 논하고, 〈성악性惡〉편에서는 맹자의 성선설性善說을 비판하며 성악설性惡說을 주장합니다. 마지막으로 〈유좌宥坐〉편부터 〈요문堯門〉편까지는 공자의 일화를 중심으로 순자 사상과 맥이 통하는 교훈적인 이야기를 소개합니다.

공자에게 인仁은 내적 덕성이고 예禮는 외적 표현이었습니다. 맹자는 인仁에 초점을 두고 자신의 사상을 발전시켰고, 순자는 예禮에 초점을 두고 자신의 사상을 발전시킵니다. 순자는 공자의 사상을 이으면서도 자신만의 논리적인 주장을 펼칩니다. 그 대표적인 주제가 '하늘天'에 관한 것입니다.

《순자》의 〈천론天論〉편에서는 전통적으로 이어져 온 천명天命에 대한 시각을 전환합니다. 예로부터 사람들은 하늘의 천문학적 운행을 행위규범의 모범으로 삼아 왔습니다. 순자는 이에 반해 하늘의 운행인 자연법칙과 인간의 법칙이 별도로 운행된다는 '천인지분天人之分'을 주장하고, 더불어 인간은 하늘에 종속된 존재가 아니라는 '능참能參사상'을 제시합니다. 이 사상은 하늘이 우리에게 제공하는 것을 활용하여 인간이 하늘과 동등하게 세상에 참여해야 한다는 주장입니다.

《순자》의 〈성악^{性惡}〉편에서는 인간의 본성이 하늘에서 왔다는^{天命} ^{之謂性} 맹자의 성선설을 비판하고 성악설^{性惡說}을 주장합니다. 본디 사람의 선천적 본성은 악하고, 선한 모습은 후천적으로 인위^{人爲}에 의해 만들어진 것이라고 순자는 말합니다. 인간의 본성은 자연히 생긴 것으로 그것은 금수^{禽獸}와도 같아서, 이익을 좋아하고^{好利} 샘을 내고 몹시 미워하며^{嫉惡} 듣고 보는 것을 통해 생기는 물질적 욕구^{耳目之慾}를 추구한다는 것입니다. 이 악한 본성은 반드시 스승의 가르침을 받고 예의^{禮義}를 얻어야 비로소 제어될 수 있는데, 그렇게 하지 못한다면 사회는 혼란해지고 필연적으로 악이 발생하게 된다는 것입니다.

이어서 구체적으로 맹자의 성선설을 비판합니다. 첫째로 맹자가 선천적인 인간의 본성과 후천적으로 인간의 인위에 의해 만들어진 자질을 구별하지 못했다고 지적합니다. 둘째로 선한 본성을 잃으면 악해진다고 주장한 것에 대해서 자연적인 성질을 잃어버릴 수 있다는 것은 본성이 아니라는 점을 지적합니다. 셋째로 만약 인간 본성이 선하다면 성왕^{聖王}이나 예의^{禮義}가 애초에 필요가 없을 것이라고 주장합니다. 하지만 성왕과 예의는 실제로 존재하며 그것은 인간 본성이 악하다는 증거라 말합니다.

순자는 이어서 '화성기위^{化性起僞}'를 제시하며 인간의 본성은 선천적으로 악하지만, 성인^{聖人}의 인위적 노력으로 확립된 예^禮를 통해 교화될 수 있다고 말합니다. 즉, 선천적으로 악한 인간의 본성도 예禮를 잘 익히고 배우는 인위적인 노력을 한다면 선하게 바꿀 수 있다는 것입니다. 이런 예禮는 순자 사상의 핵심으로 성인의 위僞에 의해 형성된 외적인 행위규범이자, 모든 덕목을 아우르는 도덕의 극치이고, 몸과 마음을 바르게 하는 수양의 기준이며, 정치와 사회 운영의 최고 원칙입니다.

그렇다면 인간이 금수지성禽獸之性을 가졌음에도 교화가 가능한 이유는 무엇일까요? 순자는 인간에게는 동물과 달리 총명한 재능인 '마음心'이 있다고 말합니다. 마음은 인간이 태어나면서부터 갖게 되는 인식과 사유 능력으로 본성이 악하더라도 생래적으로 지닌 마음을 잘 계발한다면 인간은 선하게 될 수 있는 것입니다. 그러나 누구든지 총명한 재능인 '마음'을 갖추고 있음에도 불구하고 내외적으로 많은 장애물이 존재하는데, 그것은 바로 내적으로는 마음의 편견과 집착, 외적으로는 게으름과 나태함 같은 것들입니다. 그렇기에 올바로 인식과 사유를 하도록 마음을 잘 닦고, 학문을 쌓고積學, 초지일관初志一貫과 참되고 정성된誠 태도로 수신修身해야 함을 강조합니다.

정치에서도 예치禮治를 주장하는데 이는 예를 근본원칙으로 하여 백성을 교화하면서 베푸는 정치입니다. 예禮는 백성을 양육하고 사회적 분별을 하게 하는 기능을 하기 때문입니다. 또한 인간 본성이 본래 악하니 예禮만으로는 이상사회를 이룰 수 없기에 법의 필요성을 인정합니다. 하지만 법에 의한 통치만 강조한 법가와는 달리 법法을 예禮의 보조로 간주하여 선례후법先禮後法을 주장합니다.

순자는 제자백가諸子百家와 많은 학설 사이에서 체계적이고 논리적인 사상 세계를 구축했습니다. 생전 그의 영향력은 직하학궁에서 좨주를 할 정도로 컸고, 훗날 진나라 재상이 된 이사李斯와 한비자韓非子를 비롯한 많은 제자를 양성하기도 했습니다. 혼란스러운 세상을 대하며 순자는 막연한 긍정주의로 세상을 바라보는 성선설을 거부하였습니다. 그 대신 인간의 본질을 그대로 받아들이고, 이를 바탕으로 세상을 변화시킬 수 있는 현실적인 방안을 제시합니다. 순자는 인간 본성이 금수와 다르지 않다고 보지만 구제 불능의 존재로 여기지는 않았습니다. 오히려 잘 배우고 익히면 언제든지 변화할 수 있다는 긍정적인 관점을 제시합니다. 훗날 성선설을 기반으로 한 성리학이 등장하여 순자의 사상은 공격을 받기도 하고, 때로는 유가에서 이단아로 취급받기도 했습니다. 그럼에도 불구하고 순자는 공자의 사상을 충실히 이어 받아 유가 사상을 발전시킨 유학자였음은 분명합니다.

도서 분야	철학	관련 과목	도덕·윤리	관련 학과	사학과, 사회학과, 윤리교육과, 정치외교학과, 중국어과, 철학과, 한문학과

고전 필독서 심화 탐구하기

▸ 기본 개념 및 용어 살펴보기

주요 기본 개념 및 용어	
개념 및 용어	의미
천명지위성 天命之謂性	– 맹자가 주장한 것으로, 인간의 선한 본성의 근원이 하늘天이라는 뜻. – 우리의 본성은 하늘에서 왔기 때문에 우리 본성을 밝히면 천인합일天人合一할 수 있다.
예禮	– 인간이 반드시 지켜야 하는 사회생활의 최고 규범. – 모든 덕목을 포괄하는 도덕의 극치. – 몸을 바르게 하고 마음을 기르는 수양의 기준. – 정치 및 사회 운영의 최고 원칙. – 기원: 성인의 인위적인 노력으로 형성된 외적인 행위규범.
예禮의 기능	– 백성들의 욕구를 길러줌. – 신분과 직분을 나눠 욕망을 억제함. – 감정을 순화, 조절하여 사회적 혼란을 방지함. – 인간 본성의 교화 수단.

▸ 시대적 배경 및 사회적 배경 살펴보기

순자荀子(기원전 298년 ~ 기원전 238년)는 전국시대 말 조趙나라에서 태어났다. 어려서부터 뛰어난 재능을 가진 그는 제齊나라의 직하학궁稷下學宮에서 학문을 연구하였고, 이곳에서 후에 대학 총장에 해당하는 좨주祭酒 직책을 세 번이나 맡았다. 직하학궁은 현재의 대학에 비교할 수 있는 학문 기관으로 당대 최고의 지식인들이 모여서 각자의 사상을 대결하고 토론하는 장이었다. 유가儒家, 묵가墨家, 도가道家, 음양가陰陽家, 병가兵家, 명가名家 등 제자백가諸子百家의 다양한 사상가들이 모인 이곳에서 순자는 다양한 사상을 접하고 교류하며 자신만의 사상을 구축했다.

현재에 적용하기

인간의 본성이 악하다고 생각한 나의 경험을 떠올려 보고, 순자의 사상을 적용하여 설명해 본다.

생기부 진로 활동 및 과세특 활용하기

▸ 책의 내용을 진로 활동과 연관 지은 경우(희망 진로: 디자인과)

'순자(순자)'의 <권학>편을 읽고 '청출어람'의 본뜻을 이해하고 '푸른색 프로젝트' 를 시작함. 자신이 시각 디자인과 색채 전문가 과정에 관심이 있다는 점을 밝히고, 시각 디자이너의 입장으로 '더 푸른 쪽빛'을 찾기 위해 탐구함. 이어 프로젝트 결산 에서 재미있는 접근을 했는데, 일반적으로 '더 푸른색'이라고 하면 밝은색을 연상 하게 되지만 청출어람의 본뜻을 고려하면 이는 더 선명한 채도를 의미하는 것이라 주장함. 화면에서 채도 낮은 푸른색과 채도 높은 푸른색을 비교하여 보여주면서 순 자의 청출어람을 색채적 관점에서 해석하면서 스승의 가르침에서 더욱 발전하여 스승보다 학문적으로 더 선명하고 깨끗하여 고결한 존재가 되는 것이 청출어람의 본뜻이라고 표현함.

▸ 책의 내용을 심리 교과와 연관 지은 경우

'인간 본성과 심리학 프로젝트'를 기획하여 자신의 관심 분야인 심리학을 순자 의 사상에 적용함. 순자의 '화성기위'와 반두라의 '사회학습이론'이 비슷하다는 주장을 통해 두 이론 간의 학문적 유사성을 표현함. 순자의 사상 중, 성인의 인위 적인 노력으로 만든 예로써 인성을 교화한다는 점과 반두라의 사회학습이론에 서의 성인들의 도덕규범이나 가치들을 내면화하는 과정이 유사하다는 논리를 펼 침. 특히 순자가 주장한 총명한 재능인 마음이 인식과 사려하는 반응을 하는 것과 반두라의 사회학습이론에서 인지과정을 통해 사람들이 행동의 조건과 결과를 고려하여 자기를 규제하는 과정이 심리학적으로 닮아 있다는 의견을 냄. 이어 자신은 행동주의를 비롯해 외부 규범을 주입하는 교육방식에 대해 비판적이기 때문에 순자의 성악설보다는 맹자의 성선설을 지지한다는 입장을 밝힘.

후속 활동으로 나아가기

▸ 《순자》에 나오는 사자성어를 찾아보고, 그것을 주제로 짧은 단편 소설을 써본다.
▸ 현재 나의 학습 방식을 보완하기 위해 《순자》에서 얻을 수 있는 교훈을 찾아내고, 이를 바탕으로 실천 리스트를 작성하여 적용해 본다.
▸ 인간 본성에 대한 자신의 의견을 성무선악설, 성선설, 성악설 중 하나를 택하여 정리하고, 그 이유를 자신의 경험을 근거로 작성해 본 후 모둠별로 토론해 본다.
▸ 순자의 독창적인 사상과 공자를 계승한 부분을 구분하여 정리해 본 후, 이를 바탕으로 순자의 사상이 왜 후대에 인정받지 못했는지에 대해 탐구해 본다.

함께 읽으면 좋은 책

공자 《논어》 휴머니스트, 2019.
맹자 《맹자》 휴머니스트, 2021.
한비자 《한비자》 휴머니스트, 2016.

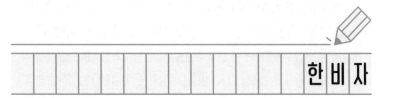

한비자 ▸ 휴머니스트

《한비자》는 총 55편으로 이루어져 있으며 한비韓非가 직접 저술한 것으로 추정되는 〈고분孤憤〉, 〈세난說難〉, 〈내저內儲설〉, 〈외저外儲설〉, 〈오두五蠹〉, 〈현학顯學〉을 비롯한 그의 일파들의 논문 모음집으로서 전국시대까지의 법가法家사상을 집대성한 저작입니다.《한비자》는 대략적으로 10가지 주제로 분류될 수 있습니다. 첫째, 법치 주장과 세태 비판. 둘째, 간신들의 은밀한 활동과 궁정 내의 잠재적 위험 분석. 셋째, 한비의 정치적 경험과 주장 반영. 넷째, 군주의 통치술. 다섯째, 제자백가諸子百家들의 사상 비판과 사상의 통제 강조. 여섯째, 노자老子사상의 해설. 일곱째, 유명한 이야기를 반박하며 자신의 주장을 강조. 여덟째, 역사적 이야기를 활용한 법法·술術·세勢

의 법치法治 강조. 아홉째, 법치 주장을 뒷받침하는 사례 인용. 마지막으로 한비와 관련된 역사적 사건들에 대한 기록입니다.

한韓나라의 왕족 출신인 한비는 제나라의 직하학궁稷下學宮에 들어가 순자 문하門下에서 이사李斯(훗날 진나라의 재상)와 함께 공부합니다. 그 시절 다양한 사상을 접하면서, 특히 순자의 성악설性惡說과 노자의 무위無爲사상, 상앙商鞅과 신불해申不害의 법술法術에 영향을 받아 자신만의 사상을 정립합니다.

한비는 전국시대 혼란이 극에 다다른 시기에 살았기에 스승 순자의 성악설性惡說에 크게 매료됐습니다. 하지만 순자의 화성기위化性起僞에 대해서는 동의하지 않았는데, 인간은 교화될 수 없는 존재라고 생각했기 때문입니다. 따라서 그는 사회 혼란은 이기적이고 이해타산적인 인간의 사악한 본성 때문에 발생하며, 이를 해결하기 위해서는 강력한 법치로 그 본성을 통제해야 한다고 주장했습니다.

먼저 한비는 수주대토守株待兔의 비유를 통해 유가儒家의 덕치德治주의를 비판합니다. 그가 볼 때 유가의 덕치주의란 현실을 고려하지 않은 지나치게 허황된 것으로, 덕치가 잘될 경우는 마치 토끼가 제 발로 뛰어나와 나무 기둥에 부딪쳐 죽을 확률 정도라는 것입니다. 오히려 자신이 주장한 법치야말로 농부가 성실하게 밭일을 하는 것처럼 실현 가능하고 짜임새 있으며 좋은 통치 결과를 낼 수 있다고 주장합니다. 왜냐하면 인간은 극도로 이기적인 존재이기에 덕치의 근본인 인의仁義와 자애慈愛는 현실적으로 무용하다고 보았기 때문입니다. 따라서 덕치는 나라를 어지럽게만 하는 방법에 불과하고 국가 이익 증진에 아무런 도움도 되지 않으며, 현명한 왕은 인의보다는 실제 공로를 중시한다고 말합니다.

한비는 교화 불가능한 성악설性惡說을 전제로 강력한 법치를 통해 중앙집권적이고 전체주의적인 이상 국가를 구상했는데, 이는 모든 것이 법에 의해 통제되는 명철한 군주의 나라明主之國입니다.

한비의 법치주의는 '국가의 이익이 최상의 도덕'이라는 원칙에서 시작되며, 국가의 이익을 추구하는 행위를 '선善'으로, 사익을 추구하는 행위를 '악惡'으로 보았습니다. 그는 사익을 국가의 공익을 해치는 것으로 보고 형벌로 그것을 강력히 통제하려 했으며, 이 모든 것의 판별 기준은 '법法'이었습니다. 따라서 법을 준수하는 행위는 국가에 이익을 가져다주는 '선善'인 반면, 법을 어기는 행위는 국가의 이익 증대에 도움이 되지 않는 '악惡'으로 간주했습니다.

〈외저外儲〉에 의하면 한비는 법치주의의 실현을 위해 강력한 군주가 필요하며, 군주는 법法·술術·세勢의 통치술을 잘 활용해야 한다고 주장했습니다. 이 통치술을 구체적으로 살펴보면 다음과 같습니다.

법法은 명문화되어 공포된 것으로 시비와 선악 판단의 유일한 기준이자 행위의 표준이 됩니다. 법을 따르면 선善한 것이고, 덕德이 있는 것이며, 상賞을 받습니다. 반면 법을 따르지 않으면 악惡한 것이고, 부덕不德한 것이며, 벌罰을 받습니다. 이렇게 법의 통치술은 악행을 억제하고, 이기적인 인간의 행위를 국가의 이익을 증대시키는 방향으로 이끌어줍니다.

술術은 신하와 백성을 감시하고 통제하기 위해 군주의 마음속에서 은밀하게 운용되는 수완과 방법입니다. 그는 노자老子의 무위無爲 사상을 적용해 군주가 아무것도 하지 않아도 안 되는 게 없는無爲而無不爲 방법을 주장합니다. 즉, 군주는 아무것도 하지 않고無爲 신하가 스스로 일을 찾아서 하는有爲 통치술입니다. 또한 그는 순명책실循名責實이라는 개념을 제시하는데, 군주가 신하의 능력에 맞게 직분名을 주고, 그 명분名分에 따라 결과를 책임지게 하는 것을 의미합니다. 이때 군주는 덕德과 형刑 혹은 상賞과 벌罰이라는 두 개의 칼자루를 잘 쥐고執二柄 있어야 합니다. 즉, 신하가 국가의 공익을 증대시키면 상을 주고, 그렇지 않으면 벌을 주는 것입니다.

세勢는 군주의 지위와 권력, 법法과 술術을 가능하게 하는 근원으로 보았습니다. 그는 백성이 군주의 명령을 따르는 이유가 군주의 도덕성이 아니라 강력한 권력 때문이라고 주장합니다. 이어 요순堯舜과 같은 현명한 왕은 드물게 나오는 예외이고, 대부분의 군주는 평범한 사람에 불과하기에 강력한 권세를 바탕으로 한 법치가 필요하다고 강조합니다. 또한 군주의 권력과 권위는 세勢가 없다면 무의미하며, 군주의 위세가 밖으로 표현된 것이 덕德과 형刑이라고 합니다. 따라서 군주는 안정된 통치를 위해 법法 안에서 지혜와 권위를 바탕으로 세력을 구축하고 유지해야 한다고 강조합니다.

한비는 스승인 순자의 성악설을 받아들였지만, 인간의 교화 가능성에 대해서는 다른 관점을 가졌습니다. 그는 인간을 교화할 수 없는 구제 불능의 존재로 보았고, 따라서 유가의 덕치로는 도저히 혼란한 세상을 다스릴 수 없다고 생각했습니다. 그는 이런 생각을 바탕으로 상앙의 법法, 신불해의 술術, 신도의 세勢 등 다양한 법가의 사상을 집대성하여 법치주의를 제시하였습니다.

훗날 진시황秦始皇이 된 진왕秦王은 〈고분孤憤〉과 〈오두五蠹〉를 읽고 한비에게 매료되어 그를 얻기 위해 노력했지만, 한나라의 왕족인 한비는 이에 응하지 않았습니다. 결국 진시황은 한비를 얻기 위해 한나라를 침공하였고, 그 후 한비는 순자 아래에서 함께 공부했던 이사가 꾸민 음모 때문에 억울하게 죽고 말았으니, 인간 본성에 대한 그의 통찰력은 가히 천재적이라 말할 수 있겠습니다.

도서분야	철학	관련과목	도덕·윤리	관련학과	사학과, 사회학과, 윤리교육과, 정치외교학과, 중국어과, 철학과, 한문학과

고전 필독서 심화 탐구하기

▸ 기본 개념 및 용어 살펴보기

주요 기본 개념 및 용어	
개념 및 용어	의미
화성기위 化性起僞	– 순자의 사상. 순자는 성악설을 지지했지만 인간은 교화 가능하다고 주장. – 성인이 인위적인 노력으로 만든 예를 통해 악한 본성을 교화시킬 수 있다고 보는 사상.
명주지국 明主之國	– 명철한 군주의 나라. – 전체주의, 중앙집권적 국가. – 모든 것이 법으로 통일된 나라.
무위이무불위 無爲而無不爲	– 노자老子가 도道를 설명할 때 사용한 개념. – 어떤 목적이나 작위 없이도 자연스럽게 이루어지는 도를 표현. – 아무것도 하지 않으면서 하지 않는 것이 없다는 뜻의 말.
형명학 形名學	– 관리를 등용할 때 그 사람의 의론議論(의견)인 명名과 실제적 성과인 형形을 살펴 일치와 불일치에 따라 상벌과 출척을 내려야 한다는 학설. – 법가인 한비韓非, 이사李斯, 신불해申不害, 상앙商鞅 등이 제창함.

▸ 시대적 배경 및 사회적 배경 살펴보기

전국시대 말은 강력한 제후국들이 서로 사생결단 전쟁을 벌이던 시기였다. 선동, 음모, 배신, 모략 등이 일상화 된 혼란스러운 시기였으며, 신하가 군주를 암살하거나 아들이 아버지를 죽이는 등의 불의^{不義}를 넘어선 패륜적 사건들도 드물지 않았다. 그런 살벌한 세상에서 성장한 한비로서는 성악설 외에 다른 관점을 찾는 것은 힘들었을 것이다. 한비는 형명학에 흥미를 가지면서도 황로학을 기반으로 생각했다. 그는 제나라의 직하학궁^{稷下學宮}으로 들어가 순자의 문하에서 많은 사상들을 공부했다. 그는 순자의 성악설과 노자의 무위^{無爲}사상에 영향을 받고, 전국시대 법가^{法家} 사상가 상앙^{商鞅}과 신불해^{申不害} 등의 법술^{法術}을 수렴하여 자신만의 법치^{法治} 사상을 구축했다.

말더듬이었지만 천재적인 문장가이기도 했던 한비^{韓非}는 한^韓나라의 왕족 출신이었다. 한나라는 전국칠웅^{戰國七雄} 중 하나였지만, 국토가 작고 중원에 위치해 있어 진나라와 초나라의 공격과 압박을 수시로 받아 생존이 힘들었다. 한비는 위태로운 조국을 위해 한나라 군주에게 법·술·세 통치술과 여러 계책을 간언했지만 왕은 그의 말을 듣지 않았고, 오히려 전국을 통일한 진왕(후에 진시황)이 그의 법치 사상을 받아들여 자신의 통치 사상으로 삼았다.

현재에 적용하기

타인에게 강력한 통제를 받은 경험을 상기해 보고, 그것이 나의 삶에 도움이 되었는지를 생각해 본다. 도움이 되었다면 그것이 어떤 부분이었는지, 안 되었다면 어떤 부분이 그러했는지 적어보고 친구들과 의견을 나눠본다.

생기부 진로 활동 및 과세특 활용하기

▶ 책의 내용을 진로 활동과 연관 지은 경우 (희망 진로: 경영학과)

'한비자(한비자)'를 읽고 성악설과 법치주의를 모티브로 하여 기업 경영에 대한 보고서를 작성함. 기업의 인사관리에 법치주의의 '술의 통치술'을 적용하는 아이디어를 제안함. 즉 경영자가 일관된 지시를 내리는 대신, 직원들이 자신의 직무에 대한 계획과 실행을 스스로 수행하도록 하는 방식을 제시하였고, 이 아이디어를 설명하기 위해 현재 이와 같은 시스템을 활용하고 있는 기업 사례를 인용함. 또한 이러한 업무 방식을 바탕으로 성과를 평가해 인사 고과와 급여를 결정한다면 직원들이 더욱 열심히 일하게 될 것이라고 강조함. 그러나 인간을 완전히 악하다고 보는 한비자의 관점 대신 악한 본성도 교화할 수 있다는 순자의 관점을 지지함. 그리고 이렇게 함으로써 직원들을 가족처럼 아끼고 보살피는 이상적인 회사 경영을 추구하겠다고 밝힘.

▶ 책의 내용을 정치 교과와 연관 지은 경우

'한비자(한비자)'를 읽고 호기심을 갖게 된 법가 사상의 출현 배경을 살펴보고, 거기에 춘추전국시대의 역사적 이야기를 더해 영상으로 제작함. 이 내용을 바탕으로 책 출판을 목표로 '법치주의 대백과 프로젝트'를 기획해 친구들과 협업함. 이 프로젝트에서 눈에 띄는 두 가지 포인트는 첫 번째, 동서양의 다양한 국가의 법체계를 시대 순으로 정리한 것이고 두 번째, 한비자의 법치주의와 오늘날 한국의 법치주의가 어떻게 다른지 비교·분석한 부분임. 이것을 통해 자유민주주의 가치를 담은 한국의 법치주의에 대한 깊은 이해도를 보여주었음.

후속 활동으로 나아가기

▸ 전국시대 법가의 법치주의와 현대 법치주의의 차이점을 비교해 본다.

▸ 역사 교과 융합 수업을 통해 《사기》를 보면서 전국시대 통일 과정과 한비자의 삶을 담은 이야기를 모아본다.

▸ 제왕의 도구인 상벌과 법·술·세 통치술을 현대 사회의 실제 사례에 적용해 보는 케이스 스터디를 진행한다.

함께 읽으면 좋은 책

사마천 외 3인 저 《신주 사마천 사기 26》 한가람역사문화연구소, 2023.

순자 《순자》 인간사랑, 2021.

니콜로 마키아벨리 《군주론》 현대지성, 2021.

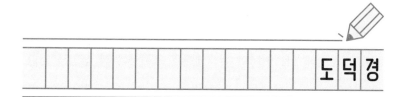

도덕경

노자 ▸ 휴머니스트

 노자의 성은 이李이며 이름은 이耳, 자는 담聃입니다. 그가 언제 태어나서 죽었는지는 불분명하며, 춘추시대 말 초나라에서 출생하여 진秦나라에서 생을 마감했다는 설이 있습니다. 주나라에서 그는 도서관장에 해당하는 수장실守藏室 사관을 맡았다고 합니다. 《사기》에 의하면 노자가 주나라가 쇠락한 것을 보고 주나라를 떠나려고 함곡관에 이르렀을 때, 관령關令이었던 윤희의 간곡한 부탁으로 〈도경道經〉인 상편 37장과 〈덕경德經〉인 하편 44장으로 구성된 《도덕경》 5천여 자를 저술하였다고 합니다. 〈도경道經〉에서는 주로 도의 본질과 의미를 서술하고, 〈덕경德經〉에서는 도의 작용이라 할 수 있는 덕德에 대해 논합니다.

먼저 〈도경道經〉을 살펴봅니다. 《도덕경》에서 도道는 총 73번이나 언급될 정도로 노자 사상의 핵심인데, 추상적이고 형이상학적이기 때문에 노자는 다양한 방식과 비유로 도를 설명합니다. 도는 현상 세계를 초월해 있으면서도 현상세계의 모든 사물의 생성과 소멸, 변화를 지배하는 실체實體이자 보편법칙입니다. 그렇기에 우주 만물이 마땅히 본받고 따라야 할 궁극적인 표준입니다. 도는 원리이자 법칙, 실체이기 때문에 감각으로 인식하는 게 불가능하고 언표言表할 수 없으며, 개념적인 지식 또한 아니기 때문에 지식을 쌓아 올리는 방법으로 파악할 수도 없는 것입니다. 노자가 말하는 이런 도의 운동과 변화의 원리는 '무위자연無爲自然'입니다. 무위자연은 억지로 무엇을 하지 않으면서도 하지 않는 것이 없는無爲而無不爲, 즉 어떠한 목적이나 작위 없이 자연스럽게 우주 만물을 생성하는 도의 활동 상태를 의미합니다.

〈덕경德經〉에서는 도道의 작용인 덕德에 관해 설명하고 있습니다. 덕이란 도가 만물에 작용해 자연스럽게 드러나는 현상을 의미합니다. 여기서 도는 각 사물의 생성 원리를 내재하고 있으며, 개별 사물들의 본성을 구성합니다. 이렇게 본성으로 내재된 도가 자연스럽게 드러나는 것이 덕입니다.

인간에게 내재된 도와 덕에 대해 논의하자면, 덕 있는 사람이란 도와 합일하여 무위자연을 실천하는 사람입니다. 인간이 무위자연

　　　　　　　　　　　　　　　생기부 고전 필독서 30 철학 편

하게 도의 모습을 따르고 있는 것은 상덕^{上德}이고, 반면에 의식적인 노력과 의도가 개입된 유위의 덕은 하덕^{下德}입니다. 이어 노자는 인간에게 보물과 같은 세 가지 덕을 제시합니다. 첫 번째 덕은 자애로움으로, 구분과 차별이 없고 즉각적이고 비의도적으로 사랑하는 태도를 의미하는데, 이는 도가 만물의 근원이며 구분이나 차별 없이 만물에 작용하기 때문입니다. 두 번째 덕은 검소함으로, 만물을 아끼는 태도를 의미합니다. 세 번째 덕은 겸손함으로, 남보다 앞서지 않으려는 자세를 의미합니다.

그렇다면 사회에 혼란을 불러오는 원인은 무엇일까요? 노자는 사회 혼란의 원인에 대해 실도^{失道}, 즉 도를 잃어버렸기 때문이라고 말합니다. 이러한 실도는 유위^{有爲}에서 나온 인위적인 규범과 제도, 그리고 인간의 잘못된 인식과 가치관에서 비롯된다고 그는 설명합니다. 특히 인간은 개인의 이익을 위해 교활하고 계산적인 지식을 활용하여 욕구를 충족하고자 하는데, 이러한 욕구는 도의 자연스러운 작용을 왜곡시킵니다. 노자는 이러한 비자연적인 행위가 '유위^{有爲}'에서 비롯된다고 주장합니다. 따라서 사회의 혼란을 극복하기 위해서는 도를 추구^{爲道}하고, 개인적으로는 내적 수양을, 사회적으로는 무위지치^{無爲之治}를 통해 해결해야 한다고 주장합니다.

개인 수양의 목표는 도를 체득하는 것입니다. 이를 위해 노자는 수양법으로 일손법^{日損法}을 제시하며, "학문을 하면 매일 지식이 늘

지만 도를 행하면 매일 지식이 덜어진다"라고 말합니다. 이는 세상의 지식과 분별들이 혼란을 야기하기 때문에 사람들이 매일 그것들을 덜고 덜어내서 무위자연의 도를 체득하게 되면 사회 혼란을 극복할 수 있다는 의미입니다. 이렇게 매일 지식을 덜어낸다면 마음이 완전히 비워져 도와 합일된 허정심虛靜心의 상태가 되고, 이 상태에 이른 사람을 그는 성인聖人이라고 말합니다.

성인은 장애나 막힘없이 세상의 모든 것과 조화를 이루는和光同塵 사람을 의미합니다. 그들은 타고난 자연적 덕성을 보존하며 살아가고 인간의 순수한 자연성을 파괴하는 인위적인 삶에서 벗어나 완전하고 절대적인 자연에 귀의하는 삶을 사는 사람입니다. 노자는 도를 체득한 성인의 모습을 통나무, 어린아이, 계곡, 물로 비유해 표현합니다. 통나무는 인위적인 것이 전혀 가해지지 않은 도의 자연스러움과 소박함을 상징합니다. 어린아이는 인위적인 작용이 전혀 없는, 즉 자연 그대로의 도를 표현합니다. 계곡은 만물을 생육하는 물의 근원으로 도와 같다고 말합니다. 특히 상선약수上善若水를 통해 물이 왜 도에 가장 가까운지를 설명합니다. 물은 낮은 곳에 머물면서 만물을 이롭게 하고, 남들과 다투지 않는 성질을 지녔기 때문입니다.

나아가 노자는 실도를 극복하기 위한 이상 국가의 모습과 정치 원리를 제시합니다. 그의 이상 국가는 소국과민小國寡民으로 무위지치가 실현된 소규모 공동체 국가인데, 인위의 과잉에서 벗어나 문명과 무위의 자연성이 균형과 조화를 이루는 나라입니다. 《도덕경》 후반에는 이상적인 국가를 실현하기 위한 노자의 생각이 담겨 있습니다. 무위지치는 무위자연의 도에 따라 통치자가 아무것도 하지 않고 백성들이 스스로 일을 하도록 내버려두는 정치 방식을 말합니다. 반대로 인위적인 정치는 예치, 덕치, 법치 등 인간이 규정한 많은 규칙들을 일컫는데, 이런 것들이 바로 도를 잃은 정치의 모습이라고 말합니다. 그리고 이상적인 통치자는 인위적인 요소를 덜어내고 타고난 자연적 덕성을 회복한 '성인聖人'의 모습이어야 한다고 주장합니다. 여기서 성인이란 무상심無常心을 지닌 자로서, 즉 도를 본체로 삼고 변하지 않는 일정한 마음이 없는 자, 말하자면 자신만의 아집이나 고집 같은 자신의 마음이 없는 사람을 의미합니다. 이런 통치자는 백성들이 무지無知하고 무욕無欲한 소박한 상태에서 살 수 있도록 합니다.

노자의 사상은 자연과 인간의 조화를 중심으로 하며, 인위적인 것들이 가득한 현재의 우리 삶에도 큰 울림을 줍니다. 노자의 행적은 《도덕경》을 저술하고 은둔 길에 오른 이후로는 전혀 알려져 있지 않습니다. 아마도 무위자연의 도道에 따라 살면서 신선神仙이 되지 않았을까 추측해 봅니다.

도서 분야	철학	관련 과목	도덕·윤리	관련 학과	사학과, 사회학과, 윤리교육과, 정치외교학과, 중국어과, 철학과, 한문학과

고전 필독서 심화 탐구하기

▶ **기본 개념 및 용어 살펴보기**

주요 기본 개념 및 용어	
개념 및 용어	**의미**
도 道	– 도는 특별히 노자나 장자 같은 도가 학파의 독점적인 개념이 아니다. 이는 춘추전국시대에 제자백가들 사이에서 일반적으로 사용되던 용어이다. 도의 개념이나 의미는 학파나 사상가에 따라 매우 다양하게 표현되지만, 대체로 진리 혹은 핵심 원리라는 뜻으로 통용되었다.
실체 實體	– 늘 변하지 않고 일정하게 지속하면서 그 자체로 존재하는 것. – 독립적으로 존재하며, 그것의 존재와 특성이 다른 것들에 의존하지 않는다는 의미.
화광동진 和光同塵	– 빛을 감추고 티끌 속에 섞여 있다는 뜻. – 자기를 앞세우거나 자기 자신을 중심에 내세우지 않고, 세상 안에 자신을 투신하여 모든 것과 아무런 장애나 막힘없이 통하여 조화를 이루는 것.
소국과민 小國寡民	– 작은 나라, 적은 백성. – 인간을 포함한 우주 만물이 본래의 자연성을 회복한 국가. – 인위의 과잉에서 벗어나 문명과 무위의 자연성이 조화를 이루는 세계.

▶ 사마천 《사기》, <노자한비열전>에 기록된 노자老子 이야기

노자는 초나라의 고현苦縣 여향厲鄕 곡인리曲仁里 사람으로, 성은 이씨李氏이며 이름은 이耳, 자는 담聃이고, 주周나라의 장서실藏書室을 관리하는 사관이었다.

공자孔子가 주나라에 갔을 때, 노자에게 예禮에 관해 물으려 했다.
노자가 말하였다.

"그대가 말하는 사람들은 그 육신과 뼈가 모두 이미 썩어버리고 단지 그 말만 남아 있을 뿐이오. 또한 군자는 때를 만나면 관직에 나아가지만, 때를 못 만나면 이리저리 날려 다니는 쑥대처럼 굴러다니는 신세가 될 것이오. 내가 듣기에 뛰어난 장사꾼은 물건을 깊이 숨겨두어 아무것도 없는 것같이 보이고, 군자는 훌륭한 덕을 간직하고 있으나 외모는 어리석게 보인다고 들었소. 그대의 교만한 기색과 탐욕, 태도를 꾸미는 것과 지나친 욕망을 버리도록 하시오. 그런 것들은 모두가 그대에게 아무런 도움이 되지 않을 것이오. 내가 그대에게 말할 것은 단지 이것뿐이오."

공자는 돌아와서 제자들에게 말하기를,

"새는 잘 날 수 있음을 알고, 물고기는 잘 헤엄침을 알며, 짐승은 잘 달릴 수 있다는 것을 알고 있다. 달리는 짐승은 그물로 잡을 수 있으며, 헤엄치는 물고기는 낚시로 낚을 수 있고, 나는 새는 화살로 잡을 수가 있다. 그러나 용에 대해서는 그것이 구름과 바람을 타고 하늘로 올라가는 것을 알지 못한다. 오늘 내가 노자를 만나보니 그는 마치 용과 같은 사람이었다."

노자가 지향했던 방향은 도와 덕을 닦아서, 자신을 감추어 이름이 드러나지 않게 하는 것에 힘쓰는 것이었다. 노자는 주나라에서 오래 거주하다 주나라가 쇠락해지는 것을 보

고는 마침내 그곳을 떠났다. 관문關門에 이르자 관령關令 윤희尹喜가 말했다.

"선생께서 앞으로 은거하시려 하니 귀찮으시더라도 저를 위해 저서를 남겨주십시오."

이에 노자는 상, 하 편의 저서를 지어 도덕道德의 의미를 5,000여 자로 서술하고 떠나버리니, 그 후로 아무도 그의 최후를 알지 못하였다.

───────────

대체로 노자는 160여 세 혹은 200여 세까지 살았다고 하는데, 이것은 노자가 도를 닦아 수명을 양생養生하였기 때문이다.

───────────

세상에서 노자의 학설을 배우는 사람들은 유가의 학설을 배척하고, 유가는 노자의 학설을 배척한다. "도가 같지 않으면 서로 꾀하지 않는다"라고 하였는데, 이런 것을 두고 하는 말인가?

이이李耳는 무위無爲로써 저절로 교화되게 하고 고요하게 있으면서 자연히 올바르게 되도록 하였다.

현재에 적용하기

물질 과잉의 현대 시대에서 노자가 우리에게 주는 교훈을 생각해 보고, 노자가 말한 삶의 방식이 현대인들에게 필요한 이유에 대해 논의해 본다.

생기부 진로 활동 및 과세특 활용하기

▸ 책의 내용을 진로 활동과 연관 지은 경우 (희망 진로: 영화영상학과)

'도덕경(노자)'을 읽고 '자연주의 환경 다큐 영화 프로젝트'를 기획하고 진행함. 먼저 인간의 물질 과잉으로 인한 환경오염을 조사한 후, 포스터를 만들어 학교 곳곳에 게시하여 '자연주의 환경 다큐 영화 프로젝트'를 알리고 팀원들을 모집함. 도시와 시골의 환경을 비교하여 수치화하는 방식으로 환경 오염실태를 조사하면서 대기, 수질, 토양의 오염 상태를 비교한 모습을 영상 촬영함. 또 방학을 이용해 '전기 없는 일주일'을 기획해 프로젝트 팀원들이 무위자연의 방식으로 일주일을 살아가는 모습을 영상에 담음. 무엇보다 '도덕경'을 해석해서 팀원들의 영상에 내레이션을 달았던 게 이 프로젝트 영화의 백미였음. 영화가 완성된 후 학교에서 상영회를 열었고, 후에 국제 다큐 영화제에 출품해서 환경에 대한 동양 철학적 해석을 잘 보여줬다는 평가를 받음.

▸ 책의 내용을 과학 교과와 연관 지은 경우

'도덕경(노자)'을 읽고 과학과 철학이 어떻게 서로 연결될 수 있는지를 탐구한 소논문을 작성함. 노자의 '무위자연' 원리가 과학의 기본적인 원리와 매우 유사하다는 주장을 시작으로, 물리학의 운동 법칙이나 생물학의 진화 이론처럼 모든 과학적 이론은 자연법칙에 기초를 두고 있음을 강조함. 다음으로 원자론의 원자 개념이 노자의 '도' 개념과 비슷하다는 점을 짚으면서 원자는 물질의 가장 기본적인 단위이며 그 자체로 무형적인 것으로 도의 특성과 매우 닮았다고 말함.

후속 활동으로 나아가기

▸ 무위자연 사상이 환경윤리에 어떤 영향을 줄 수 있는지 찾아보고, 환경을 보전하기 위한 실천 방안을 모색해 본다.

▸ 허정심과 일손법을 현대 심리학에 적용하는 방법을 모색해 본다.

▸ 물질 과잉의 시대에서 인간이 가져야 할 교훈을 《도덕경》에서 찾아보고, 우리 사회에서 덜어내야 할 유위는 무엇이 있는지 고찰해 본다.

함께 읽으면 좋은 책

사마천 외 3인 저 《신주 사마천 사기 26》 한가람역사문화연구소, 2023.

공자 《논어》 휴머니스트, 2019.

장자 《장자》 휴머니스트, 2023.

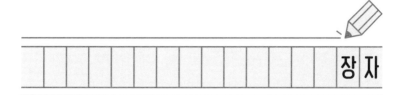

장자 ▸ 휴머니스트

《사기》에 따르면 전국시대 송宋나라 몽蒙 출신인 장자莊子의 본명은 장주莊周이며 자는 자휴子休입니다. 그는 칠원漆園의 관리를 맡았지만 생활은 매우 가난했다고 합니다. 장자는 맹자孟子와 동시대를 살았고 명가名家의 혜시惠施를 벗 삼았으며 노자老子의 사상을 계승하였습니다. 그가 계승한 사상은 현재는 도가道家 혹은 노장老莊 사상이라고 불리게 되었습니다. 장자는 노자의 도道와 무위자연無爲自然 개념을 계승하였지만, 접근 방식에는 약간의 차이가 있습니다. 노자는 사회에 초점을 맞춰 도道를 삶에 구체화하고 가능한 한 자연에 가까운 사회질서를 실현하려고 노력하였습니다. 반면에 장자는 개인에 더 많은 관심을 기울였고 개인이 세속적인 삶을 초월하여 자연과 하나가 되는 경지에 이르러 정신적 자유를 누리는 것을 강조하였습니다.

《장자》는 총 33편으로 구성되어 있으며 크게는 〈내편內篇〉, 〈외편外篇〉, 〈잡편雜篇〉의 세 부분으로 나뉩니다. 〈내편內篇〉은 장자가 직접 쓴 것으로 간주되며 〈외편外篇〉, 〈잡편雜篇〉은 그의 제자와 후기의 도가 사상가들이 쓴 것으로 해석됩니다. 〈내편內篇〉은 〈소요유逍遙遊〉, 〈제물론齊物論〉, 〈양생주養生主〉, 〈인간세人間世〉, 〈덕충부德充符〉, 〈대종사大宗師〉, 〈응제왕應帝王〉의 일곱 편으로 이루어져 있습니다. 여기서 〈소요유逍遙遊〉는 〈내편內篇〉의 총론에 해당하며, 〈제물론齊物論〉은 이론을 다루고 나머지 편들은 각론에 해당하는 부분입니다. 또한 〈외편外篇〉, 〈잡편雜篇〉은 장자의 사상을 우화로 풀어낸 이야기들이 대부분입니다.

장자는 노자의 도道와 덕德의 개념을 계승하여 더욱 구체화하였습니다. 그가 말하는 도道는 현상세계를 초월하는 동시에 모든 사물의 생성과 소멸, 변화를 지배하는 실체實體이자 보편법칙입니다. 한편 덕德은 도가 만물에 작용하여 자연스럽게 드러나는 현상을 가리킵니다. 여기서 도는 각 사물의 생성 원리를 내재하고 있으며 개별 사물들의 본성을 구성합니다. 이렇게 본성으로 내재된 도가 자연스럽게 드러나는 것이 덕입니다. 이런 관점에서 장자는 도를 지닌 모든 사물이 가치 측면에서 동등하다고 주장하는데, 이를 만물제동萬物齊

^同이라고 부릅니다.

　장자는 사회에 혼란이 발생하는 원인을 사람들이 '만물제동'이라는 진리를 깨닫지 못하는 데 있다고 주장하였습니다. 그의 생각에 따르면 문제의 근원은 인간들이 가진 편협한 지식과 그로 인한 분별심에 있습니다. 이러한 편협한 지식과 분별심 때문에 사람들은 자신과 자연스러운 본성을 잃어버리고 세속에 휩쓸려 허무하게 전도된 삶을 살아가게 된다는 것입니다. 이를 설명하는 대표적인 우화가 조삼모사^{朝三暮四}입니다. 이 우화에서 원숭이에게 주어지는 먹이의 총량은 어차피 일곱 개이지만, 원숭이는 아침과 저녁에 받는 먹이의 양이 다르다는 사실에 집착합니다. 이는 인간들이 갖고 있는 편협한 지식과 분별심이 대도^{大道}의 관점에서 보았을 때 얼마나 무의미한지를 보여줍니다.

　지식은 마음이 감각기관을 통해 외물과 접촉하여 형성된 것입니다. 그러나 인간이 지닌 감각기관과 사유기관으로는 사물의 실재를 파악할 수 없으므로, 인간의 지식에는 한계가 있으며 도에 대한 참된 앎인 진지^{眞知}를 얻을 수 없습니다. 따라서 장자의 입장에서 보면 도에 대한 참된 이해가 아닌 한, 맹자를 포함한 동시대 제자백가의 주장들은 참된 지식이 될 수 없습니다.

　장자는 본래 인간의 본성을 무욕하고 도덕이 덧칠되지 않은 자연 그대로의 소박한 마음^{常心}으로 보았습니다. 이는 정욕이나 인의

가 아닌, 도로부터 얻은 덕이 표현된 무위자연의 성향을 의미합니다. 하지만 특정 환경이나 교육에 의해 제한되면 편협한 지식과 분별심을 가진 '성심成心'이 형성됩니다. 성심은 시비是非, 피차彼此, 정사正邪, 선악善惡, 미추美醜 등 모든 종류의 구분과 차별의 원천이며, 이는 도의 관점이 아닌 인간의 관점에서 만물을 파악하게 되어 발생하는 현상입니다. 따라서 성심에 의존하여 생겨난 지식은 도道를 잃어버렸기 때문에 진지가 아닙니다.

그렇다면 잃어버린 도道를 되찾고 자연으로 돌아가기 위해서는 어떻게 해야 할까요? 장자는 도의 표현으로서의 덕을 회복하기 위해선 습관에 물든 심성心性을 깨끗이 닦아 도道가 마음으로 들어와 채워지도록 해야 한다고 주장합니다. 그는 이를 위한 세 가지 방법을 제시합니다. 첫 번째는 '좌망坐忘'입니다. 이는 조용히 앉아서 나를 구속하는 성심을 잊어버리는 것을 말하며, 이 과정에서 몸의 욕망, 마음의 지식이나 지혜를 잊어버리게 됩니다. 두 번째는 '상아喪我'입니다. 이는 나 자신을 죽여 상喪을 치르는 것으로, 나의 편협한 마음인 성심을 제거하고 자아중심적인 견해를 버리는 과정을 의미합니다. 세 번째는 '심재心齋'입니다. 이는 온갖 잡념을 없애고 정격한 마음을 기르는 과정으로, 사리 분별을 제거하여 기氣로 가득한 허정한 마음에 도를 채우는 것을 의미합니다.

장자는 이러한 과정을 통해 소박한 상태로 자신의 본성에 따라 자연스러운 삶을 영위하려는 사람을 '진인眞人'이라고 부릅니다. 진인은 편협한 지식과 분별심을 버리고 도道와 합일하여 제물齊物의 경지에 이르러 외물의 속박에서 벗어나 절대적 자유를 누리는 소요유逍遙遊에 도달한 사람입니다. 제물의 경지에 도달하면 나와 만물 사이의 구분이 사라져 하나가 되는 물아일체, 만물제동의 진리를 깨닫게 됩니다. 이를 통해 성심으로 인해 잃어버린 본성을 되찾아 도道에 따라 살아갈 수 있게 되며, 세상이 혼란스럽더라도 여유롭게 노닐며 돌아다니는 소요逍遙가 가능하게 됩니다.

《장자》는 자유분방하고 호방한 장자의 사상을 판타지 같은 다채로운 이야기로 풀어냈습니다. '대붕大鵬' 이야기를 시작으로 '조삼모사朝三暮四', '무용지용無用之用', '당랑거철螳螂拒轍', '호접지몽胡蝶之夢' 등의 비유와 우화를 통해 전국시대의 혼란 속에서 '자유인'으로서의 삶을 탐구했습니다. '대붕의 높은 비상'은 《장자》의 첫 번째 이야기로 장자가 꿈꾸는 이상적인 자유인의 모습을 대붕을 통해 비유적으로 그려냈습니다. 아마도 그 혼란한 시대 속에서 장자 자신이 가장되고 싶은 존재가 대붕이 아니었을까 짐작해 봅니다.

도서 분야	철학	관련 과목	도덕·윤리	관련 학과	사학과, 사회학과, 윤리교육과, 정치외교학과, 중국어과, 철학과, 한문학과

고전 필독서 심화 탐구하기

▸ **기본 개념 및 용어 살펴보기**

주요 기본 개념 및 용어	
개념 및 용어	**의미**
기氣	- 텅 빈 상태, 태초의 상태. - 태초의 빈 상태를 심재心齋로 비유. - 우주의 변화와 천태만상을 유발하는 생명력.
도道	- 만물의 생성 원리.
덕德	- 덕은 개체에 내재한 도道로서, 각 존재를 존재하게 만드는 구체적 사물의 생성 원리.
성性	- 도로부터 얻은 덕이 그대로 표현된 상태. - 개체는 각자의 본성을 발휘할 때 자연스러움.
성심成心	- 인위적으로 만들어진 마음. - 특정 환경이나 교육에 의해 마음의 작용이 제한됨으로써 생기는 치우쳐진 마음. - 편협하고 상대적인 지식을 가진 마음. - 고정관념을 지닌 인위적 마음으로 소요유 실현을 방해하는 요인. - 성견成見: 인위적으로 만들어진 견해.
제물齊物의 경지	- 세속적인 차별의식에서 벗어나 성심成心을 상심常心이 되게 하여 만물제동의 관점에 이르는 것. - 만물을 가지런하고 평등하게 인식하고 보는 것.

물아일체 物我一體	– 도를 지니고 있기에 외물과 내가 하나라는 말.
만물제동 萬物齊同	– 도를 지닌 만물은 가지런하게 같다는 말.
소요유 逍遙遊	– 자유롭게 이리저리 슬슬 거닐며 돌아다니며 노니는 삶. – 도와 합일하여 모든 외물의 속박에서 벗어나, 삶과 죽음의 상대 성마저도 초월한 절대적인 정신적 자유의 경지.

현재에 적용하기

제물의 경지에서 소요유의 태도를 유지하는 것이 현대인의 삶에 있어서 어떤 긍정적인 영향을 줄 수 있는지 논의해 본다.

생기부 진로 활동 및 과세특 활용하기

▸ 책의 내용을 진로 활동과 연관 지은 경우 (희망 진로: 사회학과)

'좋은 세상 만들기 프로젝트'를 기획하여 다문화 사회를 주제로 캠페인 활동을 진행함. 이 캠페인에서는 장자의 '도'와 '만물제동'의 개념을 바탕으로 다문화 사회에서의 편견과 차별을 문제로 제시하며 다른 문화에 대한 평등한 인식의 필요성을 강조함. 특히 피부색이나 생김새가 다른 사람을 구분하고 차별하는 행위를 책 '장자(莊子)'에 등장하는 '도'를 잃어버린 사람들의 행동과 비교함. 그래서 우리 모두가 피부색과 생김새가 다르더라도 같은 인간이라는 사실을 인식하고, 똑같이 '도'를 지닌 존재로 보아야 한다고 주장함. 이것을 상징적으로 표현하기 위해 한자 '도'의 모양 배지를 만들어 친구들에게 나눠주면서 모두가 도를 지닌 똑같이 평등한 존재라는 것을 알림.

▸ 책의 내용을 국어 교과와 연관 지은 경우

'장자(莊子)'를 읽은 후 우화에 대해 흥미를 느끼고 직접 우화를 씀. 이 과정에서 비유의 다양한 방식을 스스로 공부하고 간접적인 비유, 대조적인 비유, 확장된 비유를 활용하여 이야기를 만들어 냄. 특히 수업에서 공부한 장자 철학을 바탕으로 장자의 우화를 자신의 삶에 빗대어 이야기를 구성함. 이 과정에서 국어 교사와 윤리 교사의 도움을 받아 내용과 형식에 오류가 없는지 확인하며, 글쓰기에 집중함. 학교에서 졸다가 꿈을 꾼 자신의 경험을 바탕으로 '호접몽'을 모티브로 한 이야기를 만들어냈는데, 이것으로 선생님들과 주위 학생들로부터 큰 호응을 얻었고 이 경험을 통해 비유와 우화를 통해 이야기를 전달하는 능력을 크게 향상시킴.

후속 활동으로 나아가기

▸ 서양 철학자 중에 유사한 사상체계를 가진 사람을 찾아 비교해 본다.

▸ 도가道家 사상이 과학철학에 줄 수 있는 영향을 탐구해 본다.

▸ 도가 사상이 환경 문제에 던질 수 있는 가치를 찾아보고, 현대의 환경론자들의 이론
과 비교해 본다.

▸ 장자에 나오는 다양한 이야기를 모아 각색해 본다.

▸ 진정한 자유를 위해 어떻게 살아갈 것인지에 대해 토의해 본다.

함께 읽으면 좋은 책

노자 《노자 도덕경》 휴머니스트, 2018.

베네딕투스 데 스피노자 《에티카》 책세상, 2019.

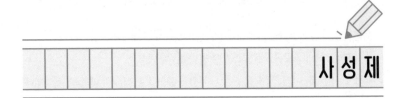

사 성 제

일묵 ▸ 불광출판사

《사성제》는 과거에 나온 고전이 아닙니다. 원래는 불교 경전 중 한 권을 선택해 그 사상을 담아보려 했으나 불교의 역사가 긴 만큼 경전 역시 셀 수 없이 많고, 내용도 분파마다 다릅니다. 또한 붓다의 설법 내용 자체가 매우 철학적이고 심오하여 출가한 승려들조차 평생에 걸쳐 그 의미를 이해하고 깨닫기 위해 정진하고 있는 실정이라 경전 대신 초기불교의 기초를 담은《사성제》를 일곱 번째 고전으로 선정했습니다.

《사성제》1장에는 붓다의 삶과 수행, 괴로움과 행복에 대한 이야기가 담겨 있습니다. 2장에는 세상의 모든 현상을 붓다의 입장에서 바라보고 통찰한 내용, 즉 '법法'에 대한 설명이 담겨 있습니다. 3장에서는 불교의 핵심 철학인 '연기緣起'에 대한 내용을 다루고 있고, 4장에는 이전에 살펴본 '법'과 '연기'에 대한 이해를 바탕으로 '사성제四聖諦'에 대한 상세한 설명이 담겨 있습니다. 마지막으로 5장에서는 '중도中道'의 수행에 대해 다루고 있습니다.

사문유관四門遊觀을 계기로 출가한 붓다는 우주 만물과 그 진리인 '법dharma'에 대한 깨달음을 얻습니다. 그 깨달음은 인생과 우주를 설명하는 가장 근원적인 보편법칙으로 '인연생기因緣生起' 혹은 줄여서 '연기緣起'라고 합니다. 이 세상 모든 존재는 무수히 많은 원인因과 조건緣으로 말미암아 생겨나고 또 소멸한다는 말이 바로 인연생기입니다. 이는 우주의 만물이 서로의 원인과 결과라는 상의상관성을 맺고 있음을 의미하며 완전히 독립된 존재나 현상은 존재하지 않는다는 의미입니다.

> 연기를 보는 자는 법을 보며 법을 보는 자는 곧 연기를 보느니라. 법이란 진리란 말이요, 진리는 곧 연기니라. 이 연기의 법은 내가 지은 바가 아니며 또한 다른 사람이 지은 것도 아니다. 저것이 있으면 이것이 있고, 저것이 생기면 이것이 생긴다. 저것이 없으면 이것이 없고 저것이 멸하면 이것이 멸한다.

붓다는 세계의 구조와 존재의 실상을 설명하는 네 가지 불변의 가르침四法印을 전하였습니다. 첫 번째는 제행무상諸行無常으로 모든 것이 연기에 의한 인연의 화합으로 비롯된 일시적 현상이며, 고정되지 않고 부단히 변화한다는 것입니다. 이는 모든 존재가 항상 변화하며 고정불변할 수 없음을 의미합니다. 따라서 세상의 참모습은 끊임없는 생성과 소멸의 변화를 거듭한다는 것입니다. 두 번째는 제법무아諸法無我로 '나我'는 오직 인연생기에 따라 결합되어 계속 변화한다는 것입니다. 이는 세상의 모든 존재에 고정된 실체적인 자아가 없다는 의미로 실체는 연기적 질서 속에서 존재할 수 없으므로 무아無我라 표현합니다. 세 번째는 일체개고一切皆苦로 사람들은 자신이 살아가는 현실 세계가 영원히 존재할 거라는 착각에 빠져들어 이에 대해 집착하는데, 모든 고통이 이것에서 생겨난다는 의미입니다. 붓다는 인간 삶의 본질을 고통이라고 보았는데, 이는 인간이 부적절한 욕망과 지식으로 잘못된 업業을 쌓아 고통의 원인을 만들어가는 '오온伍蘊'적 존재이기 때문이라고 설명하였습니다. 마지막은 열반적정涅槃寂靜으로 착각과 집착을 버리면서 번뇌가 사라지고 자유롭고 평온한 상태를 이루는 것을 말합니다. 열반涅槃은 불을 훅 불어 꺼버리고 모든 속박과 번뇌에서 벗어나 마침내 다다른 평화롭고 행복한 대자유의 경지를 의미하며, 적정寂靜은 모든 번뇌를 일으키는 원인이 사라져서 고요하고 괴로움 없이 편안한 상태를 뜻합니다. 따라서 열반적정의 상태란 모든 존재가 '제행무상', '제법무아', '일체개고'를 깨닫고 모든 고통이 사라져 번뇌를 끊고, 삶과 죽음의 순환인 윤회輪廻에서 벗어나 불생불멸의 진여眞如에 도달하는 것을 의미합니다.

그렇다면 인간이 고통스러운 삶과 죽음의 순환인 윤회를 벗어나기 위해서는 어떻게 해야 할까요? 이에 대한 답변으로 붓다는 고통과 그 소멸에 대한 가르침에 초점을 맞춰 네 가지의 성스러운 진리라는 뜻의 사성제四聖諦를 설하였습니다. 즉, 사람들이 현실 세계에서 고통스러움을 경험하는 이유가苦聖諦 실체적인 자아의 부재인 '무아無我'를 모르고 그에 대해 집착하기 때문이며集聖諦, 이 고통에서 벗어나 열반의 세계로 들어가기 위해서는滅聖諦 팔정도八正道를 수행해야 한다는 가르침입니다道聖諦.

팔정도는 중도中道의 삶인 열반에 이르는 수행법입니다. 중도란 '유무有無', '쾌고快苦', '생멸生滅' 어느 한쪽으로 치우치지 않고 양극단을 넘어서서 올바른 수행을 통해 깨달음을 얻는 실천적 수행법을 말합니다. 이는 어떤 하나의 고정된 관념을 완전히 배제하고 상황과 조건에 맞게 행동하는 것입니다. 팔정도는 이러한 중도의 방법을 통해 열반에 이르는 여덟 가지 올바른 길로, 올바른 견해正見, 올바른 사유正思, 올바른 언어 사용正語, 올바른 행동正業, 올바른 직업正命, 올바른 노력正精進, 올바른 생각正念, 올바른 마음 집중正定이 있습니다.

붓다는 팔정도를 통해 삼독三毒을 제거하고 삼학三學을 닦아서 깨달음을 이루고 열반에 도달해야 한다고 말합니다. 삼독은 탐진치貪

瞋癡로, 탐욕, 분노, 어리석음을 의미하며, 이는 연기법을 모르는 상태에서 번뇌를 일으키는 요인입니다. 이를 다스리는 방법으로는 계정혜戒定慧인 삼학을 수행하는 것입니다. 계戒는 나쁜 행동을 하지 않고 계율을 지키는 것, 정定은 어지럽게 흩어진 마음을 한곳에 고요하게 집중시키는 것, 혜慧는 사물의 실상을 그대로 통찰하여 진리를 깨닫는 지혜를 말합니다.

붓다는 인간의 삶에서 고통의 본질에 대해 깊이 고뇌하고 깨닫는 과정을 거쳐 최초로 깨달은 사람이 되었습니다. 그는 이 고통스러운 세상에서 고통 받는 모든 중생을 위해 자신이 깨달은 진리를 약 45년 동안 전하며, 사슬처럼 묶인 영겁의 윤회輪에서 중생들이 벗어날 수 있도록 진력하였습니다.

불교의 가르침에 따르면 누구나 세상의 진리를 깨닫고 열반에 이를 수 있다고 합니다. 이는 영원한 고통의 세계인 '이 언덕此岸'에서, 번뇌를 소멸시켜 편안하고 고요한 열반의 세계인 '저 언덕彼岸'으로 넘어가는 것을 의미합니다. 이런 과정을 통해 부처가 되면 생멸을 초월한 존재가 됩니다. 《반야심경》의 마지막 구절을 음미하면서, 고통을 끊고 열반의 세계를 향해 어떤 삶을 살아가야 할지에 대해 깊이 생각해 보면 좋겠습니다.

아제아제 바라아제 바라승아제 모지 사바하
(揭諦揭諦波羅揭諦波羅僧揭諦菩提娑婆訶)
가자, 가자, 저 언덕(彼岸)의 세계로 가자, 모두 함께 저 언덕의 세계로 가자. 오!
깨달음이여 축복이어라.

도서 분야	종교·철학	관련 과목	도덕·윤리	관련 학과	사학과, 윤리교육과, 종교학과, 철학과

고전 필독서 심화 탐구하기

▶ 기본 개념 및 용어 살펴보기

주요 기본 개념 및 용어	
개념 및 용어	**의미**
사문유관 四門遊觀	- 석가모니가 태자 때, 동서남북의 성문 밖으로 나갔다가 생로병사生老病死라는 인생의 네 가지 고통四苦을 직접 보고 출가를 결심한 일.
법dharma	- 우주의 원리, 보편적 진리.
오온五蘊**설**	- 인간과 우주 만물은 물질적 요소인 색色과 정신적 요소인 수상행식受想行識, 이 다섯 가지로 구성됨.
업보業報**설**	- 몸과 말과 마음으로 짓는 것을 결과로 받는 것. - 업業 : 몸과 말과 마음으로 짓는 행위. 또한 행위의 반복으로 형성된 습관이나 성격까지 포함. - 보報 : 결과.
윤회輪廻	- 인간은 현세에서 저지른 업에 따라 죽은 뒤에 다시 여섯 세계 중한 곳에 태어나 내세를 누리며, 그 내세에 사는 동안 저지른 업에 따라 내내세에 태어나는 윤회를 계속함. - 여섯 가지 세상: 가장 고통이 심한 지옥도, 굶주림의 고통이 심한 아귀도, 짐승과 새·벌레·뱀들이 사는 축생도, 노여움이 가득한 아수라도, 인간이 사는 인도, 행복이 두루 갖추어진 천도.
진여眞如	- 있는 그대로의 모습, 진실한 존재방식. - 우주 만물의 절대적 진리.

고성제苦聖踄	– 고통에 대한 성스러운 가르침. – 우리의 현실 삶 그 자체가 고통임. – 팔고八苦: 생로병사의 네 가지 고통, 원수를 다시 만나는 고통, 사랑하는 사람과 이별하는 고통, 구하는 것을 얻지 못하는 고통, 인간 생존 그 자체의 고통.
집성제集聖踄	– 고통이 모이는 원인에 대한 성스러운 가르침. – 고통의 원인: 고통(죽음)을 피하고 즐거움(삶)을 추구하려는 집착이 그 원인임.
멸성제滅聖踄	– 고통이 소멸한 열반의 상태.
도성제道聖踄	– 멸성제(열반)에 이르는 8가지 성스러운 진리. – 고통과 집착을 소멸시키기 위한 방법. – 팔정도八正道.

‣ 석가모니의 삶 살펴보기

석가모니는 기원전 560년경, 현재 네팔 남부와 인도 국경 부근의 히말라야 기슭에 위치한 샤캬국의 왕자로 태어났다. 그의 아버지 슈도다나왕은 아들의 미래를 알고 싶어 유명한 예언가 아시타 선인을 초청했다. 아시타 선인은 "이 아이가 출가를 한다면 깨달음을 얻는 붓다가 될 것이며, 집에 머무르면 유능하고 인자한 왕이 되어 많은 사람을 이롭게 할 것입니다"라고 예언했다. 석가모니는 어릴 때부터 매우 영특했기 때문에 슈도다나왕은 아들이 왕위를 계승하길 바랐다. 왕은 자신의 아들이 수행자가 되는 것을 원치 않았기 때문에 그에게 최상의 환경을 제공하려 노력했다. 이에 따라 석가모니는 부족함 없이 살면서 결혼도 하고 아들도 두지만, 사문유관四門遊觀을 통해 인생의 고통을 처음으로 목격하게 되면서 번민한다. 그는 동서남북의 성문에서 생로병사生老病死의 고통을 목격하고, 이를 통해 고통이라는 게 무엇인지 그 고통을 피해갈 수 있는 자는 아무도 없다는 사실을 깨닫게 된다. 이에 석가모니는 인생의 고통을 끊고 깨달음을 얻기 위해 출가하게 된다.

▶ 시대적 배경 및 사회적 배경 살펴보기

불교 교단의 특징으로는 평등과 무차별을 들 수 있다. 엄격한 카스트제도가 지배했던 고대 인도에서는 브라만, 크샤트리아, 바이샤만이 종교를 가질 수 있었다. 하지만 붓다는 인간의 평등을 강조하며 카스트제도를 부정했다. 심지어 붓다는 가장 낮은 계층인 수드라를 받아들였으며, 이것은 인도 사회에 획기적인 변화를 불러왔다.

인간이라면 누구나 세상의 진리를 깨달아 해탈할 수 있다는 붓다의 가르침은 수많은 사람들에게 퍼져나갔으며, 이로 인해 많은 사람들이 불교를 종교적, 철학적으로 이해하고 받아들이게 되었다.

이렇게 불교를 받아들인 수행자들이 많아지고 시간이 지남에 따라 경전이나 교법에 대한 해석이나 견해의 차이로 분종分宗 및 분파分派가 생겨났고, 이런 변화는 많은 경전에서도 찾아볼 수 있다.

현재에 적용하기

내가 삶에서 느끼는 고통의 종류에 대해 찾아보고 그 근원이 무엇인지 생각해 본다.

생기부 진로 활동 및 과세특 활용하기

▶ 책의 내용을 진로 활동과 연관 지은 경우 (희망 진로: 문예창작과)

평소 작가를 꿈꾸었던 만큼 다양한 서적과 영상을 통해 불교 이야기를 수집함. 이를 모아 '불교 이야기 모음집'을 만들었는데, 불교가 전파되는 과정과 시대적 변화에 따른 흐름을 잘 배치하여 이야기를 구성함. 특히 원효대사와 의상대사가 당나라로 유학을 가는 과정을 소개하면서 원효대사의 해골물 이야기와 의상대사의 유학 및 귀국 이야기를 친구들에게 재미있게 소개함. 신라의 왕자였던 의상대사가 나라가 위급할 때 귀국해서 후에 부석사를 세웠다는 것과 무량수전의 방향이 경주를 향하도록 설계한 이유에 대해 설명하면서 이것이 한반도에서의 호국불교의 시작을 의미한다고 알려줌. 또한 이 프로젝트를 통해 탁월한 이야기꾼으로서의 스스로의 역량을 잘 보여줌.

▶ 책의 내용을 과학 교과와 연관 지은 경우

'불교와 과학'의 융합 수업을 통해 과학적 이해와 불교적 가치가 어떻게 연결될 수 있는지 탐구함. 생물의 발전과 진화, 우주의 인과법칙을 불교의 인연생기의 개념으로 해석하고, 이를 통해 그냥 우연히 일어나는 일이 없다는 과학의 원리와 불교의 가르침이 깊이 통한다는 점을 강조함. 또한 모든 생명체가 상호 연결되어 있다는 불교의 가치관을 바탕으로, 모든 존재를 자비롭게 대함으로써 이룩할 수 있는 자연과의 조화로운 공존이 얼마나 소중한 것인지에 대해 말함. 그리고 이를 바탕으로 한 환경보호 프로젝트를 구성하겠다고 밝힘.

후속 활동으로 나아가기

- ▸ 불교의 전파에 따라 각 종파마다 어떻게 변화했는지 지역별로 나눠 동남아시아, 중국, 한국, 일본 불교의 특이점과 차이를 탐구한다.
- ▸ 불교가 우리나라 역사에서 사람들에게 끼친 영향에 대해 알아보고 문화, 예술, 정치 등에서 어떠한 변화가 있었는지 탐구한다.
- ▸ 불교가 유교나 도가, 법가와 같은 다른 동양 사상과 다른 점이 무엇인지 파악하고, 차이점과 서로 영향을 준 부분에 대해 탐구한다.
- ▸ 참선과 요가 수행을 중·장기간 추진하고 그 변화를 체감해 본다.
- ▸ 현대 사회에서 불교 사상이 우리에게 주는 시사점과 의미에 대해 토의해 본다.

함께 읽으면 좋은 책

이중표 역주 《숫따니빠따》 불광출판사, 2023.

석지현, 윤창화, 일지 공저 《왕초보 불교박사 되다》 민족사, 2008.

고명석 《왕초보 불교 교리박사 되다》 민족사, 2009.

마성 《왕초보 초기불교 박사 되다》 민족사, 2012.

주자학, 본체에서 일상으로

주광호 ▸ 문진

《주자학, 본체에서 일상으로》는 성리학을 체계적으로 정리한 주희에 대한 이야기를 담고 있으며, 그의 생애, 철학 사상, 저술에 대한 부분까지 상세하게 수록하고 있습니다.

주희는 중국 남송 시대의 철학자로 주돈이, 장횡거, 그리고 정호·정이 형제 등이 세운 신유학의 기반 위에서 성리학을 집대성하였습니다. 그는 도가나 불교에 비해 형이상학적 기반이 약했던 유가 사상을 이기론理氣論으로 해석하여 성리학을 완성합니다.

주희는 '하늘天'의 개념을 중심으로 형이상학적인 접근을 시도합니다. 그는 이를 태극음양太極陰陽의 원리로 설명하는데, 우주의 궁극적인 원리인 태극太極이 천지 만물의 생성과 소멸을 가능케 하는 원동력이라는 뜻입니다. 태극은 순선純善한 성질을 지니며, 시공을 초월해 형체를 가지지 않고 존재하는 천리天理입니다. 또한 주희는 음양陰陽 개념을 통해 우주 만물의 상대적인 두 성질을 설명하였습니다. 그에 따르면 음양은 형이하의 기氣로서 만물의 형질을 구성하는 근본 요소입니다. 이는 물질적 형체를 지니고 시공간 안에서 운동하고 변화하는 성질을 지닙니다. 우주의 생성과 변화는 불변의 본체인 태극의 원리와 음양, 즉 이기理氣의 결합으로 이루어진다는 것입니다.

이어서 주희는 세계의 근원적 통일성과 현상적 다양성, 만물의 보편성과 특수성을 설명하기 위해 이일분수설理一分殊說을 제시합니다. 이 이론은 근원적으로 하나인 이치一理, 太極가 만물의 개별적인 이치로 다양하게 분화되는 과정을 설명합니다. 이일분수설의 핵심은 '하나의 이치가 과연 여러 개로 갈라지는가?'와 '이치가 다양한 양상으로 전개되는 이유는 무엇인가?'에 대한 의문을 해결하는 것입니다. 그는 본래 하나인 이치가 다양한 기와 결합하여 다양한 개체의 이치로 전개되는 과정을 설명하며, 이것이 바로 각각의 만물이 분수지리分殊之理를 품고 있다는 것, 즉 하나의 이치가 다양한 사물에 따라 서로 다른 형태로 표현되는 것이라고 설명합니다.

주희는 이런 형이상학적 관점을 바탕으로 맹자의 성선설性善說을 계승하여 인간의 본성을 탐구합니다. 그는 이일분수의 개념을 통해 만물이 하늘의 이치天理를 부여받는 것처럼 인간 또한 천리를 본성性으로 받아들이는데, 이를 성즉리性卽理라고 설명합니다. 인간 본성性에는 본연지성本然之性과 기질지성氣質之性이라는 두 가지 측면이 있습니다. 본연지성은 논리적 관점에서 본 순선한 본성 즉 이치理만을 의미하는 것입니다. 반면 사실적 관점에서 본 본성은 기질지성으로 기질에 의착된 본성, 즉 이치와 기질의 결합으로 발생하는 것입니다. 이러한 기질지성으로 인해 만물과 인간의 다양성이 나타나고, 선악의 혼재가 발생합니다.

이어 주희는 하늘로부터 받은 이치理를 바탕으로 만물을 지각하는 의식 활동의 주체가 바로 인간의 마음이라고 주장합니다. 마음은 본래 선입견이나 정서적 간섭 없이 맑고 깨끗하지만, 기질의 문제나 사욕으로 인해 순수성이 훼손될 위험이 있기에 수양의 대상이 됩니다. 이 마음은 본성性과 감정情을 주재하고 통섭하는 역할을 하는데, 이를 심주성정心主性情 혹은 심통성정心統性情이라고 합니다. 마음의 주재성이 올바르게 작동할 때는 이치에 부합하는 마음의 운용으로 절도에 맞는 행동中節이 나타나지만, 주재성을 상실하면 부적절한 행동으로 이어져 절도에 맞지 않는 행동不中節이 발생합니다. 이러한 주재성의 상실은 주로 사욕에 빠지는 것에서 기인합니다.

또한 본성性과 감정情은 마음의 상태와 움직임에 따라 구분되며, 마음의 본체인 본성은 인의예지仁義禮智 사덕四德으로 이루어져 있고,

외부 자극에 아무런 반응 없이 평온하게 보존되어 머무르는 미발지중未發之中이 이상적인 상태입니다. 한편, 마음의 활동인 감정은 사단칠정四端七情으로, 외부 자극에 반응하여 절도에 맞게 발동한 이발지화已發之和가 이상적인 상태입니다.

마음의 중화中和는 본성과 감정이 올바르게 주재되는 이상적인 상태를 의미합니다. 따라서 경敬공부를 통해 외부 자극에 마음이 발동하기 전의 본성은 함양涵養하고, 외부 자극에 마음이 발동한 감정은 성찰省察하여 중화에 이르는 것을 수양의 핵심으로 삼습니다.

주희가 말하는 수양의 대원칙은 '존천리거인욕存天理去人欲'으로, 하늘의 이치를 보존하고 인간의 욕심을 버리는 것입니다. 이는 인욕의 원인인 기질을 바로잡고 마음을 올바르게 주재主宰하도록 하는데 초점을 맞추고 있습니다.

이를 위해 본령 공부로서 경敬공부를 중요시합니다. 거경居敬이란삶의 모든 상황에서 마음의 주재성을 잃지 않고 본래의 모습을 유지하려는 끊임없는 노력입니다. 이 과정은 지행知行공부로 이어집니다. 지知공부는 사물의 이치를 깊이 궁구하는 궁리窮理로, 격물치지格物致知를 통해 이미 알고 있는 것을 바탕으로 사물의 이치를 철저히 궁구하고 마음의 이치理를 밝히는 공부입니다. 행行공부는 이치의 앎을 실천을 통해 체화하는 것으로 성의정심誠意正心입니다. 성의誠意는 순선한 이치를 체화하고 그 뜻을 한 치의 거짓됨 없이 진실되게 다듬는 공부이며, 정심正心은 감정에 의한 마음의 치우침 없이 본래의 마음을 바르게 보존하는 공부입니다.

주희는 수양 과정에서 지식과 행동을 함께 진행해야 한다는 지행병진知行竝進의 중요성을 강조합니다. 그는 간략한 지식에서 출발해 그 지식을 바탕으로 행동하고, 이를 통해 새로운 지식을 얻어 더나은 행동으로 나아가는 순환적인 수양 과정을 중시했습니다. 그는 이러한 과정을 통해 지식과 행동이 완전히 하나가 된 '활연관통豁然貫通'의 상태에 도달한다고 보았으며, 이를 위해서 경敬을 기반으로 격물치지를 통한 지속적인 궁리와 성의정심의 실천이 중요하다고 강조했습니다.

주희는 인간 선함의 근원을 우주의 이치에 두고 이를 통해 마음을 체계적으로 구조화하여 철학에 깊이를 더했습니다. 그는 우주만물을 탐구하고 공부함으로써 기질에 가려진 자신의 본성을 되찾아 '활연관통' 하고자 했습니다. 이러한 주희의 이론을 후대 조선의 이황, 이이 등의 학자들이 계승하여 더욱 발전시키고 꽃피웠으며, 이것은 오늘날까지도 우리에게 많은 영향을 주고 있습니다.

도서 분야	철학	관련 과목	도덕·윤리	관련 학과	윤리교육과, 심리학과, 철학과, 한문학과

고전 필독서 심화 탐구하기

▶ **기본 개념 및 용어 살펴보기**

주요 기본 개념 및 용어	
개념 및 용어	**의미**
형이상形而上	– 사물이 형체를 갖기 이전의 근원적인 본모습. "형이상자는 형체도 없고 그림자도 없다."
형이하形而下	– 감각할 수 있는 구체적인 사물을 뜻함. "형이하자는 실상도 있고 모양도 있다."
이理	– 시공을 초월해 형체를 가지지 않고 존재하는 순수지선한 형이상자. – 만물의 생성과 소멸을 가능케 하는 궁극 원리. – 기의 규칙적 운동의 원리.
기氣	– 만물의 형질을 구성하는 운동과 변화의 주체. – 이치를 담고 있으면서 그것을 구체화하는 작용을 함. – 기氣가 지닌 청탁수박淸濁粹駁의 품질이 세계에 존재하는 불선의 근원이 됨.
본연지성 本然之性	– 순수지선한 본성. – 천리를 근본으로 삼아 그것을 함양함으로써 인간은 온전한 도덕적 인격자가 됨.
기질지성 氣質之性	– 기질에 의착된 성. – 이치와 기질의 영향을 종합적으로 반영하고 있는 사실적 관점에서의 본성. – 기질지성으로 인해 만물이 상이하고 선악이 혼재함.

사단칠정 四端七情	- 사단: 측은지심惻隱之心, 수오지심羞惡之心, 사양지심辭讓之心, 시비 지심是非之心. - 칠정: 희노애락애오욕喜怒哀樂愛惡慾.
거경居敬의 방법	- 주일무적: 마음을 한결같이 집중시켜 잡념이 들어오지 않도록 하 는 상태. - 정제엄숙: 자기 자신을 통제해 몸과 마음을 엄숙한 상태로 유지 하는 것. - 상성성: 마음의 본래 깨끗한 상태를 유지하는 것. - 수렴: 마음을 정화하고 방종하지 않게 하는 것.
활연관통 豁然貫通	- 환하게 통하여 도를 깨달음. "한 가지를 궁구하면 곧바로 관통할 수 있다거나, 천하 사물의 이치 를 모조리 궁구해야 비로소 관통할 수 있다는 말이 아니고, 다만 많은 학습이 쌓인 연후에 비로소 활연히 관통처가 생긴다는 말이다."

▸ 신유학의 배경 살펴보기

신유학의 근간을 이루는 사상가는 주돈이이며 그의 저서 《태극도설》은 신유학의 기본
적인 철학적 배경을 형성하는 데 큰 영향을 끼쳤다. 중세 동아시아에서는 유학, 불교,
도가 등 다양한 사상들이 경쟁하였는데, 유학은 이 중에서 형이상학적 기반이 상대적
으로 부족하다는 약점을 가지고 있었다. 도가는 중국에 원래 있었던 신화적 우주관을 계
승하였고, 불교는 인도의 힌두교나 자이나교 철학 등과의 경쟁을 통해 이론적으로 세련
된 모습을 보였다. 반면, 선진 유학은 세계와 우주의 근본적인 면모를 설명하는 데 큰 관
심을 두지 않았고, 대신 현실주의적인 기반을 바탕으로 정치와 인성 교육에 중점을 두었

다. 그러나 불교의 유입과 함께 사상들 간의 경쟁이 심화되자 유학도 근본적인 이론적 토대를 강화해야 한다는 인식이 생겼다. 이런 상황에서 주돈이는 도가의 이론적 구조를 차용하여 유학의 이론적 토대를 마련하는 데 주력했다. 그리고 이는 성리학의 직접적인 기원이 되었으며, 신유학이 출현하는 발판이 되었다.

현재에 적용하기

사물에 다가가 이치를 궁구해 본다. 구체적으로는 주변 동식물을 탐구하면서 인간에게서 찾아볼 수 있는 인의예지 사덕이 그들에게도 존재하는지 알아본다.

▸ **책의 내용을 진로 활동과 연관 지은 경우**(희망 진로: 생명공학과)

과학에 대한 강한 관심을 바탕으로 모든 현상과 지식을 과학적 관점과 연결 지으려는 면모를 보임. 주자의 태극음양론과 이기론에 관심을 가지고, 이를 과학적으로 해석하려는 노력을 보여줌. 특히 과학적 개념인 원소, 원자, DNA를 이용해 이기론을 해석했는데, 인간의 DNA를 하늘로부터 부여받은 이치로, 개인의 유전적 형질 차이를 형체의 기질 차이로 보고 이를 정리해서 발표함. 과학자를 진로로 정하고 자신만의 과학철학을 수립하기 위해 철학 수업에 적극적으로 참여하면서, 이 과정에서 다양한 철학자들의 사고방식과 사상을 과학의 관점으로 바라보는 독특한 시선을 보여줌.

▸ **책의 내용을 심리 교과와 연관 지은 경우**

'성리학의 심리학'이라는 제목으로 융합 프로젝트를 기획하여, '주자 성리학'에서 말하는 마음 구조와 심리학의 연결 가능성을 탐구함. 또한 성리학이 설명하는 마음의 반응과 감정 표출 메커니즘을 외부 자극과의 상호작용을 통해 어떻게 이해할 수 있는지 친구들에게 자세히 설명해줌. 이 과정에서 성리학의 수양 방법을 본성의 보존 및 외부 규범 준수와 연결 지으며, 이를 심리학에서 말하는 습관과 학습이론과 비교하여 설명함. 특히 심리학의 발달론과 사회화론을 소개하며, 이 두 이론이 성리학에 어떻게 적용될 수 있는지에 대해 분석함. 이에 선한 본성에 해당하는 부분을 되찾고 함양시키는 것은 발달론에 해당하고, 규범과 예절을 내면화하여 수양에 도움이 되게 하는 부분은 사회화론에 해당한다고 말하며, 심리학과 주자의 성리학에 대한 깊은 이해를 보여줌.

후속 활동으로 나아가기

▸ 성리학에서 도가와 불교의 영향을 받은 부분을 찾아보고, 그러한 부분을 구체적으로 어떻게 발전시켰는지 탐구해 본다.

▸ 동아시아사 과목과 융합 수업을 통해 역사적 흐름에 따른 유교의 변천사와 사상적 발전에 대해 탐구한다.

▸ 인간을 제외한 동식물에서 인의예지仁義禮智와 같은 덕을 찾아본다.

▸ 주자 성리학이 조선 건국에 어떤 영향을 끼쳤는지 탐구해 본다.

▸ 현재 우리나라 사람들의 관습과 관념에 여전히 영향을 끼치고 있는 주자의 사상에 대해 찾아보고, 그것이 우리에게 유용한지에 대해 토의·토론해 본다.

함께 읽으면 좋은 책

증자, 자사 공저 《**대학·중용**》 문예출판사, 2023.

맹자 《**맹자**》 휴머니스트, 2021.

왕양명 《**전습록**》 풀빛, 2019.

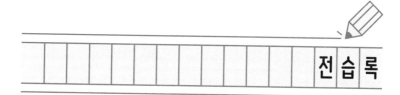

전습록

왕양명 ▸ 풀빛

《전습록》은 중국 명나라 시대 왕양명의 사상을 집대성한 기록물입니다. 원전은 상권, 중권, 하권 세 권으로 되어 있지만, 풀빛에서 출간된 《전습록》은 독자가 더 쉽게 이해할 수 있도록 핵심 내용을 바탕으로 6개의 장으로 새롭게 구성해놓은 것입니다. 재구성된 6개의 장은 심즉리心即理, 지행합일知行合一, 치양지致良知, 만물일체萬物一體, 유불도儒佛道 삼교三敎 융합, 실천 공부론으로, 각 장은 왕양명의 주요 사상을 주제로 그의 철학을 체계적으로 소개합니다.

양명은 젊은 시절 주자학에 심취해 열심히 공부했습니다. 주자의 격물치지格物致知를 직접 경험해보고자 그는 친구 전錢과 함께 대나무밭을 찾아 대나무를 관찰하며 사물의 이치를 탐구하기 시작했습니다. 이 과정에서 양명의 친구는 단 사흘 만에 병에 걸려 쓰러졌고, 양명 자신도 일주일 만에 아무런 깨달음 없이 병상에 누워야 했습니다. 그 후 몇 년 동안 공부와 수양을 통해 만물 속의 이치를 발견하려 애썼지만, 결국 사물 속 이치를 찾는 데 실패하여 주자학의 한계를 깨닫게 되었습니다. 이로 인해 성즉리性卽理가 옳지 않다는 결론을 내린 양명은 나아가 자신만의 철학 체계인 심즉리心卽理를 정립하게 됩니다.

심즉리는 사람의 마음이 곧 이치理라는 뜻입니다. 이는 사람이 천지만물의 마음이며, 그 마음이 천지만물을 주재한다는 의미입니다. 본심인 양지良知, 즉 사심물욕私心物慾이 제거된 순수한 마음은 천리天理 그 자체와 같고 마음 바깥에 이치가 없으니心外無理 마음 바깥에 사물도 존재하지 않는다는 뜻心外無物입니다. 즉, 천지만물은 내 마음에 의해 결정된다는 사상입니다.

양명은 심즉리를 바탕으로 성리학을 비판하는데 핵심 비판 포인트는 크게 세 가지로 나눌 수 있습니다. 첫째, 심성론에 대한 비판입니다. 양명은 마음과 이치가 분리될 수 없다고 보며, 주희가 이 둘을 구분하는 것은 이치에 대한 완전한 이해를 방해한다고 지적합니다. 둘째, 공부법에 대한 비판입니다. 양명은 성리학이 지식知과 행동行을 분리해서 공부하는 방식을 비판합니다. 이러한 공부법은 실천보다 지식에 대한 공부가 우선으로 여겨지므로, 이치에 대한 완전한

이해를 얻는 것을 실패하게 만들 뿐더러 지식과 행동 양쪽 모두를
제대로 이루지 못하게 한다고 주장합니다. 셋째, 격물치지에 대한
비판입니다. 성리학에서는 모든 개별 사물마다 이치가 존재한다고
보지만, 양명은 도리어 이러한 접근법이 마음과 이치가 본래부터
하나라는 사실을 간과하고 양자를 별개로 분리시키는 오류를 범하
게 하고, 지식과 행동의 괴리를 만들어 사람들이 진리를 알지도 못
하게 하며, 실천하지도 못하게 한다고 비판합니다. 양명은 외부 사
물의 이치를 탐구하기보다는 내 마음의 사심물욕을 제거하고 천리,
즉 양지를 회복하여 이를 실천해야 한다고 주장합니다.

다시 말해 양명이 주장하는 격물치지란 내 마음의 양지, 즉 천리
를 각각의 사물에 실현시켜 각각의 사물이 모두 이치를 얻는 것을
뜻하며, 이것이야말로 그의 주장의 핵심입니다. 그에 따르면 격물
은 내 마음의 오류를 바로잡고 본래의 바름을 회복하는 과정이며,
치지는 사심물욕을 제거하고, 반성적 성찰을 통해 양지를 자각하고
이를 각 사물에 실현하는 것입니다. 결국 격물치지는 내 마음의 바
름을 회복하고 이를 사물에 적용함으로써, 모든 사물이 그것의 이
치를 얻게 하는 과정입니다. 이 과정은 격물과 치지가 동시에 이루
어지며, 양지를 발휘하여 사물을 올바르게 인식하는 것을 목표로
합니다.

양지는 도덕적 인격의 본질을 나타내며 모든 사람이 성인이 될

수 있는 내재적 근거를 제공합니다. 이는 도덕 평가의 체계이자 보편적이고 선천적인 도덕 판단력을 의미하고, 천리와 같이 생멸과 변화를 이끄는 근원적 존재로서 선한 마음의 본체입니다. 양지는 의념意念을 지도하고 감독하며, 평가하고 판단하는 작용과 연결 되어서 의념의 선악 판단의 주체가 되며, 이런 의념이 올바르게 될 때 비로소 사물은 이치를 얻게 됩니다. 한편 의념은 구체적인 대상을 지향하는 그 마음이 드러난 것으로 선할 수도 있고 악할 수도 있는 수양의 대상입니다. 성인이 되기 위한 학문의 근본적 본질은 양지를 실현하는 데 있으며, 이는 사욕을 극복하고 양지를 적극적이고 구체적으로 발휘하는 치양지致良知의 과정을 통해 달성됩니다.

양명에게 수양의 본질은 치양지인데, 이는 양지를 자각하고 발현하여 내 마음을 바르게 하고 사심물욕을 제거함으로써 옳지 않은 일을 바로잡고 선을 실현하는 과정을 뜻합니다. 그리고 그렇게 된다면 양지를 막힘없이 사사물물事事物物에 실현할 수 있게 된다고 말하며, 이를 위해 지행합일知行合一을 강조합니다.

양명의 지행합일은 지식과 행동이 본질적으로 하나임을 강조하며, 지식을 단순히 알고 있는 것에서 그치지 않고 실제로 행동으로 옮기는 것이 필수적임을 의미합니다. 이러한 관점은 주희의 지행병진知行竝進과 지행호발知行互發, 즉 지식과 행동을 분리하여 순차적으로 접근해야 한다는 주장과 대조적인 것으로, '지식은 행동의 시작이고 행동은 지식의 완성'이라는 양명의 주장은 이러한 관점을 명확하게 드러냅니다. 알면서도 행하지 않는 것은 진정으로 알지 못한 것이며, 지식을 습득하고 그것을 행동으로 옮기는 과정은 각각 분리될 수 없다고 보기 때문에 지식과 실천을 하나의 불가분의 과정으로 보는 게 바로 양명의 지행합일입니다.

주희가 세상에 존재하는 이치를 궁리하는 것을 강조한 데 반해, 양명은 내 마음속에 있는 이치를 닦아 모든 사물에 올바른 이치를 부여하려는 아이디어를 제시했습니다. 이러한 양명의 생각은 인간의 주체성을 바탕으로 세상을 바라보는 새로운 방식을 제안했으며, 전통적인 주자학과는 다른 관점에서 후대 유학자들에게 큰 영향을 미쳤습니다.

도서 분야	철학	관련 과목	도덕·윤리	관련 학과	윤리교육과, 심리학과, 철학과, 한문학과

고전 필독서 심화 탐구하기

▶ 기본 개념 및 용어 살펴보기

주요 기본 개념 및 용어	
개념 및 용어	의미
의념意念	– 외부 자극을 받아 구체적인 사물로 향하는 그 마음이 드러난 것으로, 선할 수도 있고 악할 수도 있는 수양의 대상.
심외무리 心外無理 심외무물 心外無物	– 내 마음 밖에는 천리가 없으니 내 마음 밖에는 사물도 없다. 천지만물이 오직 내 마음에 있다. – 모두가 자기 마음에 달려 있다는 의미.
양지良知	– 도덕적 인격의 본질. – 선한 마음의 본체로서 그 자체로 천리를 뜻함. – 천지만물의 생성과 소멸의 변화를 이끄는 근원적 존재.

▶ 양명의 생애 살펴보기

명나라 중엽 주자학이 부흥하던 시기에 정계 진출은 갈수록 어려워지고, 조정에서는 사이비 주자학자들이 판을 치며 당파 싸움을 벌여 사회는 점점 더 혼란스러워졌다. 이러한 배경 속에서 절강성 출신의 왕양명은 어릴 적부터 주자학에 몰두하며 주희의 학설을 실천하려 노력하였다. 벼슬을 하다 귀양살이를 하게 된 이 시기에 사색을 거듭한 결과, 당시 혼란스러운 사회에 회의를 느낀 그는 주희의 격물치지설에 반론을 제기하였다. 그는 자신만의 새로운 학설인 심즉리心卽理와 지행합일설을 주창하며 학계에서 큰 주목을 받기 시작했다. 왕양명의 사상과 학문은 지지와 비판 속에서 날이 갈수록 성장해 나중에 '양명학'이라 불리게 된다. 그가 57세에 세상을 떠난 후, 제자들이 그의 학설을 널리 전파하고 계승하는 데 힘쓰면서 강의록과 서간문을 엮어 그의 학설을 재해석한 《전습록》을 남겼다.

현재에 적용하기

양명학의 방식으로 세상을 바라보기 위해 내가 자주 마주하는 사물들의 기능에 대해 생각해 보고, 그 기능에 적절한 올바른 이치를 부여해 본다.

생기부 진로 활동 및 과세특 활용하기

▸ **책의 내용을 진로 활동과 연관 지은 경우**(희망 진로: 심리학과)

'전습록(왕양명)'을 읽고 평소에 관심 있었던 현대 심리학 및 인식론과 비교, 분석하여 탐구보고서를 제출함. 이 과정에서 현대 심리학이 다루는 인간의 지각, 사고, 학습, 기억 등의 인식 과정을 양명학의 관점으로 새롭게 해석하는 뛰어난 분석력을 보임. 특히, 의념의 움직임을 통한 인식 과정을 설명함. 또한 심리학 인식론과 양명학 인식론 사이의 두 가지 주요 차이점을 명확하게 제시하였는데, 첫 번째로 인식 과정을 이해하기 위한 접근 방식의 차이를 지적하며, 심리학이 경험과 과학적 방법에 의존하는 반면, 양명학은 철학적이고 내면적인 성찰을 통해 지식을 탐구한다는 점을 강조함. 두 번째로 지식의 근원에 대한 관점의 차이를 다루면서, 현대 심리학이 감각 경험과 인지 과정에 의한 지식 형성을 주장하는 반면, 양명학은 마음을 지식의 근원으로 보는 관점이라고 설명함. 이러한 분석을 통해 양명학의 관점이 현대 심리학의 이해에 어떻게 기여할 수 있는지 강조하면서, 대학에 진학하면 심리학을 공부하면서 동양철학을 통해 아이디어를 얻고 싶다고 밝힘.

▸ **책의 내용을 문학 교과와 연관 지은 경우**

'꽃(김춘수)'이라는 시를 통해 양명학의 철학과 그것이 문학적 텍스트에 어떤 식으로 녹아 있는지 탐구함. 이 활동을 확장한 '철학으로 글쓰기 프로젝트'를 통해 양명학을 비롯한 동양 철학의 여러 사상을 바탕으로 단편 소설을 창작함. 소설은 이상 사회를 찾아 나선 사람들의 유랑기를 그리고 있으며, 등장인물들을 각각 동양 철학가들의 사상을 대변하는 캐릭터로 설정함. 대사와 상황 설정에서도 철학적 깊이가 느껴지는 동시에, 재치 있는 문체가 돋보임. 아울러 자신의 소설을 기반으로 한 시나리오를 작성하여, 자신이 활동하는 연극 동아리에서 학교 축제 기간 동안 세 차례에 걸쳐 공연함. 공연은 학생, 교사, 학부모 등 많은 관객들로부터 뜨거운 반응을 얻었고, 특히 문학과 철학이 어우러진 독창적인 스토리라인이 좋은 평가를 받음.

후속 활동으로 나아가기

▸ 성리학과 양명학의 철학적 공통점과 차이점을 분석하여 보고서를 작성해 본다.
▸ 김춘수의 '꽃'이라는 시에서 양명학이 어떻게 표현됐는지 알아보고 그 의미를 해석해 본다.
▸ 양명학의 생애와 명나라의 철학 사상 등을 찾아보고 이를 분석하는 탐구보고서를 작성해 본다.
▸ 양명학의 '지행일치' 개념을 활용하여 도덕적 앎과 실천의 관계에 대한 탐구보고서를 작성해 본다.

함께 읽으면 좋은 책

증자, 자사 공저 《대학·중용》 문예출판사, 2023.
주광호 《주자학, 본체에서 일상으로》 문진, 2024.

열 번째 책

성학십도

이황 ▶ 보고사

《성학십도》는 1568년, 조선 시대 유학자 퇴계 이황이 선조가 즉위한 초기에 그가 왕도정치를 행하는 성군이 되기를 바라는 마음에서 제작한 상소문입니다. 이황의 목표는 선조가 성리학의 질서 위에서 왕도정치를 실현하는 데 필요한 군왕의 도와 학문의 핵심을 《성학십도》의 도표와 해설을 통해 설명하는 것이었습니다.

《성학십도》는 총 10개의 도표로 구성되어 있으며, 태극도太極圖·서명도西銘圖·소학도小學圖·대학도大學圖·백록동규도白鹿洞規圖·심통성정도心統性情圖·인설도仁說圖·심학도心學圖·경재잠도敬齋箴圖·숙흥야매잠도夙興夜寐箴圖가 바로 그것입니다. 이 중 7개 도표는 공자, 주돈이, 장횡거, 주희, 정복심 등의 유학자들의 사상에 대한 해설이고, 나머지 3개 소학도·백록동규도·숙흥야매잠도는 이황이 직접 작성했습니다. 이 도표들은 크게 인륜과 덕을 중시하는 천도^{天道}와 일상에서의 공경과 두려움을 강조하는 심성^{心性} 두 분야로 나뉩니다. 이황은 모든 사람이 유학을 공부함으로써 성인이 될 수 있다는 신념 아래, 왕의 내면화된 경^敬의 마음가짐이 얼마나 중요한지를 강조하면서 당시 17세였던 선조가 성군으로서 백성에게 선정을 베푸는 길을 걷기를 바랐습니다.

이황은 우주의 근본원리를 태극^{太極}, 즉 하늘의 이치^{天理}가 능동적으로 작용하는 것이라 설명합니다. 이를 '이선기후^{理先氣後}'와 '이생기^{理生氣}'라는 개념으로 표현해 이치의 실재성을 강조하는데, 이는 율곡과 같은 다른 성리학자들의 해석과 차별화되는 것입니다. 이황은 이존설^{理尊說}을 통해 이치^理가 기질^氣에 비해 우월한 가치를 가진다고 주장하며, 인간이 자신의 본성인 태극을 통해 절대적인 선^善의 경지에 도달할 수 있다는 가능성을 제시합니다. 또한 이치가 기질을 지배하지만 그에 구속되지 않는다는 점을 강조하고, 이치와 기질이 섞일 수 없다는 '이기불상잡^{理氣不相雜}'을 주장해 이치의 우월성을 더욱 부각시킵니다. 이는 기질이 순수한 이치에 비해 불선^{不善}의 가능성을 내포하고 있기 때문입니다.

이황은 주희가 제시한 본성의 두 측면인 본연지성^{本然之性}과 기질지성^{氣質之性}의 관계를 심도 있게 탐구합니다. 그는 이존설을 기반으로 하여 본연지성의 중요성과 우위를 강조하면서, 인간 본성의 핵심이 바로 본연지성에 있다고 주장합니다. 이황은 본연지성이 인간을 인간다운 모습으로 유지하는 능동적인 힘을 가지고 있다고 강조합니다. 또한 감정이 발동하는 순간에 본성이 명확하게 드러난다고 보며, 이와 관련하여 사단四端과 칠정七情에 대한 깊이 있는 논의를 펼칩니다.

이황은 이기理氣가 각각 발동하는 이기호발설理氣互發說을 중심으로 사단칠정론을 전개합니다. 사단四端은 이理가 먼저 발하고 기氣가 따라가는 것으로四端則理發而氣隨之, 이는 인의예지仁義禮智와 같은 순수하고 절대적인 본연지성에서 직접 드러나는 것입니다. 반면 칠정七情은 기질지성에서 나오는데 기氣가 먼저 발하고 이理가 그 위에 올라타는 것으로七情則氣發而理乘之, 육체가 외부 사물과 접촉함으로써 드러나는 반응입니다. 이는 선과 악이 모두 가능한 상태可善可惡로 기질 위에 올라탄 이치가 어떻게 주재하느냐에 따라 선악이 달라집니다. 이황은 사단과 칠정을 이치를 주로 따르는지 기질을 주로 따르는지, 본연지성과 기질지성 중 어디를 근원으로 하는지에 따라 명확하게 구분했습니다. 그리고 이를 통해 도덕적 기준과 인간의 욕망을 혼동하는 오류를 방지하고자 했습니다.

한편 이런 이황의 주장에 의문을 품은 이가 있었으니 기대승이라는 젊은 학자입니다. 두 사람은 서신을 주고받으면서 8년 동안 논쟁하는데, 이것이 바로 그 유명한 사칠논쟁四七論爭입니다. 이 논쟁의 핵심은 인간 본성과 감정, 특히 사단四端과 칠정七情의 본질 및 도덕적 가치를 어떻게 이해하느냐에 관한 것입니다. 기대승은 이기理氣는 서로 분리될 수 없다는 원칙, 즉 이기불상리理氣不相離를 강조했습니다. 그는 이치理는 원리일 뿐 변화할 수 없으므로 이치가 발동해 사단이 나타난다는 것은 불가능하며, 사단과 칠정 모두 기氣에서 나온다고 반박했습니다. 그의 견해에 따르면 이기理氣는 분리되어 작용할 수 없으며, 감정은 오직 기에서 발생하고, 이치는 그 위에 올라타는 현상氣發理乘일 뿐입니다. 따라서 기대승은 사단은 칠정에 포함된다고 보았고, 칠정 중 선한 부분이 사단이라고 설명했습니다. 칠정의 선악을 구분하는 기준은 마음이 절도에 맞는지 여부로 이는 기질이 발동할 때 올라타는 이치가 결정하는 것이라고 기대승은 주장했습니다. 결국 논쟁 끝에 이황은 자신의 주장을 다소 수정했으나 사단이 선으로, 칠정이 선과 악으로 이어질 수 있다는 본래의 생각은 고수했습니다. 이는 순선한 사단의 도덕적 원리가 칠정으로 인해 오염되는 것을 방지하고자 하는 의도에서 비롯된 것입니다.

이황은 순수하고 악이 없는 천리의 본연지성이 온전히 작동할 수 있도록 경敬을 수양의 핵심으로 두고, 이를 통한 인간 정신의 순수성과 이치에 대한 깊은 이해의 중요성을 강조합니다. 그는 모든 일의 근본이자 인간 정신의 주체인 마음의 중요성을 인식하고, 진정한 지식 추구를 통해 절대적인 이치를 보존하고 닦아, 천리와 인간의 욕망 사이에서 균형을 잡는 것을 윤리적 수양의 중심으로 삼았습니다. 이를 위한 구체적인 실천 방법은 다음과 같습니다. 첫째, 주일무적主一無適, 정신을 한곳에 집중하여 마음을 잡고 항상 깨어 있는 상태를 유지합니다. 둘째, 정제엄숙淨齊嚴肅, 외모와 마음을 가다듬으며 엄숙하게 다스립니다. 셋째, 상성성常惺惺, 항상 경계하며 마음이 깨어 있도록 합니다. 마지막으로 기심수렴 불용일물其心收斂 不容一物, 사욕으로 인해 본심이 흩어지지 않게 합니다. 이러한 실천 방법들은 이황의 수양론이 일상에서 어떻게 구현될 수 있는지를 보여줍니다.

이황은 성리학자로서 명성을 떨쳤고 그의 제자들도 조정에서 중요한 역할을 맡으며 큰 영향력을 발휘했습니다. 그럼에도 불구하고 이황은 자신보다 한참 어린 학자인 기대승과의 학문적 논쟁에서 자신의 권위를 내세우지 않았습니다. 오히려 8년간 기대승을 존중하는 태도로 대등하게 대화를 나누었으며, 기대승이 공격을 받을까 우려해 비밀리에 서신을 주고받았다고 합니다. 이황이 지금까지도 우리 민족에게 사랑과 존경을 받는 이유 중 하나는 그의 겸양과 순수한 성품을 보여주는 이런 에피소드 때문일 것입니다.

도서분야	철학	관련과목	도덕·윤리	관련학과	윤리교육과, 심리학과, 철학과, 한문학과

▶ 기본 개념 및 용어 살펴보기

주요 기본 개념 및 용어	
개념 및 용어	의미
이理	- 시공을 초월해 형체를 가지지 않고 존재하는 순선한 형이상자. - 만물의 생성과 소멸을 가능케 하는 궁극 원리. - 기의 규칙적인 운동의 원리.
기氣	- 만물의 형질을 구성하는 운동과 변화의 주체. - 이치를 담고 있으면서 그것을 구체화시키는 작용을 함. - 기氣가 지닌 청탁수박淸濁粹駁의 품질이 세계에 존재하는 불선의 근원이 됨.
이존설理尊說	- 이선기후理先氣後 : 기질보다 이치가 먼저다. - 이생기理生氣 : 이치가 기질을 생겨나게 한다.
이기불상잡 理氣不相雜 이기불상리 理氣不相離	- 이기불상잡: 이치와 기질은 함께 있으나 서로 섞일 수 없음. - 이기불상리: 이치와 기질은 섞일 수 없지만 분리될 수도 없음.
사단이발기수 四端理發氣隨	- 사단은 본연지성에서 이理가 발동하여 그대로 드러나는 것이고, 기氣는 따르는 것. - 사단에서 나오는 감정은 순수한 절대선絕對善.
칠정기발리승 七情氣發理乘	- 칠정은 기질지성에서 기氣가 발동하고 이理가 그것에 올라타 선악을 주재한다. - 칠정에서 나오는 감정은 상대선相對善.

조선의 성리학의 흐름에 대해 탐구해 보고, 그것이 현재 우리 삶에 끼치고 있는 영향에 대해 자신의 생각을 정리해 본다.

생기부 진로 활동 및 과세특 활용하기

▶ **책의 내용을 진로 활동과 연관 지은 경우**(희망 진로: 건축학과)

'셀프 진로 탐색 프로젝트'를 기획하고 이의 일환으로 도산서원을 방문하여 전통 한옥 건축을 직접 관찰하고 분석하는 활동에 참여함. 이 과정에서 지붕, 기둥, 마루 등 건축의 다양한 요소들이 어떻게 조화롭게 구성되었는지 학습했으며, 서원 내 공간의 구성과 배치 원리에 대해 탐구함. 또한 건축가의 관점에서 도산서원의 구조를 스케치하며 건축의 미학적 요소를 연구하고, 다양한 각도와 조명 하에서 서원을 사진으로 기록하여 추후 건축 학습이나 프로젝트 자료로 사용할 것이라 밝힘. 특히 성리학의 수양법을 근거로 도산서원의 건축 구조물을 분석하여 주일무적, 정제엄숙, 상성성 등의 개념이 건축물에 어떻게 반영되었는지 상상하고, 이를 조감도에 표현함. 이 프로젝트를 통해 제작된 영상을 친구들에게 보여줌으로써, 자신의 학습 과정과 진로의 목표인 건축가로서의 모습을 공유함.

▶ **책의 내용을 미술 교과와 연관 지은 경우**

고등학교 진학 이후로 진행해 온 '교과 포트폴리오 프로젝트'에 새로운 작품을 추가하기로 하고 성학십도를 주제로 선택함. 이 프로젝트는 고등학교 재학 기간 동안 각 교과의 내용을 하나씩 선정해 시각화한 작품으로 남기는 것으로 이미 수학의 방정식, 영어의 알파벳, 문학의 액자식 구성 등 다양한 주제로 작품을 제작함. 윤리 수업에서 선생님이 보여준 이황의 자료에 호기심을 느껴서 성학십도를 주제로 정한 것이라 밝힘. 성학십도의 열 가지 내용을 모두 그림으로 표현했으며, 각 그림의 가장자리에는 해당 그림과 관련된 성리학적 내용을 상세히 기록함. 특히 성학십도를 단순한 평면도가 아닌 3차원의 입체적인 모습으로 재구조화하여 표현하여 작품의 이해도를 높임. 또한 전통적인 동양화 방식이 아닌 서양화 형식으로 표현함으로써 창의적이고 다양한 표현 방법을 추구하는 모습을 보여줌.

후속 활동으로 나아가기

▶ 경敬의 네 가지 수양법을 현재 삶에 적용해 살아보고, 장단점과 느낀 점을 발표해 본다.
▶ 이황과 기대승의 사칠논쟁의 시작부터 끝까지를 탐구하고, 각자의 입장을 나눠 토론해 본다.
▶ 예송논쟁과 호락논쟁에 대해 조사하고, 논점을 성리학의 내용을 바탕으로 파악하여, 자신의 생각을 밝히고 토의해 본다.
▶ 조선의 성리학 학풍을 바탕으로 붕당이 생겨난 연원에 대해 알아보고, 변천사에 대한 타임라인을 만들어 본다.

함께 읽으면 좋은 책

이이 《성학집요》 풀빛, 2006.
주광호 《주자학, 본체에서 일상으로》 문진, 2024.

열한 번째 책

성학집요

이이 ▸ 풀빛

《성학집요》는 선조 8년 이이가 선조에게 바친 성학^{聖學}의 총론으로, 이이는 이 책을 통해 선조가 성왕이 되기를 바라면서 당시 혼란한 정치 상황에서도 학문적 역량을 쏟아 부어 군주를 위해 쓴 작품입니다. 그러나 결과적으로《성학집요》는 선조에게 큰 도움을 주지 못했으며, 이후 사림파가 동·서로 나뉘어 붕당정치가 시작되었습니다. 숙종 이후부터 비로소《성학집요》는 경연의 주제로 쓰일 만큼 조선 시대 제왕학의 교과서로서의 의미를 갖게 되었습니다.《성학집요》는 총 5편으로 구성되어 있으며, 핵심 내용은 수기^{修己}, 정가^{正家}, 위정^{爲政}, 도통^{道統}으로 이루어져 있습니다. 이 책의 구성은 다음과 같습니다. 제1편 〈통설〉은 이 책의 개요 및 전체에 대한 설명을 담고 있습니다. 제2편 〈수기修己〉는 임금이 자신을 수양하는 방법을 다루고 있습니다. 제3편 〈정가正家〉는 개인 수양을 바탕으로 얻은 것을 가정에서 실천하는 방안을 제시합니다. 제4편 〈위정爲政〉은 현실적인 권력 투쟁을 다루면서 부패 척결을 포함한 올바른 정치 방법을 제시합니다. 제5편 〈성현도통〉에서는 사서와 육경의 진리를 인용하면서 그 고전적 지혜를 통해 자신의 정치적 견해를 뒷받침하고, 백성의 복지 증진 방안에 대해 이야기합니다. 이이가 《성학집요》를 통해 선조에게 제시했던 성학의 철학적 내용들은 아래에서 좀 더 구체적으로 알아보겠습니다.

이이는 이理와 기氣 사이의 복잡한 관계를 이기지묘理氣之妙라는 개념으로 풀어냈습니다. 이기지묘는 이理와 기氣가 본질적으로는 서로 다르지만, 실제 현실에서는 서로 묘하게 얽혀서 합해진다는 뜻입니다. 이 관계에서 기氣는 주로 활동을 이끄는 역할을 하며, 이理는 그 활동의 근본 이유이자 주재자로서의 역할을 수행한다고 강조합니다.

이이는 모든 사물의 근본원리인 이理는 동일하고 사물의 형태를 결정하는 기氣가 각각 다르다는 주희의 이동기이설同氣異說을 바탕으로 이일분수理一分殊 개념을 더욱 체계화하였습니다. 이를 이통기국理通氣局이라 합니다. 이통기국이란 이理는 형이상학적으로 제약 없이 존재하는 보편성을 띠지만, 그 실현은 기氣에 의존하므로 실질적으로는 기氣에 국한된다는 의미입니다. 이는 천리天理와 개별자의 본성이 서로 다르다는 것을 의미합니다. 이理의 발현이 그 자체의 자연스러운 전개로 이루어지는 게 아니라 기氣의 개입을 통해 이루어진다는 뜻으로 세상의 구조와 만물은 현실적으로 이理가 아닌 기氣에 의해 결정된다는 의미이기도 합니다.

위의 내용을 토대로 이이는 이황의 이기호발설理氣互發說을 비판하면서 기발리승일도설氣發理乘一途說을 제시합니다. 이황은 사단四端이 본연지성本然之性에서 나와 이理가 먼저 발하고 기氣가 따르는 것理發氣隨之으로 본래 선善하다고 보았으며, 칠정七情은 기질지성氣質之性에서 나와 기氣가 발하여 이理가 올라타는 것氣發理乘之으로 선할 수도 악할 수도 있다고 주장하였습니다. 그러나 이이는 본성은 실질적으로 기질지성이고, 이理는 그 자체로 발동할 수 없으며, 오직 기氣가 발하고 이理가 올라타는 것이 유일한 경로라는 기발리승일도설을 주장했습니다. 그리고 기발리승일도를 통해 나타나는 모든 종류의 감정을 칠정이라 지칭하는데, 사단도 여기에 포함됩니다. 이어 그는 예禮의 규범인 절도節度에 따라 선악이 구분된다고 설명합니다. 즉, 절도에 맞으면 선한 감정인 사단四端이고, 절도에 맞지 않으면 악한 감정이라는 뜻입니다.

이이의 심성정의일로설心性情意一路說은 인간이 외부 자극에 반응하는 과정을 설명하는 이론입니다. 이 과정을 살펴보면 다음과 같습니다. 일단 기질지성을 지닌 마음心이 있습니다. 본성性은 외부 자극이 오기 전의 마음 상태를 뜻합니다. 외부 자극이 왔을 때 마음이 반응하는 것은 감정情이라 하며, 감정이 발생하면 의식意은 해당 반응을 사려하고 계산하여 의지적인 방향을 결정합니다. 그리고 이 결정된 방향에 따라 마음은 인심人心과 도심道心으로 구분됩니다.

이이는 인심과 도심 사이의 구분 및 상호작용을 강조합니다. 그는 성인, 군자, 보통 사람을 예로 들어 설명했는데, 성인은 감정이 항상 절도에 맞고, 군자는 감정이 때때로 절도에 맞지 않을 수 있으나 의식은 절도에 맞으며, 보통 사람은 감정이 절도에 맞지 않을 수 있으나 의식을 통한 교정이 가능하다고 보았습니다. 이러한 관점에서 의식을 통해 감정을 선善으로 이끌 수 있는 공부의 중요성을 강조하며, 그것을 통해 인심에서 도심으로 변화할 수 있다고 설명합니다. 이를 인심도심종시설人心道心終始說이라 하는데, 이는 인심의 상태에서 시작해도 자기 성찰과 이치를 따름으로써 도심으로 변화할 수 있고, 반대로 도심의 상태에서도 사사로운 욕구에 치우치면 인심으로 전락할 수 있음을 나타냅니다. 이것은 마음이 의意를 내포하여 의지적 방향성에 따라 인심과 도심이 결정되기 때문에 가능한 일입니다. 따라서 수양의 핵심과제는 도심의 범위를 확장하고 인심을 절제함으로써 천리天理를 존중하고 인간의 욕구를 억제하는 것입니다. 이 과정을 통해 개인은 자신의 내면을 깊이 성찰하고 도덕적

이상을 추구하는 삶을 지향하게 됩니다.

　이이는 수양의 목적을 성誠의 실현에 두었습니다. 첫째, 성誠은 천지만물의 이치인 천리天理이자 인간 마음의 본체입니다. 그는 경敬을 통해 사사로움을 제거한다면 마음의 본체가 온전한 성誠에 이를 수 있다고 강조하며, 그것은 성인이 되기 위한 기초적인 자세로 여겨집니다. 이는 각 개인이 자신의 내면을 돌아보고, 도덕적 원리를 따르는 것이 중요함을 의미합니다. 둘째, 성誠은 성인이 되고자 하는 수양의 근본 자세로서 성실함을 의미합니다. 이이는 성실함이야말로 진정한 수양의 출발점이며, 이를 통해 개인이 자신의 도덕적 본성을 깨닫고 실천할 수 있다고 주장했습니다. 그리고 이 과정에서 기질에 얽매이고 욕망에 가려져 마음의 움직임意이 겪게 되는 장애를 극복하는 것을 수양의 중요한 과정으로 보았습니다. 이런 마음의 장애는 앎이 어두움, 기가 어두움, 나쁜 생각, 뜬생각 등으로 나타나며, 이는 각각 궁리窮理, 입지立志, 성찰省察, 함양涵養을 통해 극복됩니다. 그리고 이 네 가지 공부를 통해 마음의 장애에서 벗어나 도덕적 의지를 확립했다면, 이제 지속적으로 예를 실천함으로써 기질을 근본적으로 변화矯氣質시키는 마지막 공부 과정이 남아 있는데 이것이 바로 역행力行입니다. 이이의 수양론은 마음의 본성을 깨닫고 도덕적 원리에 따라 살아가는 법을 탐구하는 데 그 목적을 두고 있습니다.

이이는 도가 사상과 불교에도 조예가 깊었으며 퇴계 이황을 포함한 여러 성리학자와의 학문적 교류를 통해 기발리승일도설을 정립하였습니다. 이이의 독창적인 학문은 퇴계학파로부터 격렬한 비판과 견제를 받았으나, 그는 평생 성리학의 분열을 막기 위해 노력했습니다. 그러나 49세의 젊은 나이로 세상을 떠난 후, 그를 계승한 이들이 서인으로 갈라짐으로써 조선의 붕당 정치가 시작됩니다. 이이가 성리학의 분열을 막고 화합을 이끌며 더 오래 살았다면 조선의 역사가 어떻게 달라졌을지 궁금해지는 대목입니다.

도서 분야	철학	관련 과목	도덕·윤리	관련 학과	윤리교육과, 심리학과, 철학과, 한문학과

고전 필독서 심화 탐구하기

▶ 기본 개념 및 용어 살펴보기

주요 기본 개념 및 용어	
개념 및 용어	**의미**
이동기이설 理同氣異說	– 만물이 겉보기에는 서로 다른 것처럼 보이지만, 궁극적으로는 동일한 천리天理를 공유하고 있고, 만물 간의 차이는 기氣의 조성과 상태의 다양성에 의해 발생하며 이에 따라 각각 다른 형태와 성질을 가진다는 이론.
사단칠정 四端七情	– 사단: 칠정 중에서 마음의 작용을 통해 절도에 맞는中節 선한 감정을 뜻함. – 칠정: 기질지성이 발하여 나타나는 모든 종류의 정情을 지칭. – 칠정이 사단을 포괄함.
의意	– 발현된 감정을 대상으로 마음이 계산, 사려하는 것. – 지각이 반응한 감정을 특정한 기준에 맞춰 계산하고 비교하여 어떻게 할지 생각하는 것. – 감정은 자신의 마음대로 나오는 것이 아니기 때문에, 이 감정을 다시 선善의 방향으로 나아가게 함.
인심도심 人心道心	– 인심: 형기(겉으로 보이는 형상과 기운)에서 기인한 사사로운 욕망을 위해 발현된 마음. – 도심: 성명과 도의를 위해 발현된 마음.
성誠	– 천지만물의 이치이자 마음의 본체인 성性. – 인간 마음에 내재되어 있는 도덕적 원리. – 성인을 목표로 하는 수양의 근본 자세인 성실함.

궁리窮理	– 만물의 본질이나 원리를 깊이 연구하여 밝히고, 마음의 중절中節을 지키도록 선을 정확히 판단하며, 이에 근거해 선을 바르게 실천할 수 있도록 하는 원리를 파악하는 공부.
함양涵養	– 염려를 일으키지 않도록 하는 것으로 뜬생각을 없애는 것.
성찰省察	– 마음의 반응을 살펴서 도심을 확충하고 천리를 보존하여 도덕적 의지를 세우는 것.
역행力行	– 예의 엄격한 준수를 통해 심신을 다스려 사욕을 제거하고 기질의 병폐를 바로잡아 마음의 본체인 성誠을 회복하는 공부.
입지立志	– 큰 뜻을 세우는 것. – 수양 공부를 시작하는 최초의 계기.
붕당朋黨	– 조선 중기에 학맥과 정치적 입장에 따라 형성된 집단. – 서인(노론, 소론)/동인(북인, 남인).

▶ 이이와 성혼의 논쟁

이황과 기대승이 세상을 떠난 후, 율곡 이이는 기대승의 이론을 기반으로 이황의 주장에 반론을 제기했으며, 이 과정에서 우계 성혼과의 학문적 논쟁이 발생했다. 성혼은 마음心의 허령지각이 단일하다고 주장하면서 형기에서 나온 것을 인심, 성명의 바름에서 나온 것을 도심으로 정의하고, 이황의 이기호발설을 지지했다. 그는 이와 기의 상호작용이 세계의 이치를 이룬다고 말하며, 이황의 견해가 정당하다고 주장하면서 이이에게 질문을 던졌다.

이에 대해 이이는 성혼의 주장대로라면 마음 안에 이미 인심과 도심의 근원이 존재한다는 것, 즉 마음에 두 가지 근본이 있다는 결론에 이르게 된다고 반박했다. 이이는 발하는 것은 기氣이며, 그 근거는 이理에 있다고 주장하면서 이기호발설을 부정했다. 그는 이황의 사단칠정론을 거부하고, 기발의 단일한 근원만을 인정하면서 기발이승일도설을 강력하게 주장했다.

현재에 적용하기

이이의 다른 저작들을 찾아보고 종합하여 그가 꿈꾸었던 조선은 어떤 세상이었는지 탐구해 보고, 그러한 세상이 현대 사회에 주는 시사점을 알아본다.

생기부 진로 활동 및 과세특 활용하기

▸ **책의 내용을 진로 활동과 연관 지은 경우**(희망 진로: 실용음악과)

대중 가수를 꿈꾸고 있으나 자신의 능력에 대한 믿음이 부족해 고민하는 모습을 보임. '성학집요(이이)'를 읽고 그가 강조한 '입지'의 중요성에 대해 깊이 공감하고, '입지'를 자신의 진정한 열망을 찾고 그에 따라 뜻을 세우는 것으로 이해하고 설명함. 이이의 가르침을 바탕으로 마음의 움직임에 더 집중하며, 가수가 되기 위해 노력하겠다고 밝힘. 그동안 가수가 되기 위해 노력하는 것을 실천으로 옮기는 데 주저했던 이유는 단순히 하기 싫어서가 아니라, 모든 것을 완벽하게 해내야 한다는 강박 때문이라고 자신을 성찰하는 모습을 보임. 이러한 자기 성찰을 통해 이이의 '역행'을 실천하기로 결심하고, 자신이 꿈꾸는 가수가 되기 위해 '만다라트 계획표'를 만들고 실천함. 또한 '역행'은 주저하지 않고 용감하게 행동으로 옮기는 것이기 때문에 앞으로는 완벽함을 추구하는 대신, 노력을 실천하는 데 집중하며 스스로를 극복해 나갈 것을 다짐함.

▸ **책의 내용을 정치 교과와 연관 지은 경우**

'성학집요(이이)'를 읽고 깊이 있게 연구한 후, 이를 바탕으로 성군이 되기 위한 성학의 원칙들을 현대 사회에 어떻게 적용할 수 있을지 탐색함. 이 과정에서 자신이 좋아하는 정치 과목에 초점을 맞추어 조선 시대의 국가 체계와 대한민국의 국가 체계를 비교·분석하는 작업에 집중함. 이 분석에는 조선 시대의 왕과 신하들 사이의 관계 및 체계와 헌법적 기반 위에 세워진 대한민국의 삼권분립 체제를 깊이 있게 비교하는 작업이 포함되어 있음. 이러한 분석을 통해 국방, 외교, 행정, 법 등의 주제를 세밀하게 세분화하고, 각각의 영역에서 조선 시대와 현대 대한민국의 접점과 차이점을 명확히 보여줌. 또한 이를 통해 얻은 통찰력을 바탕으로 자신이 만든 자료들을 주제별로 체계적으로 정리하여 제공함으로써 친구들의 학습을 도움.

후속 활동으로 나아가기

▶ 이이의 생애와 신사임당의 교육 방법을 연구해 본다.
▶ 이황과 이이의 사상을 비교·분석하고, 각각의 입장에서 토론을 진행한다.
▶ 《격몽요결》을 읽고 요약하여 실생활에서 적용할 수 있는 실천 방안을 작성한다.
▶ '십만양병설'을 조사하고, 이이가 임진왜란 및 조선의 역사에 끼친 영향을 탐구한다.
▶ 주희, 양명, 이황, 이이의 사상을 모두 비교하고, '이기론'을 주제로 세상을 바라보는 자신의 관점을 담은 글을 작성한다.

함께 읽으면 좋은 책

이황 《성학십도》 보고사, 2023.
주광호 《주자학, 본체에서 일상으로》 문진, 2024.

소크라테스의 변명·크리톤·파이돈·향연

플라톤 ▸ 현대지성

《소크라테스의 변명·크리톤·파이돈·향연》은 플라톤의 초기 저작에 속하며, 이 작품들은 스승인 소크라테스의 철학을 주로 다루고 있습니다. 반면,《국가》등 플라톤의 중·후기 저작들은 플라톤 자신의 철학을 담고 있습니다. 책의 구체적인 내용을 정리하면 다음과 같습니다.

〈소크라테스의 변명〉에서는 소크라테스가 청년들을 부패시킨 혐의 및 불경죄로 재판을 받는 모습이 나옵니다. 이 작품에서 소크라테스는 스스로를 변호하면서 진정한 지혜의 의미를 이야기하고 자신의 행위가 델포이 신전의 신탁에 따른 것임을 설명합니다. 그는 진실을 탐구하는 과정에서 발생한 오해로 자신이 고발당했다고 주장합니다.

〈크리톤〉에서는 사형 집행을 앞둔 소크라테스에게 친구 크리톤이 탈옥을 권유하는 장면이 펼쳐집니다. 소크라테스는 이 제안을 거절하며 법과의 약속을 지키고, 정의를 유지하는 것이 자신, 친구, 그리고 국가에 대한 책임임을 강조합니다.

〈파이돈〉은 소크라테스의 생애 마지막 날을 배경으로 하고 있는데, 소크라테스와 그의 친구들은 영혼의 불멸에 대해 대화를 나눕니다. 소크라테스는 죽음을 진리를 향한 여정의 일부로 보면서 철학자로서의 죽음은 이승에서 저승으로의 축복된 이동임을 설명합니다.

마지막으로 〈향연〉에서는 연애의 신 '에로스'를 주제로 한 연회에서 소크라테스와 그의 추종자들이 사랑에 대한 다양한 견해를 펼칩니다. 다른 참석자들이 '에로스'를 온전히 아름다운 존재로 예찬하는 반면, 소크라테스는 '에로스'를 아름다운 몸, 미덕, 그리고 결국 아름다움 그 자체인 '이데아'를 관조하는 과정으로 보았습니다. 소크라테스는 철학이란 궁극적으로 '이데아'를 직접 인식하는 것이라고 이야기합니다.

기원전 5세기 그리스와 주변 국가들은 사상, 정치, 사회 등 여러 분야에서 큰 변화의 시기를 맞이했습니다. 이때 그리스는 두 차례의 큰 전쟁을 겪었고, 이는 사람들이 기존 관습과 신에 대한 믿음에 의문을 갖게 만들었습니다. 사람들은 관습을 따르고 신의 가르침에 순종해도 전쟁은 계속되고 사회는 혼란에 빠진다는 것을 깨달았습니다. 이러한 배경 속에서 자연과 세계를 바라보는 다양한 철학이 등장하였습니다.

이 시기에 등장한 '지혜로운 자'라 불리는 소피스트들은 철학의 대상을 인간으로 삼아 인간 사회의 관습, 규범, 실정법에 대해 비판적인 시각을 제시했습니다. 그들은 인간에 의해 만들어진 모든 사상, 윤리, 기준이 불완전하다고 보면서, 상대주의와 회의주의를 강조해 많은 이들의 공감을 얻었습니다.

또한 아테네 사회에서 민주 의회와 법정의 연설이 중요해짐에 따라, 지식, 수사학, 논리학을 전문적으로 가르치는 소피스트들의 역할이 강조되었습니다. 그들은 '잘 사는 것', 즉 행복한 삶을 영위하고 사회에서 성공하며 출세하는 방법에 대한 지식을 판매했는데, 이러한 지식은 민주주의 체제 내에서 권력을 획득하고 영향력을 확대하는 데 도움이 되는 것들이었습니다.

소피스트들은 '잘 사는 것'을 권력, 명예, 부와 같은 외부적 성공과 연결 지었지만, 소크라테스는 이러한 외부적 요소들은 신정한 의미에서 '잘 사는 것'과는 거리가 멀다고 보았습니다. 그에게 진정으로 '잘 사는 것'은 영혼을 돌보는 일, 즉 자신의 영혼을 최상의 상태로 유지하고 인간으로서의 본질적인 좋음을 실현하는 것이었습니다.

소크라테스는 사람들이 자신의 영혼을 돌보지 않고 최선의 삶에 대해 무지하기 때문에 자신과 타인에게 해를 끼치는 악행을 저지른다고 보았습니다. 그는 모든 악행의 근본적 원인을 무지無知에서 찾았습니다. 소크라테스에 따르면 인간은 본능적으로 악을 원하지 않으며, 오히려 해로운 것을 피하고 좋은 것을 추구하는 존재입니다. 그는 참된 이성적 지식이 있으면 사람들이 나쁜 행동을 의도적으로 추구하지 않을 것이라 주장하며, "알면 반드시 행한다"고 강조하였습니다.

이러한 관점에서 소크라테스는 자신의 무지를 자각하는 자기 성찰과 진리 탐구를 중시했습니다. 그는 "너 자신을 알라"는 말을 통해 개인이 자신의 내면을 깊이 들여다보고, 자신에게 진정 중요한 것이 무엇인지, 어떤 삶이 가장 가치 있는 삶인지, 그리고 그러한 삶을 어떻게 살아갈 수 있을지에 대해 깊이 고민하도록 호소하였습니다. 소크라테스는 이러한 자기 성찰과 진리 탐구가 단순한 이론에 그치는 게 아니라, 실제로 어떻게 최선을 다해 살아갈 수 있는지에 대한 지침을 제공한다고 보았습니다. 그는 지식·지혜episteme를 통해 덕·훌륭함arete이 무엇인지 이해하고, 삶의 기술techne을 통해 이러한 이해를 바탕으로 최선의 삶을 실현하는 방법을 배워야 한다고 강조하였습니다.

덕·훌륭함arete이란 최선의 삶을 영위하는 데 필요한 이성적 지식과 기술을 소유한 상태를 의미합니다. 덕은 이성 활동을 통해 얻어지는 지식이며, 산파술을 통해 가르칠 수 있습니다. 또한 모든 개별적인 덕은 각각의 특수한 기능과 속성을 지니고 있음에도 불구하고, 최선의 삶에 대한 지식·지혜라는 점에서 모든 덕들은 본질적으로 동일합니다. 이러한 덕을 지녔다는 것은 부정과 방종 같은 영혼의 질병이 없는 건강하고 행복한 영혼의 상태를 의미합니다.

소크라테스는 소피스트들과 다르게 지식을 판매하는 대신 사람들이 내면에 지니고 있는 지혜를 문답법을 통해 끌어내는 데 집중하였습니다. 소피스트들이 지식을 상대적이며 권력과 이익을 획득하기 위한 수단으로 여긴 것과 달리, 소크라테스는 최선의 삶을 위한 절대적인 지식의 중요성을 강조하였습니다. 소피스트들은 자신들의 지식을 최고로 여겼지만, 소크라테스는 자신의 무지를 인식하는 것의 중요성을 외쳤고, 이러한 자각 덕분에 자신을 아테네에서 가장 지혜로운 사람으로 여겼습니다. 그는 진정한 지식과 지혜에 대해 깊은 고민을 하였으며, 인간을 대상으로 철학을 전개한 최초의 사람으로서 인생을 어떻게 살 것인지, 최선의 삶이 무엇인지에 대해 우리들에게 끊임없이 고민하고 탐구할 것을 강력히 호소하였습니다.

도서 분야	철학	관련 과목	도덕·윤리	관련 학과	윤리교육과, 철학과, 사학과

고전 필독서 심화 탐구하기

▸ 소피스트와 소크라테스 이전의 철학자들

서양 고대 철학에서는 소피스트와 소크라테스 이전에도 주목할 만한 철학자들이 존재했다. 탈레스는 '만물의 근원은 물이다'라고 주장하며 자연 철학의 기초를 다졌고, 피타고라스는 수학적 원리를 통해 우주의 조화와 질서를 탐구했다. 또한, 헤라클레이토스는 생성과 소멸을 관장하는 영원한 법칙인 로고스에 대해 설명했다. 이러한 철학자들은 자연 세계와 그 원리에 대해 깊이 있게 사유했다. 하지만 인간 자체와 인간의 본성, 윤리, 사회에 대한 철학적 고민을 본격적으로 시작한 이들이 있으니 바로 소피스트와 소크라테스였다. 그들은 철학의 초점을 자연 세계에서 인간 내면으로 옮겨 놓음으로써 서양 철학의 새로운 장을 열었다.

▸ 소피스트의 상대주의 윤리설

소피스트들은 도덕적 진리와 규범이 절대적이거나 보편적인 게 아니라 문화, 계층, 개인에 따라 상대적일 수 있다고 보는 상대주의 윤리설을 주장했다. 이들은 인간의 감각적 경험과 그를 통해 얻은 지식 및 도덕을 중시했으며, 개인이나 사회적 맥락에 따라 행위의 도덕적 판단이 달라질 수 있음을 강조했다. 이로 인해 소피스트들은 일관된 보편적 도덕 기준의 존재를 부인했다.

이러한 철학적 기반 위에 소피스트들은 인간의 성공과 행복을 추구하는 데 있어 세속적 가치의 중요성을 강조했다. 부, 명예, 권력과 같은 가치들이 인간 생활에서 중요한 역할을 한다고 봤으며, 이러한 목표들을 달성하기 위해 수사학과 변론술의 필요성을 주장했다. 그리고 이는 공공 토론이나 법정에서 승리하기 위한 필수 기술로 여겨졌다.

▶ 소크라테스의 문답법

문답법은 인간이 지식을 추구하는 과정에서 중요한 역할을 하는데, 이 방법은 두 단계로 구분된다.

첫 번째 단계, 논박은 대화 상대의 의견이나 주장을 비판적으로 검토하는 과정이다. 소크라테스는 이 과정을 통해 상대방의 의견에서 모순이나 문제점을 드러내 상대가 자신의 무지를 인식하게 한다. 이 무지의 자각은 진리 탐구를 시작하는 기본적인 조건이며, 자신이 모르는 것을 인정하는 순간부터 진정한 지식을 추구할 준비가 된 것이다.

두 번째 단계, 산파술은 대화를 통해 상대가 스스로 진리를 발견하도록 돕는 과정이다. 여기서 소크라테스는 직접적인 가르침보다는 적절한 질문을 통해 상대가 스스로 생각하고 결론에 이르도록 유도한다. 이 방법의 목적은 대화 상대가 자신의 내면에 있는 지식을 발견하고, 진리에 대해 깊이 이해하도록 하는 것이다. 산파술을 통해 얻은 지식은 상대방의 경험과 이성을 바탕으로 하기에 더욱 깊고 확고해진다.

▶ 소크라테스의 죽음

소크라테스는 당시 아테네 사회에서 '신을 믿지 않고, 젊은이들을 타락시킨다'는 이유로 기소되었다. 그러나 소크라테스는 자신의 신념과 철학적 탐구를 포기하지 않았으며, 재판에서도 자신의 무죄를 역설하며 아테네 시민들에게 도덕적이고 철학적인 질문을 던지는 것을 멈추지 않았다. 재판 결과, 소크라테스는 유죄 판결을 받고 사형을 선고받았다. 그에게 내려진 사형 방법은 독약을 마시는 것이었는데, 사형 집행일에 소크라테스는 친구들과 마지막 대화를 나누고 평온하게 독약을 마셨다. 그의 죽음은 <파이돈>에 자세히 기록되어 있으며, 이 작품에서 소크라테스는 죽음에 대한 자신의 생각과 영혼의 불멸에 대한 믿음을 나눈다.

현재에 적용하기

내 인생에서 최선의 삶이 무엇인지에 대해 성찰하고, 그것을 위해 어떻게 살아갈지에 대해 생각하는 시간을 갖는다.

생기부 진로 활동 및 과세특 활용하기

> **책의 내용을 진로 활동과 연관 지은 경우**(희망 진로: 법학과)

소크라테스의 죽음과 그의 철학적 원칙을 깊이 분석하여 법의 정당성과 법치주의의 중요성을 명확히 이해함. 가르침과 철학적 신념의 진정성을 입증하기 위해 죽음을 택한 소크라테스의 결정은 진리 추구와 개인의 양심에 따라 행동하는 것의 중요성을 보여주는 대표적 사례임을 밝힘. 또한 그의 죽음이 법의 지배와 법의 정당성을 강조하는 중요한 사례로서 법학 연구에 있어서 중요한 교훈을 제공한다고 주장함. 이어 준법의 핵심에 대한 의견을 피력했는데, 법치주의의 원칙에 따라 모든 시민과 국가 기관이 법 앞에서 평등하며 개인의 책임과 의무를 중요시해야 한다고 주장함. 또한 법과 정의, 개인의 양심 사이의 복잡한 관계를 탐구하면서 법이 정의를 실현하기 위한 수단이 되어야 하며, 때로는 개인이 양심에 따라 불의한 법에 저항해야 한다는 철학적 문제를 제기함. 이러한 깊은 이해와 분석은 법학 분야에서 비판적 사고, 윤리적 판단, 법과 도덕 사이의 관계를 이해하는 데 필요한 중요한 능력을 갖추고 있음을 보여줌. 구체적으로 법의 정당성, 법치주의의 중요성, 법률적 의무와 개인의 양심 사이의 균형을 이해하는 데 중요한 통찰력을 가지고 있으며, 이는 법학 연구 및 실무에 있어서 전문성을 높이고, 정의로운 법적 결정을 내리는 데 기여할 수 있을 것이라 생각됨.

> **책의 내용을 역사 교과와 연관 지은 경우**

소크라테스에 대한 철학 수업을 계기로 '역사(헤로도토스)'를 읽고 서양 고대 문명사에 깊은 관심을 가짐. 메소포타미아와 이집트 문명을 시작으로 서양 고대문명의 발전 과정을 탐구하며, 시대별 주요 사건들을 조사함. 이 과정에서 시간의 흐름에 따른 영토 변화를 시각적으로 표현한 영상 자료를 제작하여, 지도가 변화하는 모습을 통해 역사의 흐름을 한눈에 파악할 수 있도록 함. 또한, 그리스 문명과 역사에 특별히 관심을 기울여, 그리스 도시국가들과 소크라테스 시대 전후의 역사를 자세히 정리함. 고대 문명사를 단순히 영토 변화나 정치적 이슈로만 보지 않고, 평민과 노예의 삶에 주목하여 그들의 종교, 문화, 예술, 관습, 풍토, 생활환경 등을 미시적 관점에서 이해하려 노력함. 특히, 이러한 다양한 측면의 연구를 통해 그들의 삶이 후대, 특히 기독교 문명의 형성에 어떤 영향을 미쳤는지 검토함. 이러한 분석과 이해를 바탕으로 친구들에게 고대문명의 중요성과 그 영향력에 대해 설명함.

후속 활동으로 나아가기

▸ 소크라테스 이전의 철학자들이 인류사에 미친 영향을 조사해 본다.
▸ 하브루타 수업에 소크라테스 문답법을 적용하여 비판적 사고 및 깊은 이해력을 발전시키는 대화 중심 학습을 경험해 본다.
▸ 개인적 성찰을 통해 '무지無知의 지知'를 자각할 수 있는 기회를 가져본다.
▸ 상대주의와 보편주의에 대한 탐구 및 비교 분석 보고서를 작성한다.
▸ 아테네 민주주의를 시작으로 한 민주주의의 발전과 역사에 대해 조사한다.

함께 읽으면 좋은 책

플라톤 《국가》 현대지성, 2023.
아리스토텔레스 《니코마코스 윤리학》 현대지성, 2022.

열세 번째 책

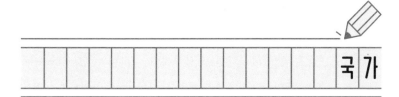

국가

플라톤 ▸ 현대지성

《국가》는 고대 그리스 철학자이자 소크라테스의 제자인 플라톤
이 저술한 대표 작품입니다. 이 작품에서는 대화의 주체이자 주인
공으로 스승인 소크라테스가 등장합니다. 총 10권으로 구성된 이
대화편에서는 정의의 본질을 탐구하는 것에서 시작해 이상적인 국
가의 모습, 통치자의 자질, 교육, 영혼의 불멸성 등 다양한 주제를
다루고 있습니다.

1권에서는 정의에 대한 서로 다른 견해가 소개됩니다. 케팔로스
는 정직함과 채무의 이행을 정의로 보는 전통적인 견해를 대표하
며, 그의 아들 폴레마르코스 역시 각자에게 합당한 것을 갚는 것이
정의라고 주장합니다. 소피스트 트라시마코스는 정의가 강자의 이

익을 위한 것이라고 반박하며, 불의한 삶이 정의로운 삶보다 낫다고 주장합니다. 2권에서는 소크라테스와 그의 대화 상대자들이 정의의 본질을 더 깊이 탐구하기 위해 이상적인 국가를 설계하기 시작합니다. 여기서부터 4권까지는 이상적인 국가의 구성, 수호자의 선발과 교육, 국가의 주요 덕목에 대한 논의가 펼쳐집니다. 5권에서는 남녀의 평등, 수호자들의 공동생활, 철인 통치자의 필요성에 대해서 다룹니다. 6권과 7권에서는 철학자의 본성과 교육에 대해서 탐구합니다. 여기에서 그 유명한 태양의 비유, 선분의 비유, 동굴의 비유가 등장합니다. 8권에서는 다양한 정치 체제에 대한 논의가 진행되는데 이상국가가 쇠퇴하여서 명예정, 과두정, 민주정, 참주정으로 변화하는 과정을 설명합니다. 9권에서는 정의로운 삶과 부정의한 삶을 비교하며, 정의로운 삶이 왜 행복한 삶인지에 대해 논증합니다. 마지막 10권에서는 예술과 시의 문제를 다루며, 영혼의 불멸성과 정의에 대한 보상에 대해 논의하며 대화를 마무리합니다.

플라톤의 철학에서 핵심 사상인 이데아론은 세상을 이데아계와 현상계, 이렇게 두 차원으로 구분하는 개념을 중심으로 전개됩니다. 이데아는 비물질적이며 절대적이고 영원불멸한 특성을 가지고 있으며, 보편적인 완전성과 충만함을 지닌 독립적인 실재입니다. 이는 사물의 완전하고 이상적인 원형이자 본질로서 물질적인 현상세계를 위한 모델이자 존재의 근원으로 간주됩니다. 반대로 현상세계는 변화하고 소멸하는 특성을 지닌 불완전한 세계로 우리가 감각을 통해 경험할 수 있는 모든 게 속해 있는 영역입니다. 플라톤은 현상세계의 사물들을 이데아의 불완전한 복사본으로 보았으며, 이러한 변화성 때문에 현상세계의 사물들이 완전한 실체로 여겨질 수 없다고 주장했습니다.

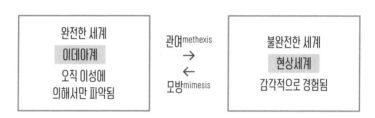

이데아는 오로지 지성을 통해서만 파악될 수 있는, 즉 참된 이성으로만 인식할 수 있는 대상이며, 인간 영혼에 선천적으로 내재해 있어서 지성의 힘으로 기억해낼 수 있는 것으로 설명됩니다.

<선분의 비유>

그림자	실물들	수학적인 것	이데아
상상, 짐작	믿음, 확신	추론적 사고	직관·철학적 인식
감각 대상들 → 의견, 판단		지성에 의한 앎	

이데아론은 소크라테스가 주장했던 경건, 용기, 정의와 같은 추상적 가치들이 구체적으로 어디에 존재하고 있는지에 대한 해답을

제공합니다. 이러한 가치들은 시간과 공간의 제약을 받지 않는 이데아계에 존재한다는 것이 바로 플라톤의 주장입니다. 또한 이데아론은 모든 행위와 통치가 따라야 할 도덕적 가치의 전형적인 규범과 원형을 도덕과 정치와 관련하여 제시합니다. 이데아에서 멀어질수록 악으로 치닫게 된다는 관점을 제시합니다.

플라톤은 모든 존재의 근원을 이데아로 간주하며, 인간이 태어나기 전 이데아계에 존재하다가 태어날 때 레테의 강을 건너면서 이데아에 대한 기억을 잃어버린다고 설명합니다. 이를 통해 인간은 현실 세계로 내려오게 되고, 다양한 편견에 얽매이게 됩니다.

플라톤은 이러한 상황을 동굴의 비유를 통해 설명합니다. 현상계에 속한 인간들은 동굴 벽에 비친 그림자를 진실이라고 오해하며, 진리를 직관하지 못합니다. 이데아계를 지향하는 삶을 이상적인 삶으로 보는 플라톤은 철인(소크라테스와 같은 인물)이 사슬에 묶인 죄수들을 도와 사슬을 끊고 이데아계, 즉 진리의 세계를 직관할 수 있도록 도와준다고 설명합니다. 이 과정에서 철인은 이데아를 직관하는 자로서 현상계에 속한 인간들에게 원래 알고 있던 진리를 상기시키고 이데아계로 인도하는 역할을 수행합니다.

이러한 관점에서 교육은 매우 중요한 역할을 맡고 있습니다. 교육을 통해 인간의 영혼은 현상계에서 벗어나 이데아계로 나아갈 수 있으며, 궁극적으로는 선善의 이데아를 인식하게 되기 때문입니다.

선의 이데아는 모든 존재의 최종목적으로 플라톤은 이를 태양에 비유합니다. 그것은 다른 이데아를 볼 수 있게 하며 존재와 인식의 근거를 제공합니다. 따라서 플라톤의 철학 세계에서 이데아는 학문의 최고 목표이자 인간이 추구해야 할 궁극적인 목표로 여겨집니다.

플라톤은 영혼을 분석하면서 사슬에 묶인 인간이 어떻게 하면 이데아를 직관할 수 있는 이상적 상태에 도달할 수 있는지를 고민합니다. 이 과정에서 그는 영혼삼분설을 제시합니다. 영혼은 헤아리는 부분, 기개적인 부분, 욕구하는 부분으로 구성되어 있으며, 각각 지혜, 용기, 절제의 덕을 필요로 하고, 이 영혼의 세 부분이 자신의 역할을 훌륭히 수행하면서 전체적으로 조화롭게 기능할 때 정의라는 덕이 실현된다고 그는 주장합니다. 도덕적인 행위는 지혜와 용기에 의해 동기 부여되며, 이성으로 기개와 욕구를 잘 다스려 정의의 덕을 갖춘 자가 그가 말하는 이상적인 인간입니다.

플라톤은 이성을 통해 드러나는 참된 지식으로 기개와 욕구를 조화롭게 조절하고 균형을 이루어 영혼의 조화와 질서를 실현하는 것을 행복이라고 여겼습니다. 이 참된 지식은 변하지 않으며 보편적이고 객관적인 가치를 지닙니다. 따라서 플라톤은 행복을 주관적인 만족을 넘어선 객관적이고 보편적인 관점에서 이해해야 한다고 강조합니다. 즉, 행복한 삶이란 모든 이에게 동일하며 주관적 감정을 초월한 상태로 볼 수 있습니다.

플라톤은 인간 영혼의 기능 분석에 이어 국가의 기능을 분석하면서 이상국가를 제안하였습니다. 그의 이상국가론은 인간이 자신의 필요를 충족시키기 위해 공동체를 형성하고, 각자가 자신의 자연적 재능에 맞춰 분업하여 일하는 사회를 기반으로 합니다. 국가의 정의는 지혜로운 통치자, 용기 있는 수호자, 생산 활동에 종사하는 생산자가 각자의 역할을 충실히 수행할 때 실현됩니다. 이들이 조화롭게 작동하면 국가는 지혜, 용기, 절제의 덕을 갖추게 되며, 정의는 각자가 자신의 역할을 충실히 수행하는 것에서 비롯됩니다. 그는 통치자가 나머지 두 부류를 지도하고 모든 계층이 자신의 직분을 충실히 수행하며 서로 간섭하지 않을 때, 국가가 하나의 마음으로 통합되어 전체의 질서와 안녕에 기여한다고 보았습니다.

플라톤은 이상국가 실현을 위해 철학자가 이데아에 대한 참된 이성적 지식을 바탕으로 국가를 이끌어야 한다는 철인치자 사상을 제시하였습니다. 철인치자는 국가의 영원하고 불변하는 선을 이해하며 최선의 정치 체제를 구현할 수 있는 사람입니다. 플라톤은 만약 철인치자에 의한 이상국가 실현이 어려울 경우 법률에 의한 통치를 차선책으로 보았습니다. 이 방식은 시민적 덕성을 필요로 하며, 국가의 안정과 발전을 위한 기반을 제공합니다.

소크라테스의 사상을 이어받아 자신만의 독창적인 이데아론을 펼친 플라톤은 우매한 민중에 의해 사랑하는 스승 소크라테스를 잃은 후 민주주의에 대한 혐오감을 품게 되었습니다. 이러한 경험은 그가 도덕적이고 지적으로 우월한 철학자가 국가를 지배해야 한다고 주장하는 데 결정적인 영향을 미쳤습니다. 플라톤은 당시의 민주주의 사회를 거짓된 세계로 인식했을 것이며, 선각자인 스승 소크라테스가 무지한 민중에 의해 살해됨으로써 자신 역시 그림자의 가짜 세계에서 고통 받는 삶을 살고 있다고 느꼈을 것입니다. 이런 배경에서 플라톤은 진정한 본질인 이데아의 세계를 평생 동안 꿈꾸며, 이상주의적인 삶을 추구한 것이 아닐까 추측해 봅니다.

도서 분야	철학	관련 과목	도덕·윤리	관련 학과	윤리교육과, 철학과, 사학과

고전 필독서 심화 탐구하기

▶ **기본 개념 및 용어 살펴보기**

주요 기본 개념 및 용어	
개념 및 용어	**의미**
동굴의 비유	– 이데아계를 태양의 세계에 비유한다면 현상계는 지하 동굴 세계로 볼 수 있다. 인간은 동굴 안에서 태어나며, 손과 발이 쇠사슬에 묶인 채 살아가고, 이데아의 그림자에 불과한 감각적 경험을 실제라고 오인한다.
상기설	– 인간 영혼이 이데아의 세계에서 이미 알고 있던 지식을 지성의 힘을 통해 다시 기억해 내는 것.
지혜의 덕	– 보편적인 도덕적 진리를 파악하고, 인간에게 참으로 좋은 것이 무엇인지를 헤아리는 이성이 자신의 고유한 일을 탁월하게 수행하고 있는 상태.
용기의 덕	– 개인에게 있어서 최선의 것이 무엇인지에 대해 이성이 알려주는 것을 행동으로 옮길 수 있도록 해주는 성격 상태.
절제의 덕	– 개인의 내적 성향에 있어 나은 쪽이나 못한 쪽 중 어느 쪽이 지배를 할 것인지에 대한 합의(이성적 부분의 지배).
정의(올바름)의 덕	– 영혼의 세 부분이 각자 자신의 역할을 탁월하게 수행함으로써, 이들이 조화를 이루어 하나의 전체적인 기능을 훌륭하게 수행하고 있는 상태.

▸ 플라톤의 이상국가의 모습

플라톤의 《국가》에서는 약 5,000 가구 규모의 이상적인 도시 국가 모델이 나온다. 이 국가는 플라톤의 철학과 이상이 반영된 철저한 계획과 규제 아래 세워진 사회다. 아이들은 출생 후 공동으로 양육되며, 체계적인 교육을 통해 그들의 잠재력을 최대로 발휘할 수 있도록 육성된다. 교육과정은 영혼과 육체를 단련하는 시와 체육으로 이루어지며, 부정적인 영향을 미칠 수 있는 내용은 엄격히 제한된다. 교육의 마지막 단계에서는 쾌락에 대한 저항력을 시험하여, 우수한 자만이 수호자로 선발되고, 그중에서도 최고의 인물이 통치자로 선택된다.

　이상국가에서 수호자와 통치자는 사유재산을 소유하지 않는다. 오로지 국가의 이익만을 추구하도록 하고 개인의 욕망을 최소화하여 국가의 이익을 최대화하는 것을 목표로 삼는다. 플라톤은 이러한 금욕적이고 자기희생적인 삶을 통치자의 필수조건으로 보았다. 또한, 플라톤이 제시한 이상국가는 능력과 공헌에 따라 사회적 위치가 결정되는 능력 기반의 계급 구조를 지닌다. 이를 통해 모두가 자신의 역할에 최선을 다함으로써 정의롭고 조화로운 사회를 이루고자 하는 것이다.

현재에 적용하기

현실 세계에서 감각을 통해 경험할 수는 없지만, 이성의 사유를 통해 존재함을 알 수 있는 것들을 탐구하고 연구해본다.

▸ 책의 내용을 진로 활동과 연관 지은 경우 (희망 진로: 영화학과)

플라톤의 이데아론을 활용해 영화 '매트릭스'를 구체적으로 해석함. 현상세계가 이데아의 불완전한 반영에 불과하다는 것을 이해하고, 영화 속에서 매트릭스라고 불리는 가상현실이 플라톤이 말하는 감각적 인식에 의존하는 현상세계와 유사하다고 분석함. 이에 우리가 살아가는 현실도 완전한 진리가 아니라 진리의 그림자일 수 있다는 플라톤의 주장에 대해 깊게 고민하는 모습을 보임. 또 네오가 가상현실을 넘어 진정한 현실을 발견하는 과정이 플라톤의 동굴 비유에 묘사되어 있는 진리를 인식하는 철인의 여정과 유사하다고 말하면서 진정한 지식과 현실 이해를 위해서는 감각을 넘어선 인식과 사고의 전환, 즉 이데아의 세계에 대한 이해가 필요하다는 플라톤의 교훈을 '매트릭스'를 통해 현대적 맥락에서 재해석함. 또한 고대 철학의 개념을 현대 문화에 적용해 복잡한 아이디어를 분석하고 해석하는 모습을 보여줌.

▸ 책의 내용을 정치 교과와 연관 지은 경우

플라톤의 철인치자 사상과 이와 연관되어 있는 현대 정치 체제, 특히 직접 민주주의와 엘리트 민주주의와의 관계를 깊이 있게 분석함. '국가(플라톤)'에서 플라톤이 제시한 이상적인 국가 구조 및 철학적 지혜를 갖춘 통치자가 국가를 통치해야 한다는 주장을 중심으로 이 사상이 직접 민주주의, 그리고 엘리트 민주주의와는 어떻게 대비되는지를 명확하게 이해하고 분석함. 또한 직접 민주주의가 표방하는 모든 시민 참여 결정 과정과 이에 대한 플라톤의 비판적 시각을 조명함. 플라톤이 대중의 판단력에 대해 제기한 우려와 그 우려가 철인치자 사상으로 어떻게 이어지는지를 설명함. 또한, 엘리트 민주주의에서 선출된 대표들이 국민을 대신해 결정을 내리는 과정을 분석하고, 이를 플라톤의 철인치자 사상과 비교하여 설명함. 플라톤이 주장한 이상적인 통치자의 자격, 즉 통치자는 철학적 지혜와 도덕적 덕을 갖춘 인물이어야 한다는 점을 강조하며, 이러한 자격이 단순한 지식이나 전문성을 넘어선다는 점을 명확히 함.

후속 활동으로 나아가기

▸ 이상국가 역할놀이를 통해 플라톤의 이상국가 구성원이 되어보는 경험을 하며, 다양한 사회 역할의 중요성과 국가 운영의 복잡성을 이해해 본다. 이 과정에서 통치자, 수호자, 생산자 중 하나의 역할을 맡아 해당 역할에 맞는 국가 운영 방안을 제안하고 서로 협의해 본다.

▸ 현실 세계의 불확실성과 불완전성을 체험하는 활동을 통해 현실 세계와 이상적인 세계 사이의 차이를 경험하고, 감각과 이성을 통한 인식의 차이를 이해한다. 이 활동에서 주어진 물체를 그리거나 설명함으로써 감각을 통한 지각과 이성을 통한 이해 사이의 차이를 체험한다.

▸ 수학 과목과의 융합수업을 바탕으로 수학적 개념을 통해 플라톤의 이데아론에 대한 이해를 심화시키며, 현실과 이상 사이의 관계를 탐구한다. 완벽한 원이나 사각형 같은 수학적 형태가 현실에서는 완전히 구현될 수 없다는 것을 이해하고, 이러한 완벽한 형태가 플라톤의 이데아 세계에서만 존재한다는 것에 대해 토론한다. 이를 통해 수학적 개념이 어떻게 이상적인 형태로 존재하며, 이것이 현실 세계의 불완전성과 어떻게 대비되는지를 탐구해 본다.

함께 읽으면 좋은 책

플라톤 《소크라테스의 변명·크리톤·파이돈·향연》 현대지성, 2019.

아리스토텔레스 《니코마코스 윤리학》 현대지성, 2022.

니코마코스 윤리학

아리스토텔레스 ▸ 현대지성

《니코마코스 윤리학》은 아리스토텔레스가 아테네의 리케이온 학당에서 강의한 내용을 바탕으로 만든 저작물로 그의 아들 니코마코스의 이름을 따서 지었습니다. 이 책은 총 10권으로 구성되어 있으며, 서양 윤리학의 기초를 다진 역사적으로 중요한 문헌으로 평가됩니다. 주로 인간 영혼의 탁월성을 탐구하며, 특히 최고선인 행복에 대하여 심도 있는 논의를 진행합니다.

아리스토텔레스는 만물과 인간이 각자 실현해야 할 'telos(목적)'를 가진다고 보는 목적론적 세계관을 가지고 있었습니다. 그에 따르면 세계는 단순히 물리적이거나 기계적으로 작동하는 공간이 아닌, 목적과 수단의 관계이고 이들 목적 간의 위계적인 질서체계를 포함하고 있는 복합적인 체계입니다. 아리스토텔레스는 인간의 궁극적인 목적을 행복이라고 강조합니다.

아리스토텔레스는 진정한 행복주의를 이야기함에 앞서 사람들이 일반적으로 추구하는 쾌락, 명예, 부와 같은 잘못된 통념적인 행복을 비판합니다. 그는 이들을 최고선의 조건에 부합하지 않는다고 주장하는데, 쾌락은 인간을 짐승과 같은 삶으로 이끌고, 명예는 그것을 부여해주는 사람에게 의존할 수밖에 없으며, 부는 다른 무언가를 이루기 위한 수단적 가치에 불과하다고 설명합니다. 반면 그는 인간이 최고선을 이루기 위해서는 성취 가능성, 완전성, 자족성이라는 세 가지 조건을 충족해야 한다고 주장합니다. 성취 가능성이란 인간이 행위를 통해 이룰 수 있는 것을 의미합니다. 완전성이란 다른 것을 자신을 위한 수단으로 삼을 뿐, 어떤 경우에도 다른 것을 획득하기 위한 수단으로 선택되는 게 아닌 목적을 뜻합니다. 이른바 인간 삶의 궁극적인 목적을 의미합니다. 자족성이란 어떠한 외부 가치를 추가한다 해도 그 가치가 증가하지 않을 만큼 그 자체로 완전히 모자람 없이 충족적인 상태를 말합니다.

아리스토텔레스는 행복을 모든 인간 활동의 최고선으로 보며, 이는 '잘 사는 것'과 '잘 행동하는 것'에서 비롯된다고 설명합니다. 그는 영혼의 탁월성을 발휘하여 진리를 이성적으로 관조하는 철학적인 지혜를 통한 행복의 실현을 강조합니다.

아리스토텔레스는 영혼의 탁월성에 대해 구체적으로 논의하기 전, 영혼을 세 가지 주요 부분으로 나누어 분석합니다. 첫 번째 부분은 이성을 가진 부분입니다. 영혼은 그 안에 이성을 가지고 있으며, 이는 지적인 탁월성과 관련이 있습니다. 이것은 우리가 합리적인 판단을 내리고 지식을 추구하게 하는 근본적인 요소입니다. 두 번째 부분은 욕구하는 부분으로 이것은 이성에 순응하거나 저항하는 경향을 띠고 있으며, 성품의 탁월성과 관련이 있습니다. 이 부분은 우리의 감정, 욕망, 욕구를 담당하며, 이성의 지배를 받아야 하는 영역입니다. 이성이 이 부분을 적절히 지배하고 조율할 때 인간은 도덕적으로 탁월한 삶을 살 수 있습니다. 마지막은 식물적인 부분으로 영양 섭취와 성장을 담당합니다. 이 부분은 생명 유지와 관련된 가장 기본적인 기능을 수행하며, 이성적이거나 도덕적인 고려와는 관계없이 독립적으로 작동합니다.

성품의 탁월성은 우리와의 관계에서 성립하는 중용 안에 있는, 합리적 선택을 하는 품성 상태를 의미합니다. 이것은 적절한 감정과 행위를 선택함으로써 얻게 되며, 그 근원은 습관적인 활동에서 찾을 수 있습니다. 합리적인 선택을 하는 습관화가 이루어질 때 성품의 탁월성이 형성되고, 이는 감정에 대한 우리의 태도를 결정하는 데 중요한 역할을 합니다.

성품의 탁월성의 핵심은 중용에 있으며, 이는 행위와 감정을 선택할 때 지나치지도 않고 부족하지도 않게 항상 중간을 선택하는 상태를 의미합니다. 이러한 중용은 실천적인 지혜를 가진 사람이 구체적이고 특수한 상황에 맞춰서 올바른 방식으로 감정과 행위를 선택할 때 실현됩니다. 중용적인 삶을 위해서는 중용에 해당되는 행위와 감정을 알고, 이를 실천하려는 의지와 습관화가 필요합니다. 이 과정을 통해 인간은 도덕적으로 탁월한 삶을 영위할 수 있습니다.

한편 지적인 탁월성은 영혼의 이성적 부분에서 발현되며, 주로 교육을 통해 키워지고 많은 경험과 시간을 필요로 합니다. 아리스토텔레스는 지적인 탁월성을 실천적 지혜와 철학적 지혜로 구분했습니다.

실천적 지혜는 행복과 관련하여 잘 사는 것, 잘 행동하는 것과 밀접하게 연관되어 있으며, 인간에게 좋은 것과 나쁜 것을 판단하는 데 중요한 역할을 합니다. 이것은 올바른 행동과 감정을 결정하는 데 필요한 중용과 관련된 도덕적 문제 상황을 숙고할 때 필요합니다. 실천적 지혜는 인간의 좋음을 추구하며, 해야 할 일과 하지 말아야 할 일에 대해 명령하고 그것에 대한 실천을 이끌어냅니다. 실천적 지혜는 개별적인 상황을 이해하는 데 필요하고, 경험을 바탕으로 한 앎을 요구하며, 전 생애에 걸쳐 잘 사는 것을 목적으로 합니다.

철학적 지혜는 사물의 본성에 대한 깊은 인식과 관계되어 있으며, 오직 보편적인 것에만 초점을 맞춥니다. 철학적 지혜를 통해 이성은 이론적 능력을 발휘하여 직관적 지성과 학문적 인식에 도달하고, 이를 통해 지혜를 획득합니다. 아리스토텔레스는 인간의 최고선인 행복이 오직 관조적 활동, 즉 철학적 지혜에 의한 활동에서만 실현될 수 있다고 주장합니다. 이는 철학적 지혜가 행복의 조건을 만족시킨다는 의미이기도 합니다.

실천적 지혜와 철학적 지혜는 서로 돕기는 하나, 필연적으로 의존하는 관계는 아닙니다. 예를 들어 건강을 유지하는 데 의술이 도움은 되지만, 절대적으로 의술에 의존하지는 않습니다. 마찬가지로 철학적 지혜를 통한 행복을 추구할 때 실천적 지혜가 도움을 줄 수는 있으나, 철학적 지혜가 실천적 지혜에 절대적으로 의존하는 것은 아닙니다. 이렇게 아리스토텔레스는 인간의 지적인 탁월성을 통해 인간이 어떻게 잘 살고, 잘 행동하며, 궁극적으로 행복을 추구할 수 있는지를 탐구했습니다.

아리스토텔레스는 도덕적 문제 상황에서 성품의 탁월성과 실천적 지혜의 상호의존적인 관계를 강조합니다. 성품의 탁월성을 가진 사람은 도덕적 문제 상황에서 이성을 통해 가장 적절한 감정과 행동을 선택하고 실행할 능력이 있습니다. 반면 실천적 지혜는 삶에서 진정한 선과 악을 분별하고 이에 따라 올바르게 행동하는 데 필수적입니다. 성품의 탁월성과 실천적 지혜는 서로를 보완하는 관계이며 하나 없이는 다른 하나가 완성될 수 없습니다. 성품의 탁월성은 우리가 추구하는 목표를 올바르게 설정하는 데 도움을 주고, 실천적 지혜는 그 목표를 달성하는 구체적인 방법을 제시합니다. 또한 실천적 지혜를 가진 사람은 모든 종류의 탁월성을 소유하고 있으며, 이는 그가 중용의 품성 상태를 지니고 있기 때문이라고 설명합니다. 이와 같이 성품의 탁월성과 실천적 지혜는 상호의존적이며, 이 두 가지가 결합될 때만 진정한 도덕적 행위가 성취된다고 아리스토텔레스는 주장합니다.

아리스토텔레스는 마케도니아 출신의 외국인으로 스승인 플라톤의 아카데미아를 이어받지 못했습니다. 대신 그는 리케이온 학당을 설립하여 자신만의 학문적 길을 걸었습니다. 아리스토텔레스는 행복주의의 관점에서 플라톤의 이데아론을 비판하였는데, 플라톤의 이데아론은 인간적 행위 아래서는 실현 불가능하다고 판단했기 때문입니다. 자신의 학문적인 뿌리인 플라톤 사상을 비판하는 것은 어려운 일이지만, 아리스토텔레스는 굳건히 자신의 연구에 몰두하면서 스승인 플라톤 못지않은 위대한 철학자로 성장하였으며 이는 청출어람의 좋은 예로 평가됩니다. 특히 《니코마코스 윤리학》을 필두로 한 여러 작품들을 통해 그는 철학의 기본적인 토대를 마련하였고, 구체적이고 일관된 논리적인 방식으로 학문을 발전시킴으로써 방법론적인 측면에서도 후세의 다양한 학자들에게 큰 영향을 미쳤습니다.

도서 분야	철학	관련 과목	도덕·윤리	관련 학과	윤리교육과, 철학과, 사학과

고전 필독서 심화 탐구하기

▶ 아리스토텔레스의 소크라테스 비판

《지덕일치 사상》

아리스토텔레스는 소크라테스가 말한 것처럼 실천적 지혜 없이는 성품의 탁월성이 형성될 수 없다는 점에서는 그의 주장이 옳다고 인정했다. 그러나 모든 성품의 탁월성들을 곧 실천적 지혜라고 여겼던 소크라테스의 생각은 잘못됐다고 비판했다. 아리스토텔레스는 성품의 탁월성을 이루기 위해서는 이성, 즉 실천적 지혜뿐만 아니라 실천의지와 덕 있는 행위의 습관화가 필요하다고 주장했다. 즉, 그에 따르면 성품의 탁월성은 이성과 실천의지, 습관의 결합으로 이루어진다고 볼 수 있다. 이를 통해 아리스토텔레스는 도덕적 지식이 그 자체로 도덕적 행위를 산출해내지는 않는다고 말하며, 소크라테스가 비이성적 요소와 도덕의 감정 작용의 중요성을 간과했다고 비판했다.

《지행일치 논변 - "알면 반드시 행한다"》

아리스토텔레스는 소크라테스의 지행일치 논변에 대해 무절제와 자제력 없음의 사례를 들며 비판한다. 무절제는 나쁜 것을 합리적 선택을 통해 지나치게 추구하는 것으로 이는 지식과 행위가 대립하지 않는다는 점에서 소크라테스의 지행일치에 부합되는 부분이다. 반면, 자제력 없음은 합리적 선택에도 불구하고 감정에 따라 행동하는 경우이므로 지식과 행위간의 대립이 발생한다. 이 부분은 소크라테스의 지행일치로는 설명할 수 없는 부분이다.

《악행의 비자발성 - "악행의 유일한 원인은 무지"》

아리스토텔레스는 소크라테스의 무지 논변에 대해서도 비판한다. 무절제의 경우, 아리스토텔레스 역시 쾌락을 지나치게 추구하는 것이 무지에서 비롯된다는 점은 인정한다. 그러나 자제력 없음의 경우에는 합리적 선택을 통해 쾌락을 추구하지 않음에도 불구하고, 다양한 이유로 쾌락에 이끌려 후회되는 상황이 발생하는 경우다. 즉, 이것은 악행의 원인에 무지뿐 아니라 자제력 없음도 포함된다는 이야기다. 아리스토텔레스는 소크라테스가 이러한 자제력 없음의 상황은 간과하고 있다고 말했다.

▶ 욕구하는 부분의 품성 상태

아리스토텔레스는 인간의 감정과 욕구에 대응하는 태도를 결정하는 품성 상태를 탁월성(덕), 자제력 있음, 자제력 없음(아크라시아), 악덕, 짐승의 상태로 구분한다. 이 품성 상태들은 도덕적 가치와 인간적 완성을 추구할 때 기준이 되는 것으로 정의롭고 덕성 있는 행동을 위한 내적 자질을 포함한다. 덕은 욕구하는 부분의 탁월성으로 실천적 지혜에 따라 항상 올바른 행동을 하는 품성 상태이다. 자제력 있는 상태는 유혹이나 충동이 있으나 굴복하지 않고 올바른 판단에 따라 행동하는 능력을 의미하며, 자제력 없는 상태는 옳은 판단을 내리고도 그에 따르지 못하는 상태를, 악덕은 도덕적 가치에 반하는 내적 자질을 가진 상태로 설명한다. 짐승 같은 품성 상태는 비이성적인 욕구에 지배받는 상태 즉 도덕적 판단과 덕성에서 벗어난 상태를 말한다.

아리스토텔레스의 품성 상태 구분은 인간의 도덕적 행위와 내적 성향을 이해하는 데 중요한 기준을 제공한다. 아리스토텔레스는 실천과 경험을 통해 성품을 만들어 나가는 과정의 중요성을 깨닫고 덕의 개념을 일상에서 실천하기 위한 노력을 기울였다. 특히 자제력 있는 사람과 없는 사람의 차이에 대해 주목했는데, 합리적 선택에 따라 행동하는 것이 인간의 성품을 어떻게 긍정적으로 발전시킬 수 있는지 깊이 성찰하고, 악덕과 짐승 같은 품성 상태를 피하고 더 높은 인간적 가치를 추구하기 위해 도덕적 실천과 습관을 통해 유덕한 인격을 지닌 성품을 만들어야 한다고 주장했다.

현재에 적용하기

올바른 성품을 지닌 유덕한 인격자가 되기 위해 우리가 해야 할 일은 무엇인지 생각해 보고 구체적인 실천 방안에 대해 논의해 본다.

생기부 진로 활동 및 과세특 활용하기

▸ 책의 내용을 진로 활동과 연관 지은 경우(희망 진로: 철학과)

진로 탐색 과정에서 단순히 직업을 결정하는 것 이상의 깊은 사명감을 찾기 위해 노력함. 삶의 여정에서 행복을 발견하는 것의 중요성을 깨닫고, 이를 실현하기 위해 아리스토텔레스의 행복주의 윤리설에 대한 연구를 통해 자신만의 행복 추구 방식을 찾음. 아리스토텔레스가 주장한 바와 같이 쾌락, 명예, 부처럼 일반적으로 인정받는 행복의 요소들이 진정한 행복과는 실제로 큰 차이가 있음을 이해하고, 이 내용을 친구들에게 알려줌. 이 과정에서 내적 가치와 삶의 궁극적인 목적이 재정립되는 중요한 경험을 함. 또한 진정한 행복과 만족을 얻을 수 있는 경로를 탐색하면서 삶의 의미와 목적을 찾는 것에 중요한 단서를 얻었다고 밝힘. 이 활동이 자신의 진로를 결정하는 데 있어 중요한 통찰력을 제공하였다고 밝히고, 본인의 삶에서 행복을 찾기 위한 깊은 성찰과 끊임없는 탐구가 앞으로 직면하게 될 다양한 삶의 결정 상황에서 강력한 지침으로 작용할 것임을 알기에 기쁘다고 함.

▸ 책의 내용을 정치 교과와 연관 지은 경우

'니코마코스 윤리학(아리스토텔레스)'과 현대 정치학 내 공동체주의 간의 연결고리를 주제로 '아리스토텔레스 분석 보고서'를 작성함. 인간을 '폴리스적 동물'로 보는 아리스토텔레스의 관점을 현대 공동체주의와 연결하여, 개인과 공동체 간의 상호 의존성을 탁월하게 분석함. 최고선 개념과 공동체의 목표에 대한 비교를 통해 개인의 행복과 공동체의 선이 어떻게 서로 연결될 수 있는지에 대한 깊이 있는 논의를 전개함.

아리스토텔레스의 덕 윤리를 현대적 관점에서 재해석하며, 개인의 덕이 공동체 내에서 어떻게 함양되고 발휘될 수 있는지에 대해 분석함. 또한, 이상적인 폴리스의 구성과 운영 원리를 현대 공동체주의 이론과 비교함으로써, 철학적 텍스트 분석, 비교 문학 연구, 정치 이론 분석 등 다양한 연구 방법론을 활용하여 심도 있게 주제를 탐구하는 연구 역량을 발휘함.

후속 활동으로 나아가기

▸ 행복에 대한 여러 관점을 탐구하고, 가치 명료화 수업 모형을 이용해서 자신의 행복에 대한 핵심 가치를 선택한 뒤, 이를 친구들과 공유하고 이야기해보는 시간을 갖는다.

▸ 아리스토텔레스의 질료형상이론에 대해 탐구하고, 플라톤의 이데아론, 주자의 성리학과 비교하여 보고서를 작성해 본다.

▸ 정치학, 자연과학, 논리학 등 만학의 아버지로 불리는 아리스토텔레스의 다양한 학문이 후대에 어떤 영향을 끼쳤는지 탐구해 본다.

▸ 아리스토텔레스가 리케이온을 설립한 과정을 조사하고, 리케이온의 교육관이 플라톤의 아카데미아 교육관과 어떻게 다른지 비교해 본다.

함께 읽으면 좋은 책

플라톤 《소크라테스의 변명·크리톤·파이돈·향연》 현대지성, 2019.

플라톤 《국가》 현대지성, 2023.

열다섯 번째 책

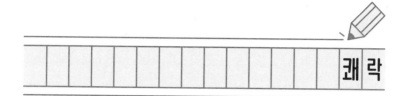

쾌락

에피쿠로스 ▸ 현대지성

《쾌락》은 헬레니즘 시대 에피쿠로스학파의 사상을 깊이 있고 포괄적으로 다룬 책입니다. 에피쿠로스학파가 남긴 300권이 넘는 저작 중 대부분은 사라지고 현재까지 남아 있는 것은 단 8편뿐인데, 그중 4편은 원형이 아닌 후대에 재편집된 작품들로 알려져 있습니다. 이 책에서는 에피쿠로스학파의 중요한 서신들과 저작들을 통해 그들의 철학을 다양한 관점에서 조명합니다. 예를 들어 〈헤로도토스에게 보낸 서신〉과 〈피토클레스에게 보낸 서신〉을 통해서는 에피쿠로스학파의 핵심 사상과 우정에 대한 생각을 살펴볼 수 있습니다. 〈현자론〉에서는 현자가 되는 길에 대한 조언을 살펴볼 수 있고, 〈메노이케우스에게 보낸 서신〉에는 쾌락주의와 죽음에 대한 깊은 견해가 담겨 있습니다. 더불어 이 책은 에피쿠로스학파의 주요 가르침들과 어록, 중요한 단편 저작들을 함께 소개하고 있습니다. 이제부터 에피쿠로스학파의 철학에 대해 살펴보겠습니다.

　에피쿠로스학파는 감각주의 진리론과 원자론적 유물론에 기반한 철학을 제시했습니다. 이들에 따르면 지식은 감각 경험에서 시작된다고 말합니다. 또한 쾌락과 고통은 각각 선과 악으로 여겨져 삶에서의 선택과 회피를 결정짓는다고 설명합니다. 쾌락은 그 자체로 좋은 것으로 선택의 대상이 되며, 고통은 그 자체로 나쁜 것으로 회피의 대상이 된다고 말합니다. 또한 그들은 모든 경험적 사물은 궁극적으로 원자로 구성되어 있으며, 원자들의 운동과 결합을 통해 우주의 모든 것이 형성된다고 주장합니다. 인간 또한 육체와 정신이 원자로 이루어져 있다고 보았습니다. 이러한 관점에서 에피쿠로스학파는 죽음, 신, 자유의지에 대한 합리적인 설명을 제공합니다.

　에피쿠로스학파는 죽음은 우리에게 아무런 영향을 미치지 않기 때문에 두려워할 필요가 없다고 설명합니다. 이들은 선과 악이 감각 능력에 기반하고 있다고 보며, 죽음은 모든 감각의 종말을 의미하기 때문에 경험될 수 없다고 주장합니다. 또한 영혼은 불멸하지 않으므로 내세에서의 처벌을 염려할 필요가 없고, 불멸하고 완전한 신은 인간의 고통에 무관심하기 때문에 신을 두려워할 필요도 없다고 말합니다. 마지막으로 원자론적 유물론은 운명의 필연성에서 벗어나 자유의지를 행사할 수 있는 능력을 우리에게 부여한다고 설명합니다. 원자의 이탈 이론을 근거로 인간은 인과의 필연성에서 해방되어 자유롭게 행동을 선택할 수 있다고 주장합니다.

에피쿠로스학파는 감각주의 진리론을 기반으로 인간의 최고선을 쾌락, 즉 행복으로 간주합니다. 이들은 단순한 육체적 만족이나 감각적 쾌락이 아닌, 더 깊은 쾌락을 추구함으로써 진정한 행복에 이르는 길을 설명합니다. 이들은 감각적 쾌락이 진정한 행복을 가져다주지 못하며, 무한한 쾌락을 갈구하게 만들기 때문에 결국 고통을 초래하는 쾌락의 역설에 빠진다고 주장합니다. 이에 따라 고통과 불안을 제거하고 평온함을 추구하는 소극적 쾌락주의를 주장합니다. 이 쾌락은 자연적이고 필수적인 욕구의 충족을 통해 달성되며, 이러한 욕구에 집중함으로써 고통을 줄일 수 있다고 말합니다.

따라서 에피쿠로스학파는 정신적 쾌락을 중시합니다. 이들에게 최종적인 목표는 '아타락시아Ataraxia', 다시 말해 마음의 불안과 육체의 고통이 없는 평정한 상태입니다. 아타락시아의 달성은 자유의지를 바탕으로 한 실천적 지혜와 이성적 숙고, 온건한 금욕을 통해 가능합니다. 이러한 과정은 쾌락과 고통 사이에서 올바른 선택을 도와주며 결과적으로 간소한 생활을 추구하게 합니다.

에피쿠로스학파는 간소한 생활을 추구하면서 사회 활동에 대해 비판적인 태도를 취합니다. 이들은 공적이고 사회적인 활동이 영혼의 평온을 방해하고 불필요한 욕구를 유발할 수 있다고 보며, 이로 인해 공적인 일에 관여하는 것을 부정적으로 평가합니다. 대신 이들은 공적인 삶에서 벗어나 작은 공동체에서 우정을 나누며 살아가는 것을 중요시하며, 사회로부터 독립하여 서로 마음이 통하는 소수의 사람들과 조용히 교제하는 것을 강조합니다.

또한 에피쿠로스학파는 사회 활동에 대한 부정적인 관점을 바탕으로 법과 정의에 대해서도 독특한 시각을 가집니다. 법과 정의를 자신의 쾌락과 이익을 증진하려는 이기적인 사람들 간의 상호 이익을 위한 협정, 즉 합의의 산물로 간주합니다. 이러한 합의는 쾌락을 추구하는 개인들 사이의 관행에서 비롯됩니다.

헬레니즘 시대의 지속적인 정복 전쟁으로 큰 혼란을 겪었던 불안정한 시기에 에피쿠로스학파는 헛된 미신이나 물질적 풍요를 추구하기보다 소박하고 검소한 삶을 중시했습니다. 그들은 우정을 중요하게 여기는 것이 가장 합리적이며 인간 본연의 행복을 이루는 길이라고 주장했습니다. 그런 불안정한 현실 속에서 에피쿠로스학파가 지향한 단순하고 자족적인 삶의 태도는 오늘날 우리에게도 깊은 울림을 줍니다.

도서 분야	철학	관련 과목	도덕·윤리	관련 학과	윤리교육과, 철학과, 사학과

고전 필독서 심화 탐구하기

▶ 에피쿠로스의 생애

에피쿠로스는 기원전 341년 사모스 섬에서 태어났다. 어린 시절부터 철학에 대한 궁금증을 가지고 있었으며, 혼돈 개념에 대한 교사의 설명에 불만을 품고 철학적 탐구를 시작했다. 아테네로 이주한 후 군 복무를 마치고 원자론을 주장한 철학자 데모크리토스의 저작을 접하면서 철학적 경로를 본격적으로 정립했다. 32세에 레스보스 섬과 람사코스에서 학파를 세웠고, 최종적으로 아테네에 '정원(케포스)'이라고 불리는 철학 공동체를 설립해 35년 동안 제자들을 가르쳤다. 에피쿠로스는 여성, 노예, 매춘부까지 포함한 다양한 구성원들과 평등한 관계를 통해 깊은 우정을 나누었고, 72세에 생을 마감했다. 그의 사후 아테네 사람들은 그의 동상을 세워 명예를 기렸고, 그의 학파는 계보가 끊임없이 이어지며 많은 제자들을 배출했다.

▶ 에피쿠로스의 정원

에피쿠로스의 정원은 단순한 지식 전달의 장소를 넘어서 삶의 방식을 공유하고 서로를 지지하며 함께 성장하는 공동체 정신을 실천한 곳이었다. 이곳에서의 생활은 개인적 쾌락과 평온을 추구하는 것을 넘어 사회적 차원에서의 실현을 목표로 삼았다.

에피쿠로스와 그의 학파는 서신 교환을 통해 소통하는 것을 매우 중요하게 여겼다. 에피쿠로스 자신도 자신의 사상과 가르침을 널리 퍼뜨리기 위하여 서신을 적극적으로 활용했다. 이 서신들은 단순히 생각을 공유하는 수단에 그치지 않고, 제자들과의 긴밀한 관계를 유지하고 강화하는 데 큰 역할을 했다. 또한 다른 지역에 있는 학파들과의 지식과 정보를 교류하는 중요한 통로 역할을 하여 에피쿠로스 사상의 전파 및 발전에 기여했다. 이 서신들은 오늘날까지도 에피쿠로스의 철학과 사상을 이해하는 데 있어 핵심적인 자료로 여겨지며, 에피쿠로스학파의 철학을 연구하는 데 있어서 빼놓을 수 없는 중요한 부분을 차지한다.

▶ 에피쿠로스의 원자 이탈 이론

에피쿠로스의 원자론은 우주와 모든 사물이 미세한 원자들로 이루어져 있으며, 이 원자들이 지속적으로 움직인다는 개념에 기반을 두고 있다. 그의 이론에서 독창적인 부분은 원자들이 때때로 예측 불가능한 방식으로 약간씩 '이탈'할 수 있다고 주장한 점이다. 원자들은 대부분의 시간 동안 일정한 규칙에 따라 이동하지만, 예외적인 순간에는 그들의 경로를 미세하게 변경할 수 있다. 이러한 미세한 경로 변경, 즉 '이탈'은 우주의 질서와 인과 법칙이 절대적이지 않음을 나타내며, 이를 통해 자유의지의 존재 가능성을 시사했다.

현재에 적용하기

내 삶을 방해하는 과도한 물질적 욕구와 불필요한 욕구에 대해 성찰해 보고, 그것을 제거하기 위해 어떤 노력을 하면 좋을지 탐구해 본다.

생기부 진로 활동 및 과세특 활용하기

▶ 책의 내용을 진로 활동과 연관 지은 경우(희망 진로: 철학과)

철학과 진로 융합 수업의 일환으로 에피쿠로스학파의 행복 개념을 현대적 맥락에 적용하는 프로젝트를 수행함. 이 활동을 통해 자신의 행복관, 미래의 꿈, 직업, 삶의 방식에 대한 심도 있는 고민을 함. 에피쿠로스학파의 주요 원리와 철학적 입장을 탐구하면서 실질적인 행복이 무엇인지에 대해 깊이 있게 고려하고, '아타락시아' 개념을 바탕으로 자신만의 행복관을 정립함. 진정으로 가치 있게 여기는 것이 무엇인지, 어떤 생활 방식이 자신을 행복하게 하는지에 대해 성찰함. 이를 통해 자신의 행복관을 바탕으로 미래의 꿈과 직업을 탐색함. 또한 관심사, 능력, 가치관이 반영된 직업을 탐색하고, 해당 직업이 자신의 행복관과 어떻게 일치하는지 분석함. 에피쿠로스학파가 주장한 온건한 금욕과 평정한 마음의 중요성을 깨닫고, 이를 자신의 삶에 적용하기 위한 계획을 수립함. 불필요한 욕구를 줄이고, 정신적인 만족과 평화를 추구하는 삶의 방식을 설계하며, 나이의 흐름에 맞게 이것을 이룰 계획을 구체적으로 수립함.

▶ 책의 내용을 심리 교과와 연관 지은 경우

철학과 심리학이 융합된 수업에서 에피쿠로스학파의 철학을 매슬로우의 욕구 위계 이론과 관련지어 적극적으로 해석하고 적용하는 활동에 참여함. 이 활동을 통해 에피쿠로스학파가 강조하는 간단하고 자연스러운 쾌락 추구와 자기 조절을 통한 정신적 쾌락의 중요성을 이해하고, 현대 심리학적 욕구 이론과 연결하여 깊이 있게 탐구함. 에피쿠로스학파의 욕구 위계를 도식화한 포스터를 직접 제작하며, 이 포스터를 통해 각 계층에 해당하는 쾌락의 예시를 찾아내고 현대적 상황에 어떻게 적용할 수 있는지에 대해 토론함. 이 수업을 마친 후 일주일 동안 매일 자신의 삶에서 에피쿠로스학파의 욕구 위계를 어떻게 경험했는지 기록하는 일기를 작성함. 이 활동을 통해 자기성찰 능력을 향상시키고 실제 생활에서 쾌락의 출처와 그것이 자신의 정신적 건강 및 삶의 질에 미치는 영향에 대해 깊이 있는 이해를 얻었다고 밝힘.

후속 활동으로 나아가기

▶ 중국 철학자 양주와 에피쿠로스학파의 쾌락주의 및 개인주의에 대한 서로 다른 접근 방식을 탐구해 본다.
▶ 역할 채택 활동을 통해 맹자의 입장에서 에피쿠로스학파의 세계관, 쾌락주의, 사회 활동에 관한 관점을 구체적으로 비판해 본다.
▶ 헬레니즘 시대의 역사적 배경과 에피쿠로스학파가 등장하게 된 사회적, 문화적 맥락을 탐구해 본다.
▶ 동시대의 사상인 스토아학파와 에피쿠로스학파의 사상을 비교하여 공통점과 차이점을 찾아본다.
▶ 키레네학파와 에피쿠로스학파의 쾌락주의를 비교하고, 쾌락주의의 역사적 발전과 다양한 형태를 탐구해 본다.
▶ 밀의 공리주의와 에피쿠로스학파의 쾌락주의를 비교하고, 더 나은 쾌락을 산출하는 방식에 대해 고민해 본다.

함께 읽으면 좋은 책

마르쿠스 아우렐리우스 《명상록》 현대지성, 2018.

제러미 벤담 《도덕과 입법의 원칙에 대한 서론》 아카넷, 2013.

존 스튜어트 밀 《공리주의》 현대지성, 2020.

열여섯 번째 책

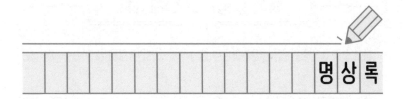

| | | | | | | | | | 명 | 상 | 록 |

마르쿠스 아우렐리우스 ▸ 현대지성

《명상록》은 스토아학파의 대표 철학자이자 로마의 16대 황제인 마르쿠스 아우렐리우스가 저술한 작품으로 인간 삶의 어려움을 극복하는 방법에 대한 철학적 해답을 제공합니다. 이 책은 단순한 일기장을 넘어 인생의 본질적인 질문에 대한 깊은 통찰을 담고 있습니다. 또한 윤리적인 삶을 살아가는 데 필요한 구체적인 방법론을 제시합니다. 주요 주제로는 인생의 무상함, 지식의 가치, 운명의 불가피성, 죽음에 대한 성찰, 인간 본성의 이해, 자연의 법칙과 우주의 질서, 선과 악의 본질, 삶과 혼돈 속의 질서, 사회적 연대감, 영혼의 순수성, 그리고 도덕적 삶의 중요성 등이 포함됩니다. 마르쿠스 아우렐리우스는 다양한 철학을 자신만의 방식으로 재해석하고 통합하는 데 큰 노력을 기울였으며, 특히 스토아 철학의 핵심 개념을 개인적이고 실천적인 관점에서 바라보았습니다. 우리는 이러한《명상록》을 통해 스토아 철학을 이해하고, 깊은 사유의 기회와 삶의 지침을 얻어 실생활에 많은 도움을 받을 수 있을 것입니다.

스토아학파는 결정론적 세계관을 바탕으로 모든 사건과 현상이 로고스에 의해 정해진 순서와 인과 필연성에 따라 발생한다고 보았습니다. 이로 인해 죽음 또한 자연의 일부로 받아들이며, 두려워하기보다는 자연스러운 과정으로서 죽음을 이해하는 태도를 강조했습니다.

스토아 철학의 핵심 개념인 '로고스^{logos}'는 '이성', '신의 법칙'을 의미하며, 이는 우주의 근본원리로 간주됩니다. 여기서의 '신'은 자연이나 우주 자체를 가리키며, 로고스에 따라 우주는 창조, 유지, 조절을 거쳐 조화롭게 운영됩니다. 이는 신, 자연, 인간 간의 깊은 연결을 보여주며, 이 사상 속에서는 개인의 이성도 우주의 질서와 깊게 연결되어 있는 셈입니다. 이를 통해 인간은 우주의 조화를 이해하고 내면의 평정 및 정신적 충족을 유지할 수 있으며, 이를 바탕으로 자연적 정의의 체계를 따르며 자유와 행복을 추구하는 삶을 영위할 수 있습니다.

또한 스토아 철학은 만민평등사상과 세계시민사상을 중요하게 여깁니다. 모든 인간은 이성적 존재로서 동등하며, 로고스에 의해 지배되는 모든 사람들이 하나의 큰 공동체, 즉 인류 공동체의 일원으로서 형제자매적 관계에 있다고 봅니다. 이러한 관점은 개인의 욕구를 넘어서는 보편적 인류애에 기초하고 있으며, 사회적 책임과 타인에 대한 존중을 중시하는 삶을 강조합니다.

스토아학파는 인간의 삶과 행복을 로고스, 즉 우주의 이치와 원리에 기반하여 규정합니다. 이들에 따르면 다양한 상황에서 로고스를 이해하지 못할 경우, 여러 정념들이 나타나 우리를 괴롭히고 불행하게 만든다고 설명합니다. 하지만 이성을 바탕으로 "일어날 일은 일어난다"라는 마음가짐을 가지고, 인과 필연성의 신의 이법(로고스)을 이해한다면, '아파테이아Apatheia'에 도달할 수 있다고 말합니다. 아파테이아는 정념으로부터의 자유를 의미하며, 이를 통해 우리는 어떠한 외부 상황에서도 마음이 동요되지 않는 침착한 상태를 유지할 수 있습니다. 이는 금욕주의적 삶을 목표로 하여 명성, 과시, 쾌락 등의 욕구에서 벗어나 이성을 활용해 신의 법칙을 이해하고 자연에 순응하는 삶을 추구하는 것입니다.

이를 토대로 스토아학파는 자유에 대한 독특한 관점을 가집니다. 이들은 자유를 외부 세계의 변화나 사건들로부터 독립적인 것으로 보며, 순전히 내적인 힘과 결정에 기반한 자기 주도적인 삶의 방식으로 해석합니다. 이들에 따르면 자유란 외부적 제약을 넘어 '우리에게 달려 있는 것들'에 대한 내적 태도와 판단을 통해 스스로의 삶을 주도하는 능력에 초점을 맞추는 것입니다. 이는 개인의 의지와 결정으로 이루어지는 도덕적 책임의 영역에서 구현되며, 내부적 상태의 관리와 이성적 판단의 유지를 통해 결정됩니다. 이는 에피쿠로스가 제시한 자유의지와는 근본적으로 다른 개념입니다. 에피쿠로스의 자유의지는 외부 세계의 사건들이 우연에 의해 일어나고, 이 우연성이 인간의 의지에 영향을 미칠 수 있는 여지를 제공한다는 개념에 기초하고 있습니다. 반면 스토아학파에서의 자유는 외부 세계에 영향을 받지 않으며, 개인이 자신의 내면을 어떻게 관리하고 극복하느냐에 초점을 둡니다.

스토아 철학은 헬레니즘 시대의 전쟁과 혼란이 가득한 대제국에서 시작하여 에피쿠로스학파와는 다른 방향으로 발전했습니다. 그리스 아테네의 제논으로부터 시작해 로마 황제 아우렐리우스에 이르기까지 이어진 이 철학은 아우렐리우스의 저작《명상록》을 통해 경건하고 견고한 메시지를 전달합니다. 이 메시지는 우리가 실천하기 어려울 수는 있지만 현대 사회에서 마주하는 다양한 상황을 효과적으로 대처하게 해주며, 더 행복하고 만족스러운 삶을 이끌어가는 데 필요한 깊은 통찰을 제공합니다.

도서 분야	철학	관련 과목	도덕·윤리	관련 학과	윤리교육과, 철학과, 사학과

▶ 기본 개념 및 용어 살펴보기

주요 기본 개념 및 용어	
개념 및 용어	의미
로고스 logos	- 이성, pathos, 정념과 대비되는 것. - 신의 이성, 신의 이법, 신의 섭리(신=우주, 세계). - 자연법. - 우주를 창조하고 유지하는 합리적이고 신성한 원리. - 모든 존재와 사건은 로고스에 의해 정해진 법칙에 따라 움직임.

▶ 세계시민 사상

세계시민 사상은 로고스(자연법)를 기초로 하여 모든 인간이 이성적 존재로서 로고스에 의해 보편적으로 지배된다는 개념에서 출발한다. 이 사상에 따르면 세계에는 오직 하나의 이법인 로고스만이 존재하며, 이 법이 지배하는 하나의 국가만이 존재한다. 그 결과 이성을 본성으로 하는 모든 인간들은 하나의 국가의 시민, 즉 세계시민이 되며, 모든 인간은 평등한 형제자매로 여겨진다. 이러한 관점은 세계시민적 공동선의 추구를 강조하며, 나와 동일한 본성을 지닌 모든 사람을 동등하게 대우하라는 근본명령을 내포한다. 칸트의 국제연맹 사상은 세계시민 사상과 밀접하게 연결되어 있으며, 그는 입헌 공화국 간의 연합을 통해 국가 간의 진정한 평화를 실현할 수 있다고 주장한다. 칸트는 국내법 체제만으로는 진정한 평화를 이룰 수 없으며, 참여 국가들은 공화주의 헌법을 채택해야 한다고 강조한다. 이는 각 국가의 무제한적 자유를 제한하고, 권리와 자유를 보장하는 통일적 법체계를 구축함으로써 영구 평화를 이루기 위한 필수 조건으로 여겨진다. 이 과정에서 국가 간의 평화가 확보되면 개인의 평화도 가능해지며, 이는 궁극적으로 인간의 도덕성을 계발하는 토대가 된다. 칸트는 평화로운 상태에서 인간은 윤리적 의무를 인식하고, 정의로운 법과 정치를 요구하게 된다고 보았다. 이러한 평화는 단순히 전쟁의 부재를 넘어서는, 모든 개인이 존중받고 권리가 보장되는 사회적인 환경을 의미한다. 따라서 칸트의 국제연맹 사상은 국가 간 협력과 개인의 도덕적 발전이 함께 이루어져야 진정한 평화가 실현될 수 있음을 강조한다.

▸ 스토아학파 vs 에피쿠로스학파

스토아학파와 에피쿠로스학파는 헬레니즘 시대 철학에서 중요한 위치를 차지하며, 개인의 정신적 자유와 자족, 마음의 평온을 추구한다는 공통점을 가진다. 하지만 행복에 이르는 방법에 대해서는 서로 다른 접근 방식을 취한다.

스토아학파는 이성적 절제와 금욕을 통한 '정념으로부터의 해방'을 행복에 도달하는 방법으로 본다. 이들은 결정론적 세계관을 가지고 있으며 자유의지를 부정한다. 스토아학파에게 덕은 본래적 가치를 의미하며 그들은 아파테이아, 즉 정념으로부터의 자유를 이상적인 경지로 보았다. 이들은 공적인 사회활동을 긍정하고 사회적 역할 수행과 세계 시민으로서의 의무 이행을 강조한다. 법과 정의의 근원은 로고스, 신, 자연에서 찾는다.

반면 에피쿠로스학파는 적절한 욕구의 충족과 쾌락의 추구를 통해 고통과 불안이 없는 평온함을 행복의 방식으로 본다. 이들은 유물론적 원자론을 기반으로 한 세계관을 가지고 있으며 자유의지를 긍정한다. 에피쿠로스학파에게 덕은 도구적 가치를 가지며, 그들은 아타락시아, 즉 정신적인 평온을 이상적인 경지로 보았다. 이 학파는 공적인 사회 활동을 부정하고, 작은 공동체에서의 소박한 생활을 권장한다. 법과 정의의 근원은 인간의 관행에서 찾는다.

▸ 스토아학파가 스피노자에 끼친 영향

스피노자는 17세기의 철학자로 그의 철학은 여러 면에서 스토아학파의 주요 원칙들과 유사하다. 스토아학파가 강조한 우주의 필연적 질서와 인간의 순응이라는 개념은 스피노자의 사상에서도 중요한 위치를 차지한다. 그는 우주의 필연적 질서를 인정하며, 이에 순응하는 삶을 윤리적 이상으로 삼았다. 스피노자는 자연과 우주는 하나의 거대한 필연적 질서에 따라 움직이며, 이 질서에 순응하는 이성에 의해 주도되는 삶이 최고의 윤리적 삶이라고 보았다.

　스피노자는 인간의 감정과 욕망이 자연의 법칙에 부합되게 조절될 때 진정한 자유와 행복을 얻을 수 있다고 주장했다. 이는 스토아학파가 우주의 질서에 따라 살아가며 감정의 평정을 유지하는 것을 덕의 최고 형태로 보았던 것과 일맥상통한다. 스피노자의 이러한 입장은 스토아학파의 윤리학적 원칙을 근대적 맥락에서 재해석한 것으로 그의 철학 전반에 스토아학파의 영향이 깊게 녹아 있다고 볼 수 있다.

▸ 스토아학파가 칸트에 끼친 영향

스토아 철학과 칸트 철학은 이성을 중심으로 한 도덕적 행위 원리와 의무에 따르는 삶을 도덕적인 삶으로 보는 공통점을 지니고 있다. 이들은 이성에 의해 파악된 내적 의무를 따르는 의지적 행위만이 그 자체로 선한 행위라고 주장한다. 또한 행위의 결과보다는 그 행위 자체가 이성과 도덕법칙에 부합하는지 만을 고려해야 한다고 주장한다. 이는 도덕적 판단의 기준을 이성에 두고 있음을 의미하며, 이러한 점에서 스토아학파와 칸트 사이에 중요한 공통점이 존재한다.

그렇지만 칸트와 스토아학파 사이에 몇 가지 중요한 이론적 차이도 있다. 칸트는 도덕법칙을 내가 스스로 입법한 것으로 보며 자유의지를 강조한다. 그는 도덕과 행복이 자동적으로 일치하지 않으며, 인간은 이중적 존재로서 각각 도덕은 도덕 세계에서, 행복은 자연 세계에서 실현될 수 있다고 주장한다. 반면에 스토아학파는 도덕법칙을 우주의 법칙인 로고스를 파악하고 이에 순응한 것으로 보며, 인간의 자유의지보다는 운명에 순응하는 것을 강조한다. 스토아학파에 따르면 도덕과 행복은 동일한 것으로 올바른 삶을 살아가는 것 자체가 행복을 보장한다.

현재에 적용하기

《명상록》을 읽고 과도한 물질적 욕구와 불필요한 욕구가 내 삶을 방해한다는 것을 성찰하기 위해 하루를 시작하고 마무리할 때 자신의 행동, 생각, 감정을 돌아보는 시간을 가진다. 이를 통해 비이성적 정념의 근원을 찾아 그것을 제거하기 위해 어떤 실천을 해야 할지 탐구해 본다.

▸ **책의 내용을 진로 활동과 연관 지은 경우**(희망 진로: 심리학과)

스토아 철학과 현대 심리학을 융합하여 다양한 관점에서 '현대 심리학과 스토아 주의'라는 논문을 작성함. 먼저 인지 행동 치료에 대해 연구함으로써 사람들이 자신의 생각, 감정, 행동 사이의 상호작용을 이해하도록 돕는 방법을 찾았는데, 이 과정에서 부정적인 생각 패턴이 어떻게 스트레스와 감정적 고통을 초래하는지 식별하고, 이를 긍정적인 생각으로 전환하는 기법에 대해 학습함. 스토아 철학이 강조하는 것처럼 우리의 인식과 반응을 직접 통제할 수 있다는 점을 인지하고, 인지 행동 치료가 이러한 통제력을 향상시키는 데 어떻게 도움을 주는지에 대해 논의함. 또한 긍정 심리학에 대한 탐구에서는 스토아 철학자들이 중시한 자기 일치성과 본성에 충실한 삶의 중요성을 강조함. 이와 유사하게 긍정심리학이 개인의 진정한 자아를 발견하고 이를 바탕으로 진정한 행복을 추구하는 것을 목표로 한다는 점을 밝힘.

▸ 책의 내용을 과학 교과와 연관 지은 경우

'스토아와 물리학'이란 주제로 융합 주제 보고서를 제출함. 스토아 철학과 고전 물리학 간의 깊은 연결성을 탐구함. 인식론적 및 철학적 기반의 상호 작용을 분석함으로써 두 분야의 연계성을 입증함. 인과 필연성의 법칙을 중심으로 스토아 철학이 고전 물리학, 특히 뉴턴의 운동 법칙과 만유인력의 법칙에 미친 영향을 심도 있게 조명함. 이를 통해 철학적 사상이 과학적 세계관의 토대가 되었음을 밝힘. 또한 스토아 철학과 고전 물리학이 인간의 자유의지에 대해 제시하는 관점을 비교 분석하여, 스토아 철학이 제시하는 자연법칙에 순응하는 지혜와 고전 물리학이 강조하는 예측 가능한 세계를 통한 의사 결정의 중요성을 함께 다룸. 이 과정에서 인간의 내면적 자유와 외부 세계 사이의 관계, 그리고 자연 법칙의 필연성 속에서의 도덕적 책임과 자유가 어떻게 조화를 이루는지 탐구함. 철학과 과학의 상호 보완적인 관계를 탐색함으로써 스토아 철학이 고전 물리학의 발전에 기여한 부분과 고전 물리학이 철학적 사유를 심화시키는 방식을 분석함. 이를 통해 우주와 인간 존재에 대한 보다 통합적이고 포괄적인 이해를 도모함.

후속 활동으로 나아가기

▸ 중국의 도가사상과 스토아학파의 세계관을 비교해 본다.

▸ 스토아학파의 영향을 받은 스피노자와 칸트에 대해 탐구하고 비교해 본다.

▸ 헬레니즘 시대의 역사적 배경과 스토아학파가 등장하게 된 사회적, 문화적 맥락을 탐구해 본다.

▸ 동시대의 사상인 스토아학파와 에피쿠로스학파의 사상을 비교하여 공통점과 차이점을 찾아본다.

▸ 《명상록》의 방식으로 일기를 쓰고 자신의 마음을 성찰하는 습관을 쌓을 수 있도록 한다.

함께 읽으면 좋은 책

에피쿠로스 《쾌락》 현대지성, 2022.

베네딕투스 데 스피노자 《에티카》 책세상, 2019.

열일곱 번째 책

군 주 론

니콜로 마키아벨리 ▶ 현대지성

　니콜로 마키아벨리의《군주론》은 군주국을 성공적으로 통치하고 유지하는 방법에 관한 정치 이론서입니다. 이 책에서 마키아벨리는 군주국의 여러 형태, 이들을 획득하고 통치하는 방법, 군주의 덕목, 그리고 군주가 마주칠 수 있는 도전들과 이에 대한 대응 방법을 자세히 다룹니다. 특히 그는 군주국을 세습 군주국, 새로운 군주국, 혼합 군주국으로 분류하고, 각 유형별로 적합한 통치 전략과 정책을 제시합니다. 이 분류는 군주에게 자신의 국가 상황에 맞는 통치 방식을 선택하는 데 있어 중요한 지침을 제공합니다.

　마키아벨리는 인간을 본질적으로 사악하며 무제한적인 욕망을 가진 존재로 보고, 이러한 인간 본성이 전쟁과 생존의 위기를 초래한다고 설명합니다. 이를 극복하기 위해 국가, 법, 권력이 필수적이며, 국가는 질서를 확립하기 위한 외부적 통제 수단으로 작용해야 한다고 말합니다. 마키아벨리는 또한 좋은 정치가 인간의 무제한적 욕망에 제약을 가하고, 강력한 법과 권력을 통해 사회적 질서를 유지하는 데 필수적인 역할을 한다고 강조합니다.

마키아벨리는 정치 체제의 기원을 귀족과 인민의 대립에서 찾아내고, 이 대립이 공화국, 군주국, 무정부 상태와 같은 다양한 정치 체제를 낳는다고 설명합니다. 그는 특히 군주정을 선호하며, 인간 본성상 자율적인 개혁이 불가능하다고 보고 강력한 군주의 필요성을 강조합니다.

시민형 군주국에서 신군주가 정치권력을 얻기 위해서는 인민과 귀족의 지지가 필수적입니다. 이 과정에서 군주가 되는 것은 단지 능력이나 행운만으로 결정되는 것이 아니라, 행운을 적절하게 활용할 수 있는 '군주의 역량Virtù'이 중요합니다. 따라서 이러한 국가들은 세습 군주국과는 달리 군주의 역량을 국가 운영의 핵심으로 삼는 특징을 가지고 있습니다.

마키아벨리는 군주의 역량을 강화하기 위한 통치 수단으로써 국가를 보호하는 강력한 힘, 법률을 통해 국가 제도와 질서를 유지하는 능력, 군주에 대한 긍정적 인식을 유지하는 능력, 신하들을 효과적으로 관리하는 기술 등을 중요한 요소로 봅니다. 신군주는 정치

권력을 획득하고 유지하는 것을 최우선 목표로 설정하고, 필요시 비도덕적 방법을 사용할 수도 있습니다. 하지만 평가는 도덕적 기준이 아닌 정치적 목표 달성 여부에 따라 이루어집니다.

더불어 마키아벨리는 군주가 정치적 안정성과 국가의 번영을 위해 국민의 사랑보다는 두려움을 느끼게 하는 것이 더 바람직하다고 주장합니다. 그는 사랑이 변덕스러운 감정인 반면, 두려움은 상대적으로 더 안정적이라고 보았습니다. 그러나 그는 동시에 군주가 국민에게 지나치게 미움을 받지 않도록 주의해야 한다고 강조했습니다. 군주가 지나치게 잔인하거나 과도한 요구를 하는 경우 국민의 반감을 사, 결국 군주의 권력 약화와 정치적 불안정을 초래할 수 있기 때문입니다. 따라서 군주는 두려움과 존경 사이의 균형을 잘 유지하면서, 이를 통해 국가의 안정과 번영을 추구해야 합니다.

《군주론》이후에 마키아벨리는《로마사 논고》라는 저작을 출간합니다.《군주론》을 통해 군주제에 초점을 맞춘 그가 왜《로마사 논고》를 작성했는지에 대해서는 다양한 해석이 있습니다. 주된 이유는 마키아벨리가 이상적인 정치 체제와 국가 운영에 대한 자신의 사상을 보다 심도 있고 포괄적으로 탐구하고자 했기 때문이라고 합니다. 실제로《로마사 논고》는 정치 철학에서 매우 중요한 작품으로 평가되며, 로마의 공화정을 구체적으로 분석해 국가 운영의 이상적 모델을 제시하는 의미 있는 저작입니다. 이제 우리는《로마사 논고》에 대해서도 자세히 살펴보겠습니다.

《로마사 논고》에서 마키아벨리의 문제의식은 주로 국가의 통합과 안정성을 어떻게 달성할 수 있는가에 집중됩니다. 이를 위해 마키아벨리는 공화정을 최상의 정치 체제로 제시하며, 그 이유와 특성을 상세히 설명합니다. 마키아벨리에 따르면, 최상의 정체는 군주정, 귀족정, 민주정의 요소들이 상호 견제하며 균형을 이루는 혼합정체입니다. 이러한 구조는 권력의 독점을 방지하고, 인민의 자유를 보장하며, 법치를 실현하고 공공선을 지향하는 제도를 창출합니다. 이는 다른 정체들이 군주정에서 참주정, 귀족정에서 과두정, 민주정에서 무정부 상태로 변질되는 순환적 패턴을 벗어나 보다 지속 가능한 정치 체계를 구현할 수 있음을 의미합니다.

공화정은 전체의 부패 방지, 정치 대립의 유연한 해결, 공화주의적 가치 실현을 이상적인 특징으로 하며, 이는 상호 견제를 통한 권력 독점 방지, 인민의 자유 보장, 법치주의 및 공공선 지향으로 연결되어 공화정의 장점을 강화합니다. 마키아벨리는 정치적 요소들의 상호 견제와 균형이 공화정을 지속 가능하고 안정적인 체제로 만드는 핵심이라고 봅니다. 그는 또한 인민의 정치 참여와 사회 구성원 전체로 확장되는 권력의 공유를 공화정의 중요한 특징으로 강조하며, 이를 통해 사회 구성원 간의 갈등을 건설적으로 해결하고 사회의 안정과 번영에 기여할 수 있는 기회를 모두에게 제공할 수 있다고 보았습니다. 그리고 이것으로 인해 공화정은 정치적 안정을 넘어 사회적 통합과 발전을 추구하는 체제로 자리매김할 수 있게 됩니다.

마키아벨리는《군주론》에서 '군주의 역량Virtù'을 언급한 것처럼, 《로마사 논고》에서는 '시민의 덕성Virtù'을 공화정의 근간으로 삼습니다. 이 덕성에는 종교적 경건함, 청빈, 용기, 자유, 법률에 대한 복종, 정직성이 포함됩니다. 이러한 시민적 덕성은 비범한 정치 지도자의 모범적 행위, 효과적인 법과 제도의 구축, 그리고 종교의식의 활용을 통해 유지될 수 있으며, 공화정의 유지와 발전에 필수적입니다. 시민들이 이러한 덕성을 내면화하고 실천할 때, 공화정은 더 강력하고 활력 있는 체제로 발전할 수 있다고 그는 말합니다.

이렇게 우리는 마키아벨리의《군주론》과《로마사 논고》를 통해 권력의 책임감 있는 사용, 법과 질서의 중요성, 시민 참여와 정치적 다양성, 윤리적 덕성, 변화에 대한 유연성 등을 배웠습니다. 마키아벨리의 정치체제에 대한 통찰과 접근은 오늘날에도 여전히 유효한 정치적 이상을 제시하며, 현대 사회가 직면한 도전과 문제에 대응하는 데 중요한 교훈을 제공해줍니다.

도서 분야	철학, 고전	관련 과목	도덕·윤리, 정치	관련 학과	정치외교학과, 법학과, 윤리교육과, 철학과, 사학과

▶ 기본 개념 및 용어 살펴보기

주요 기본 개념 및 용어	
개념 및 용어	의미
참주정	– 참주: 고대 아테네에서 귀족과 평민의 대립을 이용하여 독재 권력을 행사한 자들. – 참주정의 가장 큰 위험: 지도자의 독재 경향과 권력 남용 가능성.
과두정	– 소수의 사람이나 집단이 정치적·경제적 권력을 독점하는 정치체제. – 특정 이익 집단이나 가문의 이익을 대변할 위험이 있음. – 경제적·사회적 엘리트가 권력을 배타적으로 행사함으로써 대다수 시민의 이익과 요구가 소홀히 다뤄질 수 있음.

▶ 마키아벨리의 생애

니콜로 마키아벨리는 1469년 이탈리아 피렌체에서 태어났다. 그는 피렌체 공화국에서 활발하게 활동했으며, 다양한 외교적 임무를 수행하면서 점차 여러 국가의 지도자들과 교류하며 중요한 인물의 위치에 올랐다. 하지만 그의 경력은 1512년 메디치 가문이 피렌체를 다시 장악하면서 완전히 단절되었다. 이로 인해 마키아벨리는 공직에서 축출되었고, 음모에 연루되었다는 혐의로 고문을 받기도 했다. 이후 그는 피렌체 외곽의 산 카시아노에서 정치적으로 고립된 상태로 대부분의 시간을 보냈다.

암울한 상태에 놓인 마키아벨리는 《군주론》을 통해 자신의 정치적 사상과 군주에 대한 조언을 제시했다. 그는 이 저서를 로렌초 데 메디치에게 바치며 메디치 가문의

지지를 얻어 다시 한번 공직으로 복귀하고자 했지만, 그의 《군주론》이 메디치 가문에게 인정받았는지 또 마키아벨리가 그의 의도대로 정치적으로 복귀하는 데 성공했는지에 대한 증거는 발견되지 않았다. 그리고 실제로도 마키아벨리는 평생 공직으로 복귀하지 못했다.

하지만 그의 정치적 입장은 《군주론》에서 끝나지 않았다. 마키아벨리는 훗날 《로마사 논고》를 통해 전혀 다른 입장의 공화주의를 다시 한 번 강력하게 주장했다. 이 저작을 통해 그가 원래 꿈꾸었던 이상적인 정치에 대해 논했으며, 이러한 두 저작물의 차이점 때문에 《군주론》은 그가 잃어버린 권력과 입지를 위해 쓴 것이라는 해석도 나온다.

▶ 마키아벨리의 덕성 Virtù

마키아벨리는 《군주론》과 《로마사 논고》라는 주요 작품을 통해 'virtù'라 불리는 개념으로 정치 리더십과 국가 관리의 이상적인 방향을 설명한다. 하지만 이 용어는 두 저작에서 조금씩 다른 상황에서 활용되는데, virtù의 정의와 사용법이 서로 연계되어 있으면서도 미묘한 차이점을 보인다.

《군주론》을 통해 마키아벨리는 virtù를 신군주에게 필요한 개인적인 자질과 역량으로 부각시킨다. 이는 위기를 관리하고 기회를 잡아 국가를 안정화시키고 변창시키는 데 필요한 리더의 필수적 특성이다. 현명함, 결정력, 용기 및 상황에 따른 도덕적 유연성이 virtù의 요소로 들어간다. 마키아벨리는 때로는 전통적인 덕목을 넘어서는 행위도 필요하다고 주장하며, 신군주의 virtù가 국가의 복지와 안정을 위한 조치를 취하는 데 필요한 역량임을 강조한다.

다른 한편으로는 《로마사 논고》에서 virtù를 더 광범위한 관점에서 조명한다. 마키아벨리는 로마 공화국의 역사를 바탕으로 개인뿐만 아니라 시민적 덕성이라는 이름으로 국가 전반에 걸친 virtù를 검토한다. 로마의 성공이 단순히 개인의 능력에 의한 것이 아니라, 공동체의 사회적, 정치적 구조 내에 존재하는 집단적 virtù에 기인한다고 논한다. 로마 공화국의 제도와 시민의 참여가 어떻게 국가의 virtù를 강화시켰는지 설명하며, 시민들의 공공복지에 대한 헌신, 공공의 이익을 위한 개인의 희생과 정치적 참여 등을 집단적 virtù의 예로 든다. 마키아벨리는 이러한 집단적 virtù가 국가를 강화하고 외부의 침략이나 내부의 분열에 대응할 수 있는 근간을 마련한다고 강조한다.

현재에 적용하기

인생에서 내가 갖추어야 할 virtù가 무엇인지 고민하고, 그 역량을 키우는 구체적인 방법을 탐색한다.

생기부 진로 활동 및 과세특 활용하기

▸ **책의 내용을 진로 활동과 연관 지은 경우**(희망 진로: 경영학과)

리더십 기르기 프로젝트의 일환으로 '군주론(마키아벨리)'에서 영감을 받아 비르 투^{virtù}의 개념을 현대 리더십 이론과 비교·분석하는 워크숍에 참여함. 그 과정에서 위기 상황에서 요구되는 결단력, 유연성, 현명한 판단력을 중점적으로 다루면서 이를 통해 마키아벨리가 제시한 이상적인 리더의 자질을 내면화해 보는 기회를 가짐. 또한 이러한 과정을 통해, 리더십의 본질적인 요소들을 깊이 이해하고 실제 상황에 적용해 봄.

이와 더불어 '로마사 논고(마키아벨리)'를 근거로 공공의 이익을 위한 사회 공헌 활동을 기획하고 실행하는 프로젝트에 참여함. 이 활동을 통해 리더십 역량을 실제로 발휘하고, 사회적 및 정치적 조직 내에서 개인과 집단이 어떠한 역할을 수행하는지에 대한 이해를 높임. 또한, 학교의 사회과학 동아리에 적극적으로 참여하여, 로마 공화국의 정치적 제도와 시민 참여가 어떻게 국가의 안정과 번영에 기여했는지에 대해 깊이 있는 토론과 연구를 진행함. 이 과정에서 현대 사회에서의 정치적 참여의 중요성과 그 영향력에 대해 탐색하고 이를 통해 더 넓은 시각을 개발함.

‣책의 내용을 역사, 사회 교과와 연관 지은 경우

'인간 마키아벨리 탐구' 프로젝트를 통해 교과 간 융합적 접근을 시도함. 먼저 '군주론(마키아벨리)'과 역사 교과와의 연관성을 탐구함으로써 마키아 벨리가 논의한 군주의 리더십과 정치적 전략을 다양한 역사적 시대와 그 당시 지도자들의 사례와 비교 분석함. 이 과정을 통해 리더십의 변천과 그것이 역사적 사건에 미친 영향을 깊이 있게 이해함. 다양한 역사적 맥락 속에서 리더십의 중요성과 그 실행 방식의 진화를 탐구함으로써 역사적 사건을 분석하는 새로운 시각을 얻음. 윤리 교과와의 연결을 통해서는 마키아벨리가 제시한 정치적 리더십의 도덕적 유연성에 대해 심층적으로 탐구함. 또한 '로마사 논고(마키아벨리)'와 사회 교과의 연관성을 통해 로마 공화국의 정치적, 사회적 구조와 시민적 덕성의 개념을 현대 사회의 정치 체계와 비교 분석함. 사회 수업에서 배운 내용을 기반으로 논문이나 프로젝트 작업을 통해 현대 사회에서의 정치적 참여와 시민의 역할에 대해 심화된 이해를 도모함. 이 과정에서 로마 공화국의 역사적 사례를 통해 현대 민주주의의 기초와 그 중요성을 재조명함.

▸ 《군주론》에서 분류해놓은 군주제 유형을 분석하고, 이에 해당하는 예를 과거 역사 속 나라들에 적용하여 찾아보고 그 이유를 설명함으로써, 군주제에 대한 종합적인 이해를 위한 발판으로 사용한다.

▸ 《군주론》에서 제시하는 정치적 전략과 《로마사 논고》에서 강조하는 시민적 덕성이 현대 사회에서 어떤 식으로 적용될 수 있는지에 대해 토론한다.

▸ 《군주론》에 제시된 리더십 전략과 다른 시대 및 문화권의 지도자들의 전략을 비교 분석하여, 각 리더십 스타일의 장단점과 효과를 평가한다. 이를 통해 다양한 리더십 이론과 실제 사례를 연결 지어본다.

▸ 《로마사 논고》에서 주장하는 공화정의 이념과 현재 우리나라의 정치체제를 비교 분석한다.

함께 읽으면 좋은 책

니콜로 마키아벨리 《로마사 논고》 한길사, 2018.

한비자 《한비자》 휴머니스트, 2016.

토마스 홉스 《리바이어던》 풀빛, 2007.

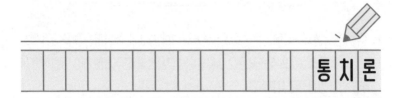

통치론

존 로크 ▸ 돋을새김

로크의 《통치론》은 절대 권력에 대한 비판과 인민의 자유를 중심으로 한 정부의 역할을 강조함으로써, 민주주의와 자유주의 사상의 발전에 결정적인 영향을 미쳤습니다. 이 책은 오늘날에도 여전히 정치적 자유와 개인의 권리에 대한 우리의 이해를 넓히는 데 중요한 역할을 합니다.

《통치론》은 시민정부의 올바른 기원과 범위, 목적에 관한 시론부터 자연 상태, 전쟁 상태, 노예 문제, 소유권, 부권, 정치 사회의 형성 및 목적, 국가의 형태, 입법권의 범위, 국가 권력의 구조, 폭정, 정부 해산에 이르기까지 다양한 주제를 포괄적으로 다루며 철학적 근거와 실질적 적용을 조명합니다. 추가적으로 로크의 생애와 철학적 배경, 17세기 영국의 역사적 맥락에 대한 설명도 포함되어 있어 독자들이 내용을 깊이 이해할 수 있도록 돕습니다. 이제부터 로크의 《통치론》에 담긴 사상을 자세히 살펴보겠습니다.

　로크는 《통치론》에서 인간 태초의 자연 상태에 대해 설명하며 그의 논의를 시작합니다. 자연 상태에서 개인은 자연법에 따라 자신의 행동을 규율하며, 자신의 소유와 신체를 자유롭게 다룰 수 있는 상태입니다. 이때의 각 개인은 마치 신의 법을 집행하는 입법자와 같습니다. 이는 모든 사람이 자유롭고 평등하다는 의미를 내포하고 있습니다.

　로크는 자연 상태에서 개인이 천부적으로 갖는 자연권에 대해 설명합니다. 자연권은 자연법에 의해 정의된 기본적인 권리로 자연법 이외의 어떠한 것에도 제한되지 않는 불가침의 평등한 권리입니다. 이러한 자연권에는 생명권, 자유권, 소유권이 포함됩니다. 생명권은 절대적으로 불가침의 영역입니다. 자유권은 자연 상태에서 자연법에 의해 보장되며, 사회 내에서는 실정법에 의해 보호된다고 로크는 설명합니다. 또한 법이 없는 곳에는 자유도 없다고 주장합니다. 소유권에 대해서 로크는 그것을 자연권의 핵심이자 배타적 권리로 설명합니다. 이는 개인이 가진 소유물에 대해 타인이 소유, 사용, 소비, 교환할 수 없는 권리입니다. 소유권의 기원은 노동투하설에서 찾을 수 있습니다.

자연 상태에서 인간들은 서로를 돕고 선의로 대하지만, 정치사회의 부재와 공통된 법률이나 재판관의 부재로 인해 개인의 생명, 자유, 재산을 확실히 보호받지는 못합니다. 로크는 자연 상태가 이기심과 욕심, 자의적인 법 집행의 가능성, 자연법의 추상적인 성격 때문에 항상 평화로울 수만은 없음을 지적합니다. 이는 자연 상태가 잘 확립된 법률, 공평한 재판관의 부재, 집행 권력의 결여와 같은 결함을 지니고 있기 때문입니다. 이러한 불확실성을 해결하기 위해 사람들은 국가를 형성하고 보다 안정적인 사회 질서를 구축하기 위한 사회계약을 맺습니다.

　로크는 사회계약을 통해 형성된 국가의 궁극적인 목적이 자연권, 특히 소유권의 안정적이고 지속적인 보존에 있다고 주장하였습니다. 이러한 주장은 국가의 존재 이유를 규명하는 데 중요한 역할을 합니다. 로크에 따르면 국가를 수립하기 위해서는 모든 구성원의 만장일치 동의가 필요하며, 이러한 동의는 정부, 정치 조직, 법의 정당성의 원천이 됩니다.

　국가 수립의 첫 단계는 정치공동체의 형성으로 이 과정에서 구성원들은 자연권을 최소한으로만 양도하며, 이는 주로 자연권의 집행을 공통의 재판관에게 전적으로 위임하는 것을 의미합니다. 이때, 의사 결정 과정은 다수결의 원칙에 의해 이루어집니다. 국가 수립의 두 번째 단계에서는 정부 또는 정부 권력이 수립됩니다. 이 단계는 권력의 양도가 아닌 위임의 형태로 이루어지며, 위임된 권력은 인민의 평화, 안전, 그리고 공동선을 위해 사용되어야 합니다. 또한 로크는 정치권력이 자연권을 자의적으로 침해할 수 없다고 강조했으며, 입법권을 모든 국가에서 최고의 권력으로 보고 이 입법권은 자연권을 보호하는 조건 아래에서 행사되어야 한다는 점을 명시했습니다.

따라서 로크는 자연권 특히 소유권의 침해 문제를 이유로 절대군주제에 반대했습니다. 절대군주제는 절대군주에게 모든 권력이 집중되어 있어 공정하고 공평한 재판을 기대하기 어렵고, 시민들이 불만을 제기할 수 있는 경로조차 없다고 보았습니다. 이런 연유로 로크는 시민들의 동의를 바탕으로 형성되는 정치권력과 대의 정부를 통한 다수결 원칙의 운영을 지지한 것이며, 이 체제에서는 다수의 의지와 선호가 중요하게 작용하는 것입니다.

또한 로크는 인민 저항권의 중요성을 강조합니다. 이 권리는 자연법에 의해 부여되며, 정부가 시민의 기본적인 권리인 생명, 자유, 재산을 침해할 경우, 폭정에 맞서 싸울 수 있는 권리를 의미합니다. 로크는 정부의 해체가 반드시 사회의 해체를 의미하지 않으며, 시민들에게 폭정을 예방하고 이로부터 벗어날 권리가 있음을 주장했습니다. 이는 필요한 경우 폭력을 사용하여 정부를 전복할 수 있는 근거가 됩니다. 하지만 인민 저항권이 정당화되기 위해서는 통치자의 부정적인 의도가 오랜 시간 동안 명확히 드러나고, 다수의 인민이 이에 공감하며 같은 판단을 내려야 합니다. 로크는 이 모든 과정에서 최종적인 판단자는 주권을 가진 인민이라고 주장합니다.

　로크의 사상은 국가와 인민 사이의 관계를 재정립하고 개인의 자연권인 생명권, 자유권, 소유권의 절대적 보장을 이론적으로 뒷받침하였습니다. 이러한 사상은 현대 민주주의의 기반을 형성하였으며, 오늘날에도 우리 삶에 지속적으로 큰 영향을 미치고 있습니다.

도서 분야	철학, 고전, 정치	관련 과목	도덕·윤리, 정치, 법	관련 학과	법학과, 정치외교학과, 윤리교육과, 철학과, 사학과

▶ 기본 개념 및 용어 살펴보기

주요 기본 개념 및 용어	
개념 및 용어	의미
공통의 재판관	– 자연 상태의 불안정함을 해결하고 사회 내에서 공정한 분쟁 해결을 보장하기 위한 체계. – 모든 사람에게 동등하게 적용되는 법률에 의해 분쟁을 공정하게 해결할 권리와 권한을 가짐.
자연법	– 태어날 때부터 모든 인간이 이성을 통해 인식할 수 있는 보편적인 원칙. – 인간이 서로에게 해를 끼치지 않고, 각자의 생명, 자유, 재산을 존중하며 살아가야 한다는 원칙을 제시.

▶ 홉스의 사회계약론

1. 홉스의 자연 상태

인간은 자신의 이익과 욕구를 충족하기 위해 이성적으로 추론하고 행동한다. 자기 보존과 자기 이익은 인간의 주된 목표이며, 이는 죽음으로부터의 해방, 안녕과 평화, 희망을 욕망하는 욕구와 연결된다. 인간은 허영심을 가진 존재이다. 자연 상태에서는 무제한의 자유와 평등을 누리지만, 이것은 결국 경쟁, 불신, 방임으로 이어지고 만인에 대한 만인의 전쟁 상태를 초래한다. 이 전쟁 상태는 공통된 권력의 부재에서 비롯되며, 개인은 자신의 힘과 지혜로만 생존을 도모한다. 이 상태는 무도덕 상태로 공통의 규범이나 도덕 판단의 기준이 없다. 자연 상태에서 법과 정의는 부재하며, 폭력과 기만이 기본적인 덕목으로 여겨진다.

2. 홉스의 사회계약

자연 상태에서 탈출하는 것은 인간의 능력인 정념과 이성으로 인해 가능하다. 인간을 평화로 이끄는 정념에는 죽음에 대한 공포, 편리한 생활에 대한 욕망, 그리고 그 욕망을 충족시키려는 희망이 포함된다. 더불어 이성은 평화를 위한 합의, 즉 자연법을 제시한다. 제1 자연법은 평화를 추구하라고 하며, 평화가 불가능할 시에는 자기보존을 위해 수단과 방법을 가리지 말라고 한다. 제2 자연법은 자연권을 포기하라고 하며, 평화와 자신의 방어를 위해 무제한적 자유를 스스로 포기하라고 한다. 제3 자연법은 규약을 준수하라고 하며, 자연 상태에서는 자기보존이 최우선이지만, 서로에 대한 불신이 있으므로 공통의 권력에 모든 권리를 양도하는 사회계약을 통해 이를 이행해야 한다고 한다. 공통의 권력이 없는 상태에서는 모두가 무제한적 자유를 누리기 때문에 불의라는 개념이 존재하지 않는데, 사실 모든 사람은 평화로운 상태를 원하기 때문에 이러한 상태를 달성하기 위해 자신의 권리와 힘을 국가에 양도해야 한다. 결국 사회계약의 목적은 자기보존에 있는 것이다.

▶ 소유권의 기원: 노동투하설

소유권의 기원은 노동투하설에 기반을 두고 있다. 노동을 통해 자연의 산물과 혼합되어 그것이 자신의 재산이 되는 것이며, 이 과정에는 세 가지 주요한 한계가 존재한다. 첫 번째 한계는 노동한계다. 이는 오직 자신의 신체적 노동과 손의 작업을 통해서만 소유가 인정된다는 것을 의미한다. 두 번째 한계는 손상한계로, 사람들은 노동을 통해 얻은 소유물을 손상되지 않게 관리해야 한다. 즉 삶에 이득이 되도록 사용할 수 있는 만큼만 소유하고, 그 이상을 썩히거나 파괴해서는 안 된다. 그러나 이러한 한계는 화폐 사용을 통해 해결할 수 있다. 세 번째 한계는 충분한계로, 다른 사람들도 소유할 수 있을 만큼 충분히 남겨두어야 한다는 것이다. 이는 소유가 타인에게 피해를 주지 않는 범위 내에서만 정당화될 수 있다는 것을 의미한다.

　화폐의 발명은 사람들이 그들의 소유물을 손상시키지 않고도 오랫동안 보존하고 축적하며 증대할 수 있는 기회를 제공하게 되었다. 화폐는 상호 간의 약속에 의거하여 생활에 유용하지만 썩어버리기 쉬운 생활필수품과 교환하여 받는 것이며, 이는 사람들이 그들의 소유물을 축적하고 증대시킬 수 있는 도구가 된다.

현재에 적용하기

사회에서 공통적으로 인정되는 법과 규칙에 개인의 자의적 해석이 개입될 경우 발생할 수 있는 결과를 예상해 보고, 이러한 상황이 왜 중요한지에 대해 토론해본다.

▶ **책의 내용을 진로 활동과 연관 지은 경우**(희망 진로: 경제학과)

'로크의 경제학'이란 제목으로 보고서를 작성하여 발표함. 소유권의 기원이 노동투하설에 기반한다는 경제학적 개념을 깊이 이해하고, 노동을 통해 자연의 산물과 혼합되어 재산을 형성하는 과정을 체계적으로 분석함. 소유권 형성 과정에서 발생하는 세 가지 주요 한계점을 세밀하게 조명함. 먼저 노동한계의 개념을 통해 소유권이 개인의 노동에 의해 인정되는 범위를 정확히 파악함. 또한 손상한계에 대해 노동을 통해 얻은 소유물을 적절히 관리하고 보존해야 한다는 필요성을 강조함. 마지막으로 충분한계를 통해 소유가 타인에게 피해를 주지 않도록 하는 경제적 정의의 중요성을 알림. 이러한 한계를 설정하는 이유가 인간의 이기심을 제약하기 위한 체제의 필요성임을 강조함. 화폐의 발명이 경제적 소유물의 보존, 축적, 증대에 어떻게 기여하는지 깊이 분석하고, 재산 보존을 가능케 하는 교환 도구로서의 화폐 역할을 설명함. 이러한 분석을 통해 화폐가 경제 시스템 내에서 어떻게 작동하는지 체계적으로 이해한 후, 오늘날 우리 사회의 예를 들어 발표함. 이를 통해 경제학적 사고를 바탕으로 한 깊은 이해와 분석 능력이 잘 드러남.

▶ 책의 내용을 정치 교과와 연관 지은 경우

'민주주의 근본 찾기' 프로젝트를 진행하면서 대의 민주주의 파트에서 '통치론(로크)'을 깊이 탐구함. 우선 1인 군주정에 대한 반대의 입장을 명확히 하며, 자연권과 특히 소유권이 침해될 경우 절대군주제 하에서는 공평무사한 재판을 기대하기 어렵다고 주장함. 또한 절대군주가 입법권과 집행권을 모두 갖고 있어 인민이 호소할 곳이 없다는 점을 강조함. 반면 절대군주의 역량이 부족하여 제대로 된 정치 행위를 하지 못할 경우에도 권력이 집중되어 있어 국가가 무기력하고 위험해질 것임을 지적함. 따라서 민주제, 특히 대의 민주제에 대한 지지를 표명함. 정치권력은 동의를 통해 형성되어야 하며, 대의 정부는 다수자 지배의 원칙을 따라야 하고, 다수결의 원리와 다수자의 의지 및 선호가 정치 과정에서 중요하다는 점을 강조함. 또한 로크가 주장한 인민 저항권이 맹자의 역성혁명과 유사하다고 지적하며, 정부가 국민의 생명, 자유, 재산을 침해하는 것을 폭정으로 정의한 후, 인민들에게 이를 예방하고 탈출할 권리가 있다고 보고 필요한 경우 폭력을 통해 폭정을 뒤집을 수 있다고 주장함. 이는 인민이 최종 판단자로서 주권을 가지며, 동서고금을 막론하고 인민과 백성을 근본으로 여기는 정치가 민주주의에서 최고의 가치임을 명확히 함. 이러한 깊은 이해와 분석을 바탕으로 정치 과목과 융합 수업에서 탁월한 안목과 논리를 보여줌.

후속 활동으로 나아가기

▸ 천부적인 자연권에 대해 탐구하고, 로크가 제시한 생명권, 자유권, 소유권이 현재 우리 삶에서 어떻게 적용되고 있는지 조사한다.
▸ 로크의 소유권 이론을 기반으로 현대 사회에서의 소유권 개념 발달을 연구해 본다.
▸ 노동투하설이 경제학에 미친 영향에 대해 조사한다.
▸ 여러 나라의 역사 속에서 절대군주제의 붕괴 과정과 대의 민주제의 등장 배경을 탐구한다.
▸ 폭정에 대한 인민의 저항권을 연구하고, 인민 저항권 발동의 조건을 학급 토론을 통해 정리한다.
▸ 로크, 소로, 롤스의 시민 불복종에 대해 탐구하며, 이들 사이의 공통점과 차이점을 분석한다.

함께 읽으면 좋은 책

토마스 홉스 《리바이어던》 풀빛, 2007.
장 자크 루소 《사회계약론》 돋을새김, 2018.
존 스튜어트 밀 《자유론》 현대지성, 2018.
마르크스, 프리드리히 엥겔스 《공산당 선언》 돋을새김, 2017.
존 롤스 《정의론》 이학사, 2003.

사회계약론

장 자크 루소 ▸ 돋을새김

　루소의 저작 중《사회계약론》만큼이나 중요하고 강렬한 작품으로는《인간 불평등 기원론》이 있습니다. 이 책은《사회계약론》의 프롤로그 같은 역할을 하고 있으며, 인간이 자연 상태에서 어떻게 살아가고, 사회적 상태로 넘어가는 과정에서 어떻게 불평등이 발생했는지를 설명하고 있습니다. 따라서 이 장에서 우리는《인간 불평등 기원론》을 먼저 탐구한 후 본론에 해당하는《사회계약론》을 살펴볼 예정입니다.

　루소의《인간 불평등 기원론》은 자연 상태의 인간에 대해 설명합니다. 자연 상태의 인간들은 모두 자유롭고 평등한데 이것이 가능한 이유는 모든 인간들이 독립적으로 고립된 채로 살기 때문입니다. 인간들은 자신의 주인으로서 자유롭게 태어나고 어떠한 이유로도 다른 사람을 복종시킬 수 없습니다. 이러한 자연적 평등과 자유는 독립성과 무의존성에서 비롯되며 이것이 곧 자유와 평등을 동일시하는 이유입니다.

루소에 따르면 자연 상태에서 인간은 사회와 분리되어 사회적 관계나 사회성 없이 독립적으로 생활합니다. 이 상태에서 인간은 도덕적 관념을 갖지 않으며, 사회적 제약이 없는 상태에서 오직 자신만을 위해 존재하는 자기 목적적인 존재로 여겨집니다. 루소는 자연인이 건전한 자기애와 동정심이라는 자연적인 선함을 가지고 있으며, 이러한 자연 상태에서는 자유가 손상되거나 악덕이 발생하지 않는다고 강조합니다.

그러나 인간들이 우연한 이유로 사회를 형성하고 함께 살기 시작하면서 불평등의 씨앗이 심어집니다. 루소는 공동생산으로 인해 생겨난 여가 시간이 허영심을 발생시키고, 이것이 인간 사이의 불평등과 악덕으로 이어지는 첫걸음이 된다고 설명합니다. 허영심과 사유재산의 발생은 사회적, 경제적 불평등을 심화시키며, 이로 인해 강한 자와 부유한 자가 약한 자와 가난한 자를 지배하는 불평등의 구조가 형성됩니다. 이 구조는 지배, 종속, 폭력, 약탈과 같은 인간의 모든 악덕들이 폭발하는 무질서한 상황을 초래합니다.

이때 무엇인가 잘못된 원초적 계약이 발생합니다. 부자가 소수이고 빈자가 다수인 상황에서 부자들이 더 큰 위험에 처하자, 부자들은 자신의 생명과 재산을 보호하기 위해 빈자들에게 법률과 공권력을 만들자고 제안합니다. 빈자들은 자신의 목숨을 보호하고자 하는 마음에서 부자들의 제안을 받아들입니다. 이는 고단한 생활과 짧은 생각이 어우러진 결과입니다. 하지만 이는 부자들의 기만이며 정치를 이용해 자신들의 이익을 보호하고 불평등과 억압을 영속화하기 위한 불공정한 계약입니다. 이 계약으로 인해 인간 불평등은 더욱 심화됩니다. 이렇게 시작된 인간 불평등은 세 단계로 진행됩니다. 첫 단계에서는 사유재산과 법률이 불평등의 원인이 되며 이것으로 부자와 빈자의 상태가 용인됩니다. 두 번째 단계에서는 위정자의 직분이 불평등의 원인이 되며 이것으로 강자와 약자의 상태가 용인됩니다. 마지막 세 번째 단계에서는 전제적 권력이 불평등의 원인이 되며 주인과 노예의 상태가 용인됩니다. 여기까지의 내용이 《인간 불평등 기원론》에 해당하며, 이제 루소는 《사회계약론》에서 잘못된 원초적 계약을 바로잡기 위해 자신의 주장을 본격적으로 펼치기 시작합니다.

　루소의 《사회계약론》에서는 사회계약의 목적과 특성에 대해 상세히 설명합니다. 그는 자연 상태에서는 존재했으나 현재의 불평등한 사회에서는 상실되고 만 자연적 자유를, 국가 형성을 통해 시민적 자유로 복원하는 것이 사회계약의 주된 목적이라고 설명합니다.

이 과정에서 개인은 자신이 가진 모든 힘을 단일한 정치공동체에 전면 양도하고, 이를 통해 공동체의 상위자로서의 일반의지가 형성됩니다. 그리고 이 일반의지에 모두가 복종하는 단일한 정치 공동체를 구성하는 계약이 성립됩니다. 루소는 이 계약을 공共과 사私, 전체와 개인 간에 체결되는 계약이자 동시에 계약 당사자들이 자기 자신과 맺는 계약으로 설명합니다. 이를 통해 자연인은 국가를 구성하는 국민이자 시민으로의 전환이 이루어지며, 이 변환 과정에서 개인은 자기 이익을 우선시하는 자세에서 벗어나 공동체의 이익과 자유를 자신의 것으로 받아들이게 됩니다. 루소는 이러한 전환을 통해 개인과 공동체의 이익이 조화를 이루는 새로운 사회 질서의 가능성을 탐구합니다.

《사회계약론》에서 일반의지는 중요한 개념으로 등장합니다. 일반의지는 공동체의 공동선, 즉 공공선을 지향하는 공동체의 의지를 의미하며, 이는 개인의 의지 중 공공선을 추구하는 부분에 해당합니다. 일반의지에 복종하는 것은 자신에게 복종하는 것과 동일하므로 예속이 아닌 자유의 실현을 의미합니다. 일반의지는 모든 구성원들로부터 나오는 공공선에 대한 공통의 의지이기 때문에 모든 사람에게 적용됩니다. 또한 일반의지는 법의 형태로 나타나며, 일반 시민들이 스스로 판단하기 어려운 경우 법에 복종하는 것이 일반의지에 복종하는 것과 같게 됩니다.

일반의지의 주된 목적은 공공선의 실현에 있습니다. 이를 통해 시민은 국가의 주권자로서 정치 영역에 적극적으로 참여하며, 잃어버렸던 자연적 자유를 사회적이고 시민적인 자유로 되찾습니다. 또한 후천적 불평등을 극복하여 국가공동체 안에서 자유와 평등을 실현합니다. 따라서 사회계약의 핵심은 일반의지의 지도 아래 시민사회를 운영하는 것입니다.

사회계약을 통해 자유도 변화합니다. 그는 자연 상태의 자유가 잘못된 원초적 계약 때문에 생겨난 불평등에 의해 예속으로 변질된 것을 지적하며, 사회계약을 통해 국가를 형성함으로써 이를 시민적 자유의 형태로 복원하려 합니다. 이 과정을 통해 국가 내에서 개인이 얻는 자유는 두 가지로 나뉩니다. 첫째, 국가의 주권자인 시민이 누리는 사회적, 즉 시민적 자유입니다. 둘째, 시민이 정치 영역에 적극적으로 참여하며 일반의지와 법에 따라 사적 이익을 넘어 공공선을 실현하기 위해 노력할 때 경험하는 자유입니다. 또한 루소는 법복종과 개인의 자유 사이의 관계를 설명합니다. 그는 시민의 자유가 법의 강제를 수용함으로써 실현된다고 주장하며, 모든 시민이 자의적으로 행동하며 법을 복종하지 않을 경우 자유의 역설이 발생함을 지적합니다. 이에 따라 모든 시민이 진정한 자유를 누리기 위해서는 일반의지와 법에 복종하는 것이 필수적이며, 이러한 강제를 통해 개인과 모든 시민은 진정한 자유를 향유하게 된다고 보았습니다.

마지막으로 루소는 정치권력, 국가의 역할, 정부 및 대표자의 특성에 대해 통찰력 있는 관점을 제시합니다. 그는 국가를 공공선을 실현하는 기구로 보며 이는 계약을 통해 형성된 일반의지를 바탕으로 합니다. 특히 그는 국가가 원초적 계약의 오류로 인해 발생한 후천적 불평등을 해결하는 데 중요한 역할을 한다고 강조합니다. 정부는 주권자인 국민의 의사를 반영하는 순수 행정 조직으로 그 존재 목적은 일반의지를 실현하는 데 있습니다. 루소는 대표자를 국민으로부터 정치적 결정권을 양도받은 인물이 아닌 국민이 부여한 집행권을 행사하는 자로 보고, 그들의 행위가 국민의 권위에 종속되며 국민의 승인을 받지 않은 법률은 무효라고 주장합니다.

그는 민주 공화정을 이상적인 정치체제로 간주하는데, 이 체제에서 주권은 양도되거나 분할되거나 대표될 수 없는 국가의 최고 권력입니다. 이를 통해 국민은 정치적 행위의 주체가 되어 자신과 공동체를 직접 통치하게 되고, 민주주의 국가는 도덕 공동체로서 최고의 주권인 일반의지를 바탕으로 한 공동선을 추구합니다. 법은 이 일반의지를 명문화한 것으로 국민은 법에 대한 자율적 복종을 통해 민주적 통치 체제 아래에서 공동선을 추구하게 됩니다.

장 자크 루소는 《인간 불평등 기원론》을 통해 자연 상태에서의 인간을 묘사하며, 우리 사회에서의 인간 불평등 기원을 심도 있게 탐구했습니다. 그는 자연인을 자기애와 동정심을 가진 선한 존재라고 보았으나, 사람들이 모여 살면서 여가 시간이 생기고 허영심이 생겨나면서 불평등이 시작됐다고 분석하였습니다. 이는 논리적이면서도 창의적인 접근이었습니다. 이러한 탐구를 바탕으로《사회계약론》에서는 사회계약을 통해 인간들이 어떻게 자유롭고 평등한 정치 공동체를 구성할 수 있는지를 논하며, 일반의지에 바탕을 둔 법의 수립과 그에 대한 자율적인 복종이라는 아이디어를 제시하였습니다. 이러한 사상은 근대 민주주의와 공화주의의 기초를 마련하는 데 큰 역할을 하였습니다.

도서 분야	철학, 고전	관련 과목	도덕·윤리, 정치, 법	관련 학과	법학과, 외교정치학과, 윤리교육과, 철학과, 사학과

고전 필독서 심화 탐구하기

▶ **기본 개념 및 용어 살펴보기**

주요 기본 개념 및 용어	
개념 및 용어	의미
개별 의지	– 각 개인이 자신의 관점에서 최선이라고 판단하는 것을 추구하는 의지. – 개인의 주관적인 관점과 개인적 이익에 초점을 맞추고 있으며 때로는 공동체의 이익과 상충될 수 있음.
전체 의지	– 사회 구성원 전체의 의지를 말하며 모든 개인의 의견을 단순하게 합친 것. – 개인적 이익과 사회적 이익이 혼재되어 있으며 때로는 공동체의 이익보다는 다수의 이익이 반영될 수 있음.
일반 의지	– 공동체의 진정한 이익과 공동선을 추구하려는 의지. – 개인의 이익이나 단순 다수결을 넘어서 공동체 전체의 공공선을 최우선으로 고려함. – 공동체의 장기적이고 본질적인 이익을 반영하며 모든 구성원이 공동의 목표와 이익을 공유할 때 나타남.
자유의 역설	– 개인의 무분별한 자유가 오히려 자유를 제한하는 결과를 낳을 수 있음.

▶ **루소가 지적한 홉스의 오류**

루소는 홉스가 주장한 자연 상태를 비판한다. 홉스는 인간의 본성이 악하다고 주장하며,

자연 상태는 인간들 간의 아비규환인 '만인에 대한 만인의 전쟁 상태'라고 설명하였다. 하지만 루소는 자연 상태를 평화의 상태로 보고 이 시기에는 정치적이거나 법적인 의미에서의 전쟁이 존재할 수 없다고 주장한다. 그 이유는 첫째, 자연 상태의 인간들은 고립적이고 독립적인 존재로서 적대 관계가 일정 기간 지속될 수 없기 때문이다. 둘째, 자연 상태에서는 소유권이 존재하지 않아 서로가 피해에 대한 보상을 얻기 위해 싸울 목적이 성립될 수 없다. 따라서 전쟁은 개인들 사이에서 발생할 수 없으며 오직 공적 인격체인 국가 안에서만 일어날 수 있다.

또한 루소는 허영심에 대한 홉스의 의견에 대해 비판적이다. 홉스는 허영심을 자연인의 자연적 성향으로 간주하고 이를 통해 자연 상태를 전쟁 상태로 연역했다. 하지만 루소는 허영심은 남보다 돋보이고자 하는 욕망으로서 자연 상태의 고립적이고 독립적인 인간 사이에서는 존재할 수 없다고 말한다. 루소는 인간들이 공동체를 이루고 살기 시작한 후 사회가 만들어지면서 생겨난 감정이 허영심이라고 주장한다.

▶ **"주권은 양도할 수도, 분할할 수도, 대표할 수도 없다."**

주권은 일반의지의 행사로 단일 정치 공동체 내에서만 존재한다. 이러한 주권은 양도, 분할, 대표될 수 없는 성질을 가진다. 먼저 주권은 양도할 수 없다. 이는 주권이 일반의지의 행사이기에 오로지 집합적 존재로서만 대표될 수 있기 때문이다. 권력은 이양될 수 있지만 의사는 결코 양도될 수 없다. 또한 주권은 분할될 수 없다. 이는 양도할 수 없는 것과 같은 이유로 의사는 전체적이거나 전혀 아니거나 둘 중 하나이기 때문이다. 그리고 주권은 대표될 수 없다. 주권자인 국민으로 구성된 단일 정치 공동체 이외에는 다른 어떤 것에 의해서도 대표될 수 없다. 대의원은 인민의 대표자가 아니며, 대표자가 될 수 없다. 그들은 단지 인민의 심부름꾼에 불과하며 어떤 일이든 최종적으로 결정할 수 없다. 인민이 직접 승인하지 않은 법은 모두 무효이며 따라서 그것은 법이 아니다. 따라서 루소는 주권을 위임하는 대의 민주주의는 주인이 아니라 노예와 같은 정치체제라고 비판한다. 대의 민주주의는 인민이 의회의 의원을 선출하는 기간 동안만 자유롭고 선거가 끝나는 순간부터 그들은 다시 노예가 되며 아무런 가치도 없는 존재가 된다고 주장한다. 이는 인민이 진정한 의미에서 자유를 누리지 못한다는 것을 의미한다.

현재에 적용하기

현대 사회에서의 인간 본성을 고찰하고 불평등이 어떻게 발생하는지 그리고 이를 해결하기 위해 어떤 방법들이 제시될 수 있는지에 대해 조사해 본다. 또한 자신이 생각한 인간의 본성이 사회 공동체와 어떠한 관계를 맺고 있는지를 탐구해 본다.

생기부 진로 활동 및 과세특 활용하기

▸ **책의 내용을 진로 활동과 연관 지은 경우**(희망 진로: 영화영상학과)

'인간 불평등 기원론(루소)'을 바탕으로 한 영화 제작 프로젝트에 참여해서 자연 상태의 인간이 가진 자유와 평등이라는 개념을 시각적으로 표현하는 도전을 수행함. 이를 통해 복잡한 철학적 이론을 대중적이면서도 이해하기 쉬운 형태로 재해석하는 능력을 발휘함. 또한 사회 형성 과정에서 발생하는 불평등의 근본 원인을 탐구하고, 사회적 문제에 대한 비판적 사고 능력을 선보임. 인간 사이의 허영심과 사유재산의 발생이 불평등을 조장하고 심화시키는 과정을 섬세하게 분석하고, 이를 명확하게 보여주는 장면을 연출해 친구들에게 강렬한 인상을 남김. 원초적 계약의 개념을 영화적 요소로 재해석하고, 부와 권력이 불평등과 억압을 어떻게 유지하고 심화시키는지를 시각적으로 보여주면서 창의적이고 비판적인 접근 방식을 보여줌. 역사적, 철학적 배경에 대한 깊이 있는 조사와 분석을 통해 제작 과정에서 다양한 역량을 강화함. 다양한 캐릭터와 시나리오를 통해 인간 불평등의 다양한 진행 단계와 그 영향을 구체적으로 묘사함으로써 스토리텔링 능력을 발전시킴. 프로젝트 팀원들과의 긴밀한 협업 과정에서 리더십과 조직력을 발휘하고, 영화의 시각적 요소와 내러티브 방식을 통해 사회적 메시지를 효과적으로 전달하는 능력을 향상시킴. 시나리오와 대본을 직접 작성함으로써 비판적 사고와 창의력을 바탕으로 사회적, 철학적 주제를 영화라는 매체를 통해 적절히 표현함.

▶ 책의 내용을 문학 교과와 연관 지은 경우

'사회계약론(루소)'에 대한 내용을 바탕으로 작문 수업에 참여함으로써, 인간 사회의 불평등 문제와 사회계약을 통한 이상적인 정치체제의 구축에 대한 깊은 이해를 보여줌. 루소가 제시한 자연 상태와 사회 상태 간의 차이, 그리고 후천적 불평등의 발생 원인에 대해 분석적으로 논의함. 또한 사회계약을 통해 일반의지를 바탕으로 한 공동선의 실현 가능성에 대한 작문을 통찰력 있게 작성함. 이어 루소의 철학을 현대 사회와 연결 지어 생각하고, 인간의 자유와 평등을 어떻게 실현할 수 있을지에 대해 창의적이고 비판적인 관점으로 접근하여 이상적인 사회계약 모델을 제안함. 작문 과정에서 논리적이고 체계적인 글쓰기 기술을 발휘하여, 복잡한 철학적 개념을 명확하고 이해하기 쉬운 언어로 표현해내고, 자신의 논리를 지지하는 강력한 근거와 예시를 일상생활에서 찾아 제시함.

후속 활동으로 나아가기

▸ 시뮬레이션 게임을 통해 이상적인 사회의 규칙, 권리, 의무를 담은 자신들만의 사회
계약을 만들어 본다.
▸ 자연 상태와 사회 상태의 차이점에 대해 토론하며, 자연 상태에서의 인간 상태와
사회계약을 통해 얻은 이득 및 손실에 대해 논의한다.
▸ 루소의 사상을 바탕으로 자유, 평등, 공동선이 실현된 이상적인 사회의 모습을 묘사하
는 에세이를 작성해본다.
▸ 환경론자, 경제학자, 사회학자 등 다양한 관점을 대표하는 학생들로 구성된 패널을
통해 루소의 아이디어가 현대 사회와 어떤 관련성을 가지는지 토론한다.
▸ 루소의 사유재산과 빈부격차에 대한 견해를 비판적으로 분석한다.

함께 읽으면 좋은 책

장 자크 루소 《**인간 불평등 기원론**》 문예출판사, 2020.

토마스 홉스 《**리바이어던**》 풀빛, 2007.

존 로크 《**통치론**》 돋을새김, 2019.

존 스튜어트 밀 《**자유론**》 현대지성, 2018.

마르크스, 프리드리히 엥겔스 《**공산당 선언**》 돋을새김, 2017.

존 롤스 《**정의론**》 이학사, 2003.

에 티 카

베네딕투스 데 스피노자 ▸ 책세상

《에티카》는 스피노자 사후에 출간된 작품으로 총 다섯 부분으로 구성되어 있습니다. 첫 번째 부분에서는 '신에 대하여'를 주제로 삼아 신의 본질과 존재를 탐구합니다. 두 번째 부분에서는 '정신의 본성과 기원에 대하여'를 다루며, 인간 정신의 기원과 작동 원리를 설명합니다. 세 번째 부분에서는 '정서의 기원과 본성에 대하여'를 통해 인간 정념의 발생과 그것이 행동과 인식에 미치는 영향을 분석합니다. 네 번째 부분에서는 '인간의 예속 혹은 정서의 힘에 대하여'를 주제로 정념에 의한 인간의 예속 상태와 그 예속에서 벗어나는 방법을 논의합니다. 마지막으로 다섯 번째 부분에서는 '지성의 역량 혹은 인간의 자유에 대하여'를 다루며, 지성을 통한 자유의 획득과 인간이 자신의 삶을 이해하고 자유롭게 행동할 수 있는 방법에 대한 스피노자의 비전을 제시합니다.

먼저 스피노자는 전통적인 인격신의 개념을 거부하고, 대신 신을 자연 그 자체로 보았습니다. 이 관점은 '범신론'으로 알려져 있습니다. 그의 형이상학적 세계관은 실체일원론에 기반을 두고 있으며, 실체를 독립적이고 변하지 않으면서 무한하고 완전하며 자족적인 존재로 설명합니다. 이 실체의 완전성과 자족성은 오직 신에서만 찾아볼 수 있으며, 신은 모든 자연물의 존재와 지속을 가능하게 하는 근본적인 원인으로 기능합니다. 실체는 다른 어떤 것도 필요로 하지 않고 오로지 자신으로서 존재하며, 무한한 생산력을 가진 능산적 자연, 즉 자기 원인적 존재로 설명됩니다. 이에 따라 신은 모든 것을 포함하며 모든 것은 신 안에서만 존재합니다. 신과 세계는 분리될 수 없으며, 모든 사건과 현상은 신의 본성에 내재된 법칙에 따라 필연적으로 발생합니다. 모든 사물은 인과 필연의 법칙에 따라 존재하게 되며, 신 이외에 다른 실체는 존재하지 않습니다.

양태는 신의 속성에서 비롯된 소산적 자연으로 실체 없이는 존재할 수 없고 오직 신 안에서만 존재할 수 있습니다. 양태는 실체의 본질을 완전히 표현하며, 주로 신에 대한 관념인 '사유'와 공간 점유를 의미하는 '연장'이라는 두 가지 속성으로 나타납니다.

스피노자는 실체의 양태로서 인간의 삶을 구체적으로 논하며, 인간을 포함한 모든 양태가 자신의 존재를 보존하고 완성하려는 본능적 노력인 '코나투스Conatus'를 지니고 있음을 설명합니다. 이 코나투스는 모든 인간이 지니고 있는 공통적인 본성으로, 특히 인간에게 있어서는 이성과 연결되어 '욕망'이라는 기본 감정으로 나타납니다. 인간은 이성을 통해 자신의 존재를 보존하고 완성하려는 의식적 욕구를 갖게 되며, 스피노자는 이러한 인간의 본질적 이성을 바탕으로 한 인식론을 전개합니다. 이 인식론에서 지식은 상상에서부터 시작하여 추론을 거쳐 직관에 이르게 되며, 이것은 코나투스에 의한 자신의 존재 역량을 증대하는 과정입니다. 인간 삶의 궁극적인 목표는 자신의 존재 역량을 증대시켜 신의 본성의 필연성을 인식하고, 사물들의 본질을 영원의 상 아래에서 직관하는 것으로, 이는 타당한 관념을 통해 수동적 감정의 예속에서 벗어나 능동적 감정을 얻어 자유인이 되는 것입니다. 《에티카》에서 스피노자는 능동적 감정을 자유로운 상태의 인간이 자신의 존재 역량을 증대시키는 것으로 묘사하며, 반대로 수동적 감정은 외부 원인에 의한 신체 변화로서 그 존재 역량을 저하시킨다고 말합니다.

자유란 자기 본성의 필연성에 의해 존재함과 동시에 자신의 행동을 결정할 수 있는 상태를 의미하며, 이 상태에서 사람은 세계와 자신에 대한 적합한 관념을 지니면서 정념으로부터 해방되고 자기 결정을 통해 진정한 자유를 경험하게 됩니다. 즉 필연성에 대한 인식을 통해 비이성적인 정념의 통제와 억제에서 벗어나 자연과 일치하는 삶, 이성을 따르는 삶, 코나투스를 따르는 삶을 영위하게 되며, 이성적 존재로서의 진정한 자기만족을 누리는 선한 삶을 살게 됩니다. 또한 신에 대한 지적인 사랑, 즉 직관에 근거한 완전히 능동적이고 영원한 사랑을 통해 최고의 정신적 만족을 얻게 됩니다. 그러나 강제 혹은 예속은 세계의 필연성을 적합하고 타당하게 인식하지 못하는 것과 비이성적 정념을 통제 및 억제하지 못하는 인간의 무능력에서 발생하며, 이는 인간을 정념에 예속된 노예 상태로 만듭니다. 따라서 스피노자는 진정한 자유를 통해 참된 행복, 즉 지복을 추구하는 것을 최고선으로 제시합니다.

인간 정신의 최고선인 지복至福은 신에 대한 이성적 관조를 통해 달성되는 정신 상태로, 이는 신과 자신의 본성이 일치함을 인식하는 과정에서 시작됩니다. 이 과정은 자기 보존과 완성을 추구하는 본능적 욕망인 코나투스에서 출발하여, 지식에 대한 욕망으로 발전하고, 결국 직관적 지식을 얻고자 하는 갈망으로 이어집니다. 이러한 직관적 지식을 통해 인간은 최고의 기쁨을 얻고, 신과의 일치를 통해 얻어지는 무한한 자유와 정신적 만족을 경험하게 됩니다.

스피노자는 《에티카》에서 코나투스를 지닌 모든 양태 중에서 인간만이 이성을 가지고 있어 세계를 능동적으로 이해할 수 있는 능력이 있다고 설명합니다. 그는 인간이 하느님의 은총이나 권능에 의존하는 게 아닌, 스스로의 코나투스와 이성을 통해 자신의 존재 역량을 점차 증대시킬 수 있다고 주장하며 그 방법에 대해 말합니다. 스피노자에 따르면 세상을 지배하는 하느님은 존재하지 않으며 신이란 자연 그 자체입니다. 이러한 관점에서 보면 인간은 자신의 존재 역량을 증대시키며 신과 하나가 되어 세상을 영원의 상에서 바라보고 관조하는 것을 삶의 목표로 추구해야 합니다.

《에티카》에서 스피노자는 "모든 고귀한 것은 어렵고 드물다Sed omnia praeclara tam difficilia, quam rara sunt"고 말하는데, 이는 인간이 정념에 지배받지 않고, 외부 환경에 흔들리지 않으며, 자신의 내면과 이성을 바탕으로 주도적인 삶을 살아갈 때 진정한 자유를 얻고 신과 일치할 수 있다고 보는 그의 철학을 요약하는 한 문장입니다. 사실 이런 삶은 실현하기 어렵고, 대부분의 사람들은 외부 조건이나 순간의 정념에 좌우되는 삶을 살기 때문에 스피노자는 삶의 진정한 가치를 추구하고 실현하는 과정이 어렵고 드문 일임을 강조하고 있는 것입니다.

도서 분야	철학, 고전	관련 과목	도덕·윤리	관련 학과	윤리교육과, 철학과, 사학과

고전 필독서 심화 탐구하기

▶ 기본 개념 및 용어 살펴보기

주요 기본 개념 및 용어	
개념 및 용어	의미
범신론	– 신을 초자연적이고 인격적인 존재로 보지 않고, 우주나 자연 그 자체를 신이라고 보는 관점.
실체	– 존재하기 위해 다른 것을 필요로 하지 않고 그 자체로 존재하는 것. – 무한하고 완전하며 자족적인 존재. – 능산적 자연: 생산하는 자연.
양태	– 소산적 자연: 신의 속성이나 그 속성의 필연성에서 생기는 모든 것.

▶ 스피노자의 생애

베네딕트 데 스피노자는 1632년 네덜란드 암스테르담의 포르투갈계 유대인 사업가 가정에서 태어났다. 유대교 전통 교육을 받고 유대교 목사로 진로가 정해져 있었으나 철학으로 자신의 길을 바꾸었다. 그는 유대교의 인격신 개념을 부정하고 모든 것이 하나의 신으로부터 유래하며 자연법칙에 따라 움직인다는 범신론을 주장함으로써 살해 당할 뻔하기도 했으며, 유대인 공동체는 그를 무종교와 이교도로 낙인찍어 완전히 추방 하였다. 그는 평생 여러 도시를 전전하며 숨어 살면서 다락방에서 안경 렌즈 깎는 일로 생계를 이어 갔다. 가족과의 관계가 끊겼음에도 불구하고 많은 친구들과 사상적 지지자들에게 '다락방의 합리론자'로 존경받았다. 그는 44세에 폐병으로 세상을 떠났는 데, 사망 원인은 렌즈를 깎는 과정에서 유리 먼지에 너무 많이 노출되었기 때문이거나 가족력 때문인 것으로 보인다.

▶ 데카르트 VS 스피노자

데카르트는 심신心身을 근본적으로 다른 두 개의 실체로 구분하는 이원론적 관점을 채택했다. 그에 따르면 정신은 물질적이지 않으며 자아의식과 이성적 사고의 원천이다. 반대로 물질은 물리적 세계와 연관되어 있으며 공간을 차지하고 기계적 법칙을 따른다. 그러나 데카르트는 이 두 실체의 상호작용에 대해 명확하게 설명하지 못했으며 이는 철학적 논쟁을 낳았다.

한편 스피노자는 모든 것이 하나의 실체에서 유래한다는 일원론적 관점을 제시했다. 그의 사상에 따르면 신과 자연은 동일하며, 그것은 무한하고 영원한 실체이다. 이 실체는 다양한 속성을 지니고 있으며, 사유와 연장은 그 다양한 속성들 중 일부에 불과하다. 정신과 물질이란 근본적으로 동일한 실체의 다른 표현일 뿐이다. 따라서 데카르트의 심신 분리 문제는 스피노자의 체계 아래에서는 발생하지 않는다.

▶ 중세에서 근대로의 대변혁

중세에서 근대로 이어지는 대변혁 기간 동안 철학적 사고에도 중대한 변화가 있었다. 이 변화는 근대 철학의 탄생을 알렸고, 인간 지성의 역할과 자연 세계 이해에 대한 근본적인 전환점을 가져왔다.

1. 르네상스의 인문주의는 중세의 신 중심적 세계관에서 벗어나 인간과 이성을 중심

으로 하는 새로운 철학적 기반을 마련했다. 이는 인간의 존엄성과 창조력을 강조하고 고대 그리스 및 로마의 문화와 철학을 재발견하는 데 큰 영향을 미쳤다.

2. 합리주의자인 르네 데카르트는 "나는 의심한다. 고로 나는 존재한다^{Cogito, ergo sum}"라는 명제를 통해 지식의 기초를 의심과 이성에 두었다. 이 합리주의적 접근은 인간의 이성이 지식을 획득하는 가장 확실한 방법이라는 근대 철학의 핵심 원리를 제시했다.

3. 경험주의의 발달은 '경험과 관찰'을 지식 획득의 기본 조건으로 보는 관점을 발전시켰다. 프랜시스 베이컨과 존 로크와 같은 사상가들은 이성뿐만 아니라 경험도 인간 지식의 중요한 원천임을 강조했다.

4. 스피노자와 합리주의는 신과 자연을 동일시하는 개념을 내세웠으며, 이를 통해 전통적인 신학 개념에 도전했다. 특히 스피노자는 이성을 통한 신에 대한 이해와 윤리적 삶의 중요성을 강조했다.

5. 계몽주의와 사회계약론 시기에는 계몽주의 사상가들이 이성, 자유, 평등의 가치를 강조하며 사회계약론을 통해 정치와 사회의 이상적인 구성을 모색했다. 존 로크, 장 자크 루소, 몽테스키외 등은 개인의 자유와 권리, 정부의 역할에 대해 새로운 관점을 제시했다.

현재에 적용하기

세상을 영원의 상에서 바라보고 관조한다면 나는 무엇을 바라보고 싶은지 생각해 본다.

생기부 진로 활동 및 과세특 활용하기

▸ 책의 내용을 진로 활동과 연관 지은 경우(희망 진로: 문예창작과)

스피노자의 "모든 고귀한 것은 어렵고 드물다"는 주제 아래 자신의 삶을 깊이 있게 탐구하는 에세이를 작성함. 이 에세이에 개인적 어려움과 도전을 통해 얻은 교훈과 성장을 세밀하게 기술함. 삶에서 중요한 전환점이 되었던 사건들을 되짚어 보고, 이를 통해 얻은 교훈을 열정적으로 공유하고 자신이 겪은 실패와 성공에서 배운 점들을 명확하게 전달하면서, 이 과정에서 인내와 끈기의 중요성을 강조함. 자신의 목표와 꿈을 추구하며 겪는 내적 갈등과 외부 환경의 영향을 성찰적으로 분석하고, 이러한 경험을 통해 얻은 통찰력을 바탕으로 자신의 진로에 대한 명확한 비전을 세움. 그리고 지금부터 시작할 수 있는 구체적인 계획을 정리하며 실천 의지를 다짐함. 이 과정을 통해 자신만의 고귀한 가치를 찾아가는 여정을 기록해 나감.

▸ 책의 내용을 역사 교과와 연관 지은 경우

'중세부터 근대로의 이행'을 주제로 한 보고서를 통해 중세에서 근대로 넘어가는 과정에서 철학적 사고의 변화가 인간과 자연에 대한 이해를 근본적으로 변화시켰음을 습득함. 이 시기의 르네상스 인문주의가 신 중심적 세계관을 넘어서 이성과 인간을 중심으로 하는 새로운 철학적 기반을 마련했음을 확인함. 르네 데카르트의 "나는 의심한다, 고로 나는 존재한다"는 명제를 통해 합리주의적 접근을 탐구하고, 이를 통해 지식의 기초를 이성과 의심에 두어야 한다는 것을 배움. 경험주의자

들이 지식 획득에 있어 경험과 관찰의 중요성을 강조한 것을 학습하고, 이들과 대륙의 합리주의자들과의 차이점을 제시함. 스피노자가 신과 자연을 동일시하는 철학으로 전통적인 신학적 개념에 도전했음을 이해함. 종교혁명, 계몽주의, 사회계약론 등을 범주로 넣어 중세에서 근대로의 이행 과정에서 발생한 여러 방면의 굵직한 사건들을 파악함. 이러한 학습을 통해 중세에서 근대로의 이행에 대해 완벽하게 이해하려고 노력함. 인간의 이성과 경험을 중시하는 태도가 과학, 정치, 경제, 문화 등 다양한 분야에서의 진보적 발전을 촉진했음을 파악하고, 이러한 지식을 바탕으로 현대 사회와 연결하여 탐구하는 모습을 보여줌. 이 과정을 친구들에게 시간의 흐름에 따라 설명하며, 코페르니쿠스의 전회 등 중요한 사건들을 소개함.

후속 활동으로 나아가기

▸ 내 존재 역량을 증대시키기 위해 어떤 노력을 해야 할지 리스트를 만들어 본다.

▸ 스피노자와 스토아학파의 철학을 분석한 후 공통점과 차이점에 대해 서술해 본다.

▸ 스피노자의 범신론이 현대 과학철학에 미친 영향을 탐구해 본다.

▸ '자유'의 개념에 대한 여러 철학자들의 입장을 찾아보고 비교해 본다.

▸ 스피노자가 생각하는 행복의 본질에 대해 탐구해보고 스피노자의 행복론을 현대인 의 행복 추구와 비교하여 논의해 본다.

▸ 스피노자의 결정론적 세계관을 바탕으로 자유의지가 존재하는지에 대한 토론을 진 행한다. 친구들과 함께 결정론과 자유의지에 대한 자신들의 견해를 발표하고 서로 간의 의견을 비교·분석해 본다.

▸ '이성과 정념'을 주제로 스피노자와 흄의 철학을 비교·분석해 본다.

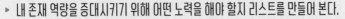

함께 읽으면 좋은 책

마르쿠스 아우렐리우스 《명상록》 현대지성, 2018.

르네 데카르트 《방법서설》 돋을새김, 2019.

임마누엘 칸트 《도덕형이상학 정초 실천이성비판》 한길사, 2019.

도덕 원리에 관한 탐구

데이비드 흄 ▸ 아카넷

《도덕 원리에 관한 탐구》는 데이비드 흄이 자신의 주요 저작인 《인간 본성에 관한 논고》의 도덕편을 바탕으로 주요 내용을 선별하고 재구성하여 완성한 책입니다. 이 작품은 도덕적 질문과 원리에 대해 깊이 탐구하며, 도덕의 기본 원칙들과 그 원칙들이 우리 삶에 미치는 영향을 체계적으로 분석합니다. 이 책은 도덕의 일반 원리에 대한 개요로 시작하여, 이후 자비심, 정의, 정치사회 등의 주제들을 심도 있게 다룹니다. 마지막 부분에는 결론과 함께 도덕 감정, 자기애, 정의에 대한 고찰과 도덕 철학에 관련된 논쟁들에 대한 논의가 담긴 네 개의 부록이 포함되어 있습니다. 이제부터 흄의 철학에 대해 자세히 살펴보겠습니다.

흄은 인간의 행위와 도덕 판단에 있어 이성보다 정념이 중요하다고 강조합니다. 그는 정념을 쾌락과 고통을 예상하면서 일어나는 선호와 혐오의 감정으로 보고, 이것이 인간 행위의 직접적인 동기라고 설명합니다.

또한 흄은 인간의 인식과 사유 과정을 설명하기 위해 인상과 관념이라는 두 가지 개념을 도입합니다. 인상은 외부 세계로부터 받는 자극들, 예를 들어 색깔, 소리, 통증 등 감각을 통해 직접적으로 경험하는 강렬한 지각을 의미합니다. 반대로 관념은 이러한 인상을 기반으로 형성되며, 기억이나 상상을 통해 재구성되는 보다 희미하고 추상적인 심상입니다. 흄은 인간의 모든 사유와 지식이 이러한 감각적 경험에 근거한다고 주장합니다.

더 구체적으로 보자면 우리가 경험으로부터 얻는 근원적 인상은 주로 감각적 쾌락이나 고통과 관련되어 있으며, 이는 정신에 의해 모사되어 관념을 형성합니다. 이 관념들은 혐오나 선호와 같은 정념을 유발합니다. 단순히 쾌락과 고통의 직접적인 느낌이나 예상만으로는 반성 인상이 형성되지 않습니다. 반성 인상은 관념에서 이러한 인상을 시인하거나 부인하는 과정을 통해 형성되고, 그것을 통해 사회적 유용성이나 도덕성에 대한 인식과 관련된 반성 인상이 만들어지게 됩니다.

한편 흄은 인간의 이성이 도덕과 관련되어 어떠한 역할을 하는지에 대해 두 가지를 제시합니다.

첫째, 이성만으로는 의지 활동의 동기를 생성할 수 없다고 주장합니다. 이성의 주요한 기능은 관념들 사이의 추상적 관계를 탐구하고, 사건들의 원인과 결과에 대한 분석적, 연역적 지식과 인과적, 개연적 지식을 만들어 내는 것에 있습니다. 그러나 이 지식은 의지에는 직접적인 영향을 미치지 못하며, 오직 정념과 결합될 때에만 행위를 산출하는 데 기여합니다. 이성은 정념으로 인해 발생하는 욕구를 충족시키는 데 필요한 정보와 수단을 제공합니다.

둘째, 이성과 정념은 서로 상반될 수 없으므로 의지의 방향 역시 상반될 수 없다고 말합니다. 이성은 직접적으로 행위를 산출하는 동기를 제공할 수 없지만 의지에 영향을 미쳐 동기를 일으킬 수 있습니다. 이성과 정념은 서로 대립되는 동기를 생성할 수 없으며, 이성은 정념에 수반되는 신념의 타당성과 진실성을 평가하여 정념을 올바른 방향으로 유도합니다. 따라서 이성은 정념의 노예이며 이는 필수적인 상태입니다.

또한 그는 도덕과 이성이 서로 다른 영역에 속한다고 설명합니다. 도덕은 실천적인 세계인 '당위'의 영역에 속하는 반면, 이성은 사유의 세계인 '존재'의 영역에 속한다고 합니다. 이에 따라 도덕 판단의 기초는 이성이 아닌 인상, 즉 경험에서 비롯된다고 주장합니다. 이 개념을 설명하기 위해 흄은 몇 가지 사례를 예로 듭니다.

첫 번째 예로는 모체에서 떨어진 도토리가 뿌리를 내리고 나무로 자란 후 원래의 상수리나무를 죽이는 과정을 말하면서 이것을 자식이 부모를 죽이는 것에 비유합니다. 즉 도토리가 나무로 자라 결국 모체를 해치는 것과 자식이 부모를 해치는 것은 논리적으로 동일하지만, 우리는 후자에 대해서만 도덕적 판단을 내립니다. 도토리와 상수리나무의 상황에서는 도덕적 판단을 하지 않습니다.

두 번째 예로는 한 사람이 다른 사람을 '살해'하는 상황을 다룹니다. 이 경우 사실에 관한 경험적 사실만으로는 악이 도출되지 않는다고 합니다. 왜냐하면 우리는 어떤 동물이 동물을 '살해'하는 상황을 목격해도 도덕적으로 잘못됐다고 느끼지 못하기 때문입니다. 그러므로 어떤 행위가 악인지의 여부는 사건의 사실적 측면이 아닌, 해당 행위에 대해 우리가 갖는 반성적 인상과 감정에서 비롯된다고 설명합니다.

결론적으로 흄은 도덕 판단의 기초가 이성이 아닌, 반성적 인상을 통한 정념에 있다고 주장합니다. 이는 도덕 판단이 감정에 근거하며, 도덕의 기초가 되는 것은 경험적 사실이 아니라 우리가 그 사실에 부여하는 의미와 가치라는 것을 의미합니다.

흄은 《도덕 원리에 관한 탐구》에서 도덕의 근본을 감정과 정서에 두고 있음을 명확히 밝히며, 이 중에서도 쾌락과 고통이라는 감정이 도덕적 판단의 핵심에 자리 잡고 있다고 주장합니다. 그는 이러한 감정이 단순히 개인적 차원에서의 반응에 그치지 않고, 오히려 사회적 차원에서 공유되는 반성적 인상을 통해 형성되며, 이것이 공감 능력을 매개로 하여 우리가 도덕적 상황에서 느끼는 승인이나 비판의 근본이 된다고 설명합니다.

흄은 도덕감이 사회적 유용성에 근거를 두고 발달하는 과정을 세밀하게 분석합니다. 인간은 타인과의 공감이라는 정서적 연결고리를 통해 사회 전체의 행복에 기여하는 행위에서 쾌락을 얻게 되고, 이러한 행위가 사회적으로 긍정적인 평가를 받음으로써 사회적 인정과 도덕적 승인을 경험하게 됩니다. 이 과정을 통해 도덕적 가치는 개인의 주관적 경험에서 출발하여 사회적 유용성이라는 보편적 가치로 발전하고, 이는 인간이 공동체 내에서 긍정적이고 유용한 행동을 통해 보편적인 도덕적 가치를 형성해 나가는 과정을 강조합니다.

흄은 도덕적 행위가 결국 타인의 감정에 대한 공감과 인류 전체의 이익을 추구하는 것으로 보았습니다. 이는 인간이 갖춘 자연적인 공감 능력과 인간성의 정서에 기반을 둔 것으로, 도덕적 감정은 개인적 차원에서 자부심이나 수치심과 같은 감정을, 타인과의 관계에서는 사랑이나 증오와 같은 감정을 유발합니다. 이를 통해 그는 도덕적 가치가 외부의 객체에 있는 것이 아니라 우리 내면의 감정에 의해 결정된다고 보았습니다.

흄의 철학은 이성 중심의 도덕철학에 도전하면서 도덕적 판단이 감정에서 비롯된다고 주장함으로써, 도덕적 인식이 이성적 사고보다는 감정적 반응에 근거해야 한다는 새로운 관점을 제시합니다. 이는 도덕철학뿐만 아니라 심리학, 사회학, 인류학 등에 영향을 미쳤고, 반이성주의의 근원이 되었습니다.

도서 분야	철학, 고전	관련 과목	도덕·윤리	관련 학과	윤리교육과, 철학과, 사학과, 심리학과

고전 필독서 심화 탐구하기

▸ **기본 개념 및 용어 살펴보기**

주요 기본 개념 및 용어	
개념 및 용어	**의미**
정념	– 쾌락과 고통의 전망에 기반한 혐오와 선호의 감정. – 행위의 직접적인 동기.
인상	– 경험의 직접적인 자료, 감각과 유사함. – 근원적 인상: 쾌락과 고통의 느낌이나 전망. – 반성 인상: 근원적 인상에서 유래된 관념이 이성을 통해 혐오와 선호의 감정을 만들어냄.
관념	– 인상들의 모방, 인상들의 잔상(심상).
도덕감	– 공감이나 인간성의 정서를 근거로, 사회적 유용성을 지닌 대상에 대해 인간이 보편적으로 느끼는 쾌락과 고통의 감정에서 발생하는 시인과 부인의 감정.
공감 능력	– 타인의 고통을 자신의 고통으로 느끼게 하는 심리적인 기제. – 도덕의 기반을 형성하는 인간의 자연적인 성향.
인간성의 정서	– 타인의 고통을 자신의 것처럼 공감하고, 이를 해소하려는 의지에서 나오는 전 인류의 복지에 대한 동정심 혹은 인류에 대한 사랑.

▶ 조너선 하이트 – "개의 머리와 이성의 꼬리"

조너선 하이트는 미국의 사회심리학자로, "개의 머리와 이성의 꼬리"라는 비유를 통해 인간의 도덕적 추론과 판단에 대한 독특하고 중요한 시각을 제공했다. 이 비유는 그의 2012년 저서 《The Righteous Mind: Why Good People are Divided by Politics and Religion》을 통해 널리 알려졌으며, 도덕적 판단 과정과 인간 본성에 대한 깊은 통찰을 제시한다.

하이트에 따르면 인간의 도덕적 판단은 주로 직관에 의존하며 감정에 크게 좌우된다. 그는 이 과정을 '개의 머리'에 비유하여 사람들이 도덕적 결정을 내릴 때 대부분 감정적으로 반응한 뒤, 그 후에 이성적인 근거를 찾아 자신의 선택을 정당화하는 경향이 있다고 설명한다. '이성의 꼬리'는 이러한 감정적 판단 뒤에 나오는 이성적 설명을 의미한다. 하이트는 도덕적 판단에서 감정이 주도적인 역할을 하고 이성은 그러한 결정을 뒷받침하고 정당화하는 보조적인 역할을 한다고 강조한다.

현재에 적용하기

자신이 생활 속에서 겪는 상황들을 이성 중심으로 인식하는지, 감정 중심으로 인식하는지 파악하고, 그 이유를 설명해 본다.

생기부 진로 활동 및 과세특 활용하기

▸ **책의 내용을 진로 활동과 연관 지은 경우**(희망 진로: 심리학과)

흄의 인상과 관념의 구분에 대한 깊은 이해를 바탕으로 시각적, 청각적 자료를 분석하고 추상적 사고로 전환하는 능력을 보여줌. 이러한 능력은 심리학 프로젝트의 성공적인 리더십으로 이어졌으며, 심리학과에 진학하는 학생으로서 이론적 지식과 응용 기술을 통합하여 인지과학 및 뇌과학 연구에 중요한 감각 정보의 처리와 기억 형성 과정을 효과적으로 분석하고 표현함. 또한 흄이 강조한 감정의 역할과 인지적 비이성성을 심층적으로 탐구하여 이를 현대 뇌과학과 인지과학 이론에 연결함으로써, 사고 과정에서의 감정과 이성 사이의 상호작용, 인지적 편향 및 오류에 대한 실험적 접근을 통해 흄의 주장을 입증하고자 노력함. 이 과정은 의사결정, 인지 과정, 기억 형성에 미치는 감정의 역할을 심도 있게 분석하고 이해하는 데 기여함. 무엇보다 흄의 철학적 관점을 현대 심리학 연구에 적용하는 융합적 사고 능력을 발휘함. 특히 인간의 비합리적 사고 패턴과 인지적 오류에 대한 이해를 바탕으로 일상생활 및 임상 상황에서 인지적 편향이 결정과 행동에 미치는 영향을 깊이 있게 탐구하는 심리학 연구 프로젝트에서 주도적 역할을 수행함.

▸ 책의 내용을 미술 교과와 연관 지은 경우

흄의 인상과 관념의 이론을 미술 교과와 융합하여 프로젝트를 진행함. 강렬한 색상의 사진을 사용하여 첫인상과 기억을 바탕으로 그림 그리는 활동을 통해 감정과 사고의 상호작용을 탐구함. 사진을 보고 느낀 첫인상에서 출발하여 그것이 자신의 기억과 감정을 통해 창작 그림으로 변환되는 과정에서 감정적, 인지적 변화를 직접 관찰함. 이 과정을 통해 감정과 추억이 어떻게 창작 활동에서 중요한 역할을 하는지, 그리고 인상에서 관념으로의 변환 과정에서 개인의 독특한 감정과 해석이 어떻게 작품에 반영되는지를 깊이 있게 이해함. 자신의 감정과 추억이 창작 과정에서 중요한 역할을 한다는 점도 발견함. 색상의 인상이 기억 속에서 변형되고 재해석되는 과정을 통해 자신만의 감정과 해석을 작품에 반영함.

후속 활동으로 나아가기

▸ 현대 심리학자 하이트의 책을 읽고, 흄의 철학과 비교한다.
▸ 반이성주의적 철학에 대해 연구하고 이러한 사조들의 공통적인 특징과 차이점을 심층적으로 탐구한다.
▸ 흄의 철학이 공리주의에 미친 영향을 조사한 후, 흄과 공리주의 사이의 공통점 및 차이점을 분석한다.
▸ 흄과 칸트의 철학적 입장에서 감정주의와 이성주의적 관점을 바탕으로 행위 동기에 대한 토론을 실시한다.
▸ 도덕적 딜레마 상황을 제시하고 해당 상황에서 감정과 이성이 어떠한 역할을 하는지 학생들과 함께 토론한다.
▸ 인상에서 관념으로의 변환 과정을 탐구하는 활동을 한다. 예를 들어 강렬한 색상의 사진을 친구들에게 보여주고 치운 후, 친구들이 기억을 바탕으로 그림을 그리게 한다.
▸ 인식의 구조와 과정 이해를 위한 실험을 한다. 친구들에게 다양한 향기를 제공한 후 그 향기를 다시 떠올리게 함으로써 인상에서 관념을 형성하는 과정을 알아본다.

함께 읽으면 좋은 책

이준호 《데이비드 흄》 살림출판사, 2005.
질 들뢰즈 《경험주의와 주체성》 난장, 2012.
제러미 벤담 《도덕과 입법의 원칙에 대한 서론》 아카넷, 2013.
조너선 하이트 《바른 마음》 웅진지식하우스, 2014.

도덕과 입법의 원칙에 대한 서론

제러미 벤담 ▸ 아카넷

　제러미 벤담의《도덕과 입법의 원칙에 대한 서론》은 공리주의 철학을 전개하는 데 기본이 되는 고전입니다. 이 책은 공리의 원칙을 중심으로 다양한 주제를 다루고 있으며, 총 17장으로 구성되어 있습니다. 첫 번째 장에서는 공리의 원칙, 즉 최대 다수의 최대 행복이라는 개념을 소개합니다. 두 번째 장에서는 이 원칙에 반대되는 다른 원칙들을 논의합니다. 세 번째 장에서는 고통과 쾌락이 어떤 원천에서 비롯되는지 그리고 이것들이 어떤 제재를 받는지 설명합니다. 네 번째와 다섯 번째 장에서는 쾌락과 고통의 가치와 종류 그리고 이를 어떻게 측정할 수 있는지에 대해 다룹니다. 여섯 번째 장에서는 감수성에 영향을 미치는 다양한 상황들을 살펴봅니다. 일곱 번째 장부터 열한 번째 장까지는 인간의 행동, 의도성, 의식, 동기, 인간 성향의 일반적인 측면들을 분석합니다. 열두 번째 장에서는 해로운 행위의 결과에 대해, 그리고 열세 번째와 열네 번째 장에서는 형벌의 적절성과 위법 행위와 형벌 사이의 비례성에 대해 논의합니다. 열다섯 번째 장에서는 형벌이 가져야 할 속성들을 설명하며, 열여섯 번째 장에서는 위법 행위를 어떻게 분류할 수 있는지를 다룹니다. 마지막으로 열일곱 번째 장에서는 법체계 내의 형사적 부문의 경계에 대해 논의합니다. 이 책 전체를 통해 벤담은 공리주의 철학의 기초를 마련하고, 도덕과 법의 원칙을 공리의 관점에서 재해석합니다. 지금부터 벤담의 공리주의 철학을 상세하게 알아보겠습니다.

《도덕과 입법의 원칙에 대한 서론》에서 벤담은 인간의 본성을 규정짓는 가장 기본적인 요소로 쾌락과 고통을 들었습니다. 그는 인간이 경험하는 모든 결정과 행동이 궁극적으로 쾌락을 추구하고 고통을 회피하는 데 있음을 강조하며, 이 두 요소를 인간 행위의 주된 동기로 제시합니다.

벤담에 따르면 쾌락은 물리적, 정치적, 도덕적, 종교적 원천에서 비롯될 수 있지만, 모든 쾌락은 궁극적으로 같은 유형의 감각 쾌락이며 그 근원은 물리적인 것으로 볼 수 있습니다. 이에 따라 그는 쾌락을 양적으로 계산할 수 있는 쾌락 계산법을 제안합니다. 이 계산법은 쾌락과 고통의 양을 정확히 측정할 수 있다는 가정 하에 강도, 지속성, 확실성, 근접성, 다산성, 순수성, 범위 등 7가지 범주를 통해 쾌락의 가치를 판단합니다. 이는 사람들이 강하고 오래 지속되며 확실하고 가까이에 있으면서 더 많은 쾌락을 유발할 수 있고, 고통 없이 순수하며 많은 사람에게 영향을 미치는 쾌락일수록 선호한다는 것을 의미합니다. 여기서 강도부터 순수성까지는 개인적 쾌락의 범주에서 고려되는 것이며, 범위는 사회적 쾌락의 범주에서 고려되는 요소입니다. 벤담은 이를 통해 쾌락주의가 단순히 개인의 이익을 추구하는 것이 아니라 사회 전체의 이익과 행복을 최대화하는 방향으로 발전해야 한다고 강조하며, 공리의 원리를 도덕 이론의 기반으로 삼습니다.

벤담은 쾌락과 고통이 인간 행동의 주된 동기임을 인정하고, 이두 요소를 기반으로 조직적인 행복을 구성하는 것을 공리주의의 목표로 삼습니다. 벤담은 공리주의에서 공동체 구성원들의 행복의 총합을 최우선 가치로 삼아야 한다고 주장합니다. 공리의 원리는 어떤 행위가 이해당사자의 행복을 증진 또는 감소시키는 경향에 따라 그 행위를 승인하거나 부인하는 기준으로 작동합니다. 즉 어떤 행위를 할 때 가장 큰 행복을 가져다주는 결과를 선택하는 방식입니다. 이 원칙은 개인의 행위는 물론 정부 정책 결정에까지 적용되며, 이에 따라 '최대 다수의 최대 행복 원칙'을 도덕과 입법의 핵심 기준으로 제시합니다. 이 원칙에 따라 공동체의 행복을 증가시키는 경향이 있는 행위는 긍정적으로 평가됩니다. 그는 공리주의가 사회적 쾌락주의와 결과주의에 근거하고 있다는 점을 강조합니다. 여기서 사회적 쾌락주의는 사회 전체의 행복을 최우선시하는 것이고, 결과주의는 행위의 결과가 그 도덕적 가치를 결정한다는 관점을 제공합니다. 이를 통해 공리주의는 개인과 사회 전체의 행복을 최대화하려는 철학적 노력으로 해석됩니다.

벤담은 나아가 개인의 자유와 사회적 공익 사이의 조화를 이루는 문제를 다루면서 제재이론을 소개합니다. 제재는 사회의 행복을 증진시키기 위해 개인의 행위에 영향을 미치는 외부적인 힘이나 강제 수단을 의미합니다. 이러한 제재는 개인이 자신의 행위를 절제하게 하며 결과적으로 사회 전체의 이익에 기여하도록 합니다. 제재의 주된 목적은 이기적인 개인들이 쾌락 추구와 고통 회피의 본능에 따라 최대한의 행복 원칙을 따르게 하는 것입니다. 이를 통해 개인의 자유가 사회적 공익과 조화를 이루며 사회 전체의 행복을 증진시킵니다.

제재는 크게 네 가지 유형으로 구분됩니다. 첫째, 물리적 제재는 자연법칙에 의해 발생하는 쾌락과 고통으로, 자연적인 결과로서의 쾌락과 고통을 말합니다. 둘째, 정치적 제재는 통치 권력에 의한 법적 규제를 통해 발생하는 쾌락과 고통으로, 국가의 법률에 의한 보상과 처벌을 포함합니다. 셋째, 도덕적 제재는 사회적 여론과 비난에 의해 발생하는 쾌락과 고통으로, 사회적 승인이나 비난에 따른 결과를 의미합니다. 마지막으로 종교적 제재는 신 또는 초월적인 존재에 의해 발생하는 쾌락과 고통으로, 종교적 신념이나 가르침에 따른 보상과 처벌을 말합니다.

이렇듯 벤담은 도덕적 판단에서 개인이나 특정 집단의 이익을 넘어 모든 이해관계자의 행복을 평등하게 고려하는 것을 강조합니다. 이는 개인과 사회 전체의 행복이 조화롭게 결합된 사회적 개혁을 목표로 삼습니다. 벤담의 이러한 관점은 오늘날 윤리학과 사회 정의 논의에 중요한 영향을 미치며, 그의 사상은 시대를 넘어 지금까지 우리에게 지속적으로 영향을 주고 있습니다.

도서 분야	철학, 고전	관련 과목	도덕·윤리, 정치	관련 학과	윤리교육과, 철학과, 사학과, 심리학과

고전 필독서 심화 탐구하기

▸ 기본 개념 및 용어 살펴보기

주요 기본 개념 및 용어	
개념 및 용어	의미
공리(유용성)	– 행복이나 쾌락을 극대화하는 것. – 공리功利 : 공로와 이익. – 유용성utility.

▸ 벤담의 비非공리주의 비판

벤담은 《도덕과 입법의 원칙에 대한 서론》에서 비공리주의 이론들을 비판한다.

첫째, 금욕주의에 대한 비판을 제시한다. 세속적 금욕주의는 금욕을 통해 다른 형태의 쾌락을 찾는 것이며, 종교적 금욕주의는 내세의 행복을 위해 금욕하는 것으로 설명한다. 그는 이 두 형태 모두 결국에는 행복, 즉 쾌락을 추구하고 있다고 주장한다. 또한 소극적 쾌락주의는 과도한 쾌락으로 인해 발생할 수 있는 고통을 피하려는 과정에서 오히려 고통을 사랑하게 되는 이율배반적 상황에 빠지게 된다고 지적한다.

둘째, 동기주의에 대한 비판을 다룬다. 그는 행위의 동기는 그 행위의 원인일 뿐, 그 자체로는 행위의 정당성에 대한 충분한 근거가 될 수 없다고 본다. 인간의 모든 행위의 궁극적인 내적 동기는 쾌락의 추구와 고통의 회피이며, 이는 인간 본성의 일부로 볼 수 있다. 따라서 어떤 종류의 동기도 그 자체로 나쁜 것은 아니며, 옳고 그름의 판단은 동기의 성격과는 무관하게 행위가 세계에 산출하는 결과를 기준으로 해야 한다고 주장한다.

셋째, 그는 공감 이론에 대한 비판을 펼친다. 그는 공감 이론을 어떠한 외적 기준도 없이 자신의 정서에 근거하여 도덕적 판단을 내리는 것이라고 보고, 이것은 극단적 주관주의로 이어지게 되며 오직 자신의 정서에만 의존하여 옳고 그름을 판단하는 태도는 사회적 해악을 야기할 수 있다고 주장한다. 특히 공감 이론을 활용하면 사소한 우연적 사건에 대해서도 손쉽게 처벌을 요구할 수 있어 윤리적 전제주의나 윤리적 무정부주의로 이어질 수 있다고 비판한다.

▶ 벤담의 동물권리론

벤담의 《도덕과 입법의 원칙에 대한 서론》에서는 쾌락과 고통을 느낄 수 있는 능력, 즉 쾌고감수능력을 도덕적 고려의 기준으로 제시한다. 그는 쾌락과 고통을 느낄 수 있는 모든 존재를 도덕적 고려의 대상으로 보며, '최대 다수의 최대 행복'을 달성하는 행위를 올바른 행위로 간주하고 이러한 행위를 수행하는 것이 마땅하다고 주장한다. 이러한 관점에서 동물들 역시 도덕적 고려의 대상이 된다. 벤담은 동물들도 고통을 느낄 수 있는 존재들이기 때문에 도덕적 고려의 대상이 되어야 한다고 보았다. 그의 유명한 인용구 "문제는 그들이 이성을 가지고 있느냐가 아니라, 그들이 고통을 느낄 수 있느냐이다"에서, 그는 이성의 유무가 아니라 고통을 느낄 수 있는 능력이 도덕적 고려의 기준이 되어야 한다고 강조한다. 이는 인간뿐만 아니라 동물도 고통을 경험할 수 있으므로 그들의 복지 역시 중요하다는 의미를 내포한다. 예를 들어 피부색이 검다는 이유로 고통을 주는 것은 정당화될 수 없다는 것을 프랑스인들이 이미 인식하고 있는 것처럼, 완전히 성숙한 말이나 개는 한 달 된 갓난아이보다 의사소통 능력이나 추리능력에서 훨씬 뛰어나다는 점을 들어 이러한 능력이 도덕적 고려의 기준이 될 수 있음을 주장한다. 따라서 벤담은 모든 존재의 쾌락과 고통을 도덕적 판단의 중심에 두고 이를 통해 최대 다수의 최대 행복을 추구해야 한다고 강조한다.

▶ 벤담의 형벌이론

벤담의 저작 《도덕과 입법의 원칙에 대한 서론》에서 제시한 형벌이론은 범죄를 예방하고 사회적 안녕을 증진시키는 목적을 가진다는 점에서 특별한 주목을 받는다. 이 이론은 형벌과 보복을 다루면서 결과주의적 입장을 취하는데, 이는 벤담이 제안한 판옵티콘 개념과도 밀접하게 연결되어 있다. 판옵티콘은 사회를 감시하고 통제하는 이상적인 구조로서, 이것은 범죄를 사전 예방하고자 하는 벤담의 철학적 사고를 반영한다.

벤담의 형벌이론은 심리적 쾌락주의의 원칙에 근거를 두고 있으며, 이는 인간 행동의 근본적 동기가 쾌락을 추구하고 고통을 회피하는 데 있다고 가정한다. 따라서 모든 형태의 쾌락은 선으로, 모든 형태의 고통은 악으로 간주된다. 이러한 관점에서 처벌은 사회적으로 필요한 악으로 간주되며, 이는 범죄자에게 고통을 가함으로써 범죄를 저지르는 행위의 부정적 결과를 강조하기 위한 것이다.

더 나아가 벤담은 공리주의의 원리에 기초한 결과주의적 처벌이론을 제시한다. 이 이론에 따르면, 처벌은 사회적 악을 최소화하고, 최대한의 행복을 증진시키는 효과가 있을 때만 정당화될 수 있다. 이는 처벌이 단순히 범죄자에 대한 보복이 아니라, 사회 전체의 행복을 증진시키기 위한 수단으로 간주되어야 함을 의미한다. 따라서 처벌은 사회적 유용성을 증대시킬 때만 선으로 간주되며, 이는 사형을 포함한 강력한 처벌조차도 그것이 사회적 유용성을 증대시키는 경우에만 정당화될 수 있음을 시사한다.

현재에 적용하기

내 인생에서 가장 행복했던 순간들을 돌아보고 쾌락 계산법을 사용하여 내 삶의 행복을 정량적으로 평가해 본다. 이를 통해 행복을 더욱 증진시키기 위한 방법에 대해서도 깊이 고민해 본다.

생기부 진로 활동 및 과세특 활용하기

▶ 책의 내용을 진로 활동과 연관 지은 경우(희망 진로: 건축학과)

벤담의 판옵티콘에 대해 듣고 흥미를 가진 후, '판옵티콘 만들기' 프로젝트를 추진함. 자신의 진로인 공간 디자인과 건축 설계에 대한 열정을 분명히 드러내며, 판옵티콘과 같은 구조물이 현대 사회에 미치는 영향에 대해 깊이 탐구함. 판옵티콘을 통해 감시와 통제의 개념을 공간 디자인에 적용하는 방법을 모색하는 창의적인 시도를 함. 건축 설계 과정에서 사회적, 윤리적 측면을 고려하여 판옵티콘의 문제점을 지적하고, 공간이 인간 행동에 미치는 영향을 이해하며, 이를 통해 더 효율적이고 인간 중심적인 설계 방법을 모색함. 또한 자신의 디자인 작업을 통해 감시와 프라이버시의 문제를 탐구하며, 이를 통해 사회적 감시의 영향을 미적으로 표현함. 팀 프로젝트에서 리더십과 협업 능력을 발휘하여 팀원들과 함께 공간 디자인을 성공적으로 구현함. 다양한 건축 스타일과 이론에 대한 광범위한 지식을 보유하고, 건축 및 공간 디자인과 관련된 소프트웨어 도구를 능숙하게 사용하여 설계함. 시각적 커뮤니케이션과 프레젠테이션 기술이 우수하여 자신의 아이디어와 설계를 명확하고 설득력 있게 전달함. 또한 지속 가능한 건축과 에코 디자인에 대한 관심이 높아, 이를 적용한 공간을 구성하고자 노력함. 건축과 공간 디자인에 대한 연구 열정이 높아 관련 분야의 최신 동향과 기술을 지속적으로 학습함. 다양한 문화와 역사적 배경을 반영한 공간 디자인에 깊은 관심을 지니고 있고, 이를 통해 자신의 진로인 공간 디자이너나 건축 설계사를 위한 탄탄한 기반을 마련함.

▸ 책의 내용을 사회 교과와 연관 지은 경우

공리주의가 최대한 많은 사람들의 행복을 최대화하는 것을 목표로 한다는 점을 분명하게 인식하고 이를 효과적으로 설명함. 공리주의의 한계와 문제점을 인식하고, 이를 극복하기 위한 다양한 방안에 대해 열린 마음으로 탐색하는 자세를 보임. 공리주의에 대한 중요한 비판 중 하나인 소수자의 권리와 희생을 경시하는 경향에 대해 잘 알고 있으며, 이러한 문제가 윤리적으로 중요한 이유에 대해 탐구함. 특히 소수자 보호와 인권 존중의 중요성을 강조함. 사회적 약자에 대한 강한 공감 능력을 보이며, 윤리적 판단을 내릴 때 다양한 관점을 고려하는 능력을 지니고 있음. 공리주의적 결정이 사회와 도덕에 미칠 수 있는 파장에 대해 심도 있게 비판적으로 사고할 수 있음. 윤리학과 사회 과학의 융합적 사고를 통해 개인의 권리와 사회적 공동선 사이의 균형을 찾는 문제를 심도 있게 고민함. 사회적 현상을 윤리적 관점에서 분석하는 데 큰 흥미를 보이며, 토론과 발표를 통해 자신의 의견을 논리적이고 설득력 있게 전달함. 윤리적 이슈에 대한 깊은 통찰력을 개발하는 데 있어서 뛰어난 능력을 보이며, 공리주의를 포함한 다양한 윤리 이론들, 예를 들어 정의론과 의무론 같은 대안적 접근법들의 차이점을 명확히 구별함. 현대 사회의 복잡한 문제에 이러한 이론들을 적용하는 방법을 탐색하는 데 큰 관심을 가지고 있음.

후속 활동으로 나아가기

▶ 시뮬레이션 게임을 통해 다양한 윤리적 결정이 사회에 미치는 영향을 평가해본다. 벤담의 최대 행복 원칙을 적용하여 같은 상황에서 어떤 결정이 사회 전체에 가장 이로운지 직접 경험한다.

▶ 공리주의의 문제점에 대해 심도 있게 논의하고, 우리 사회에서 공리주의 원리를 적용한 사례를 찾아 그 유용성에 대해 토론한다.

▶ 사형제의 범죄 예방 효과와 사회적 유용성 여부를 근거로 한 토론을 진행해 본다.

▶ 판옵티콘 감옥 모형을 만들어 감시자와 피감시자의 역할을 맡아보며, 이 구조가 인간의 자유와 개인의 사생활, 인간 행동에 미치는 심리적 영향을 실제로 경험해 본다.

함께 읽으면 좋은 책

이준호 《데이비드 흄》 살림, 2005.

존 스튜어트 밀 《공리주의》 현대지성, 2020.

에피쿠로스 《쾌락》 현대지성, 2022.

피터 싱어 《동물 해방》 연암서가, 2012.

공 리 주 의

존 스튜어트 밀 ▸ 현대지성

밀의 《공리주의》는 공리주의의 기본 원칙과 그것이 개인과 사회에 미치는 영향에 대해 탐구합니다. 제1장 '총론'에서는 공리주의의 개요와 기본적인 이해를 제공합니다. 제2장 '공리주의란 무엇인가'에서는 공리주의의 정의와 핵심 사상, 즉 '최대 다수의 최대 행복'을 추구하는 원칙에 대해 설명합니다. 제3장 '공리의 원리의 궁극적 제재에 대하여'에서는 공리주의가 왜 도덕적으로 정당한 행동 방침인지, 그리고 그 제재가 어떻게 도덕적 행위를 유도하는지에 대해 논의합니다. 제4장 '공리의 원리는 어떤 증명을 내놓을 수 있는가?'에서는 공리주의 원칙이 어떻게 논리적, 경험적 근거를 통해 증명될 수 있는지를 탐구합니다. 마지막으로 제5장 '정의와 공리의 상관

관계에 대하여'에서는 공리주의와 정의 간의 관계를 깊게 탐구합니다. 밀은 공리주의가 정의의 원칙과 어떻게 조화를 이루며, 심지어 그것을 강화할 수 있는지를 설명하면서 공리주의가 개인의 권리와 사회적 정의에 대한 존중을 포함하고 있다고 논증합니다. 이제부터 우리는 그의 공리주의 철학에 대해 자세히 살펴보겠습니다.

《공리주의》는 공리주의 철학을 질적인 측면에서 확장한 작품으로 도덕의 최고 원칙으로 공리의 원리를 제시합니다. 밀은 이 작품에서 벤담의 공리주의와의 주요 차이점을 설명하며, 벤담이 추구한 것처럼 단순하고 천박한 쾌락만을 목표로 하는 공리주의를 비판합니다. 대신 밀은 쾌락의 질적 차이를 인정하고, 이를 '질적 쾌락주의'로 명명하면서 지적이고 도덕적인 쾌락이 육체적 쾌락보다 우월하다고 주장합니다. 그는 행복과 만족의 구분을 강조하며, 질적으로 높은 쾌락과 낮은 쾌락을 구분합니다. 밀에 따르면 인간은 본성적으로 상위의 쾌락을 추구하는데, 이는 동물과는 구별되는 인간만의 특성입니다. 그의 유명한 말인 "배부른 돼지보다는 불만족한 인간이, 만족하는 바보보다는 불만족한 소크라테스가 낫다"는 이러한 관점을 잘 보여줍니다. 따라서 쾌락의 측정에 있어 양뿐만 아니라 질 또한 고려되어야 하며, 질적으로 높은 쾌락은 상위의 정신적 작용과 관련된 내면적인 정신적 쾌락을 포함합니다. 이러한 쾌락은 행복의 본질적인 요소로 지성, 감정과 상상력, 도덕적 정서, 타인의 행복을 바라는 쾌락 등을 포함합니다.

그렇다면 인간이 쾌락의 질적 우열을 어떻게 판단할 수 있을까요? 밀은 이에 대해 두 가지 쾌락 중 양쪽 모두를 경험한 사람이나 거의 모든 사람이 도덕적 의무감과는 상관없이 단호하게 선택하는 쾌락이 더 바람직하다고 설명합니다. 이는 인간이 본성적으로 높은 질의 쾌락을 선호한다고 보았기 때문이며, 그의 사상은 이러한 인간 본성의 낙관적인 견해를 반영하고 있습니다.

그에 따르면 도덕적이고 공평하며 자비로운 관찰자인 쾌락의 전문가들은 더욱 바람직한 쾌락을 결정하는 역할을 합니다. 인간은 품위와 고상함을 지니고 있으며, 이러한 능력이 높을수록 더 높은 수준의 행복을 이루어낼 수 있습니다. 또한 교육과 사회제도를 통해 개발된 상위의 정신능력을 가진 인간은 하위의 쾌락을 거부하고 질적으로 높고 고상한 쾌락을 추구합니다.

밀은 질적 쾌락주의의 관점을 바탕으로 공리의 원리를 구체적으로 논의하기 시작합니다. 이 원리는 모든 행동의 도덕적 가치를 그 행동이 가져오는 결과, 즉 그 행동이 관련된 모든 사람들의 행복을 얼마나 증진시키거나 감소시켰는지에 따라 평가하는 것입니다. 공리주의의 핵심 목표는 최대 다수의 최대 행복을 달성하는 것이며, 이는 모든 도덕적 결정을 내릴 때 고려되어야 하는 최상위 원칙으로 여겨집니다.

한편《공리주의》에서 밀은 공리의 원리를 둘러싼 여러 측면을 탐구하며, 이 원칙의 타당성에 대한 입증, 그것이 직면한 문제점들, 그런 문제점들에 대한 자신의 해명을 폭넓게 서술합니다. 먼저 그는 공리의 원리에 대한 입증과 관련해 그것이 왜 도덕적으로 최상의 원리인지를 설명하기 위해 입증불가능성의 논리를 사용합니다. 밀은 우리가 외부 세계의 존재를 인정하는 것과 같은 방식으로 사람들이 어떤 것을 바란다는 사실이 그것이 바람직하다는 최선의 증거가 될 수 있다고 주장합니다. 이러한 관점에서 보면 사람들이 공통으로 추구하는 행복이 바로 공리의 원리를 입증하는 근거가 됩니다. 이와 동시에 그는 공리의 원리가 그 자체로 최상의 도덕원리이기 때문에 그것을 완전히 논리적으로 입증하는 것은 불가능하다고 인정합니다.

밀은 공리주의를 비판하는 목소리에 대해서도 깊이 있게 다룹니다. 그는 벤담의 결합의 오류를 공리주의의 주요 문제점 중 하나로 지적하며, 이 문제를 해결하기 위해 노력하였습니다. 이에 대한 밀의 해명은 인간의 본성과 사회적 감정에 초점을 맞춥니다. 그는 인간을 사회적 존재로 보고 개인의 행복이 사회적 맥락에서만 발견될 수 있다고 강조합니다. 그에 따르면 개인이 자신의 이익을 고려하는 것과 동시에 사회 전체의 행복을 추구하는 것은 자연스러운 일입니다. 이 과정에서 사회적 감정은 핵심적 역할을 하며, 이를 통해 사람들은 공동체의 행복을 개인의 행복만큼 중요하게 여기게 됩니다. 양심은 이러한 사회적 감정에 기반을 두고 개인이 자기 자신뿐만 아니라 타인의 행복도 중요하게 여기게 하는 내적 제재로 작동합니다. 밀은 양심의 이러한 작용을 통해 인간이 단순히 이기적일 수만은 없으며, 사회적 책임감과 의무감을 느낄 수 있는 능력이 있다고 주장합니다.

밀은 개인과 사회 전체의 행복 사이의 조화를 달성하기 위해 법과 사회제도, 교육의 중요성을 강조합니다. 그는 법과 사회제도가 모든 개인의 이익을 사회 전체의 이익과 가능한 한 조화롭게 만드는 데 중요한 역할을 한다고 봅니다. 또한 교육이 개인을 공평무사하고 자비로운 관찰자로 성장시키는 데 핵심적인 역할을 하며, 이를 통해 개인은 자신과 타인의 행복을 공정하고 불편부당하게 고려하는 능력을 개발할 수 있다고 주장합니다. 개인은 자신의 사익과 공익이 대립하는 상황에서도 제3자의 입장을 취하며 공리주의의 원칙에 따라 행동해야 한다고 그는 강조합니다.

밀은 공리주의의 결과주의적 성격에 관해서도 깊게 논의합니다. 공리주의가 결과주의적 성격을 지니고 있어 일반적인 정의감과 부합되지 않는다는 비판에 대하여, 그는 정의감의 궁극적인 기반이 공리의 원리에 있다는 주장을 통해 반박합니다. 밀에 따르면 정의란 사람들이 가진 권리를 존중하고, 개인의 이익과 안전을 침해받지 않도록 보호하는 것이며, 이는 올바른 행동이자 개인이 도덕적 권리로 요구할 수 있는 것입니다. 또한 정의감은 타인에 대한 동정심을 바탕으로 하여, 공익을 침해하는 사람들에 대한 보복과 처벌의 감정으로 변형된 것으로서, 사회 전체의 이익이나 행복과 관련된 감정입니다. 그는 이러한 정의감이 매우 강렬하다고 설명하며, 정의를 요구하는 것은 절대적인 의무로 여겨진다고 강조합니다. 그러므로 정의감에 근거한 도덕적 요구의 궁극적인 목표는 사회적 행복의 증진에 있다고 말합니다.

이처럼 밀은 《공리주의》를 통해 벤담의 공리주의가 가진 문제점을 보완하고 해결하기 위해 상세하게 논리를 전개했습니다. 그의 질적 공리주의는 인간 본성에 대한 긍정적 시각에서 출발해, 벤담의 공리주의가 지적받은 결합의 오류를 극복할 수 있다는 점에서 큰 의의를 지닙니다. 이를 통해 밀은 인간의 행복이 쾌락의 양만으로 결정되는 것이 아니라, 그 질에 따라서도 다르다는 것을 강조합니다. 또한 그의 철학은 인간의 깊은 정서와 지성을 고려하며, 더 발전된 사회적 감정과 양심의 발달을 유도하는 방향으로 공리주의의 범위를 확장하였습니다.

도서 분야	철학, 고전, 정치	관련 과목	도덕·윤리, 정치, 법, 사회	관련 학과	법학과, 정치외교학과, 윤리교육과, 철학과, 사학과

고전 필독서 심화 탐구하기

▶ 기본 개념 및 용어 살펴보기

주요 기본 개념 및 용어	
개념 및 용어	의미
공평무사	– 공평하고 사사로움이 없음.
불편부당	– 치우치지 않고 무리 짓지 않음.

▶ 공리주의의 문제점1 – 결합의 오류

결합의 오류란 논리학에서 말하는 논리적 오류의 하나로, 개별적인 주장들이 결합될 때 그 결합으로 인해 부당한 결론이 도출되는 경우를 말한다. 각각의 개별 주장들은 타당할 지라도 그것들을 결합하여 얻은 결론이 타당하지 않은 경우에 발생한다. 이러한 오류는 특히 복잡한 사회적, 윤리적 문제들을 다루는 논의에서 흔히 발견되며, 결과적으로 편향된 판단이나 잘못된 정책 결정으로 이어질 가능성이 높다.

공리주의는 개인의 쾌락을 극대화하는 것이 결국 사회 전체의 쾌락을 극대화하는 것과 동일하다고 보는데, 이는 결합의 오류의 전형적인 사례로 볼 수 있다. 이러한 접근 방식은 개인이 추구하는 쾌락의 차이와 개인의 쾌락이 어떻게 사회 전체의 쾌락에 기여하는지에 대한 복잡성을 간과한 것이다. 더 나아가 이러한 관점은 다수의 쾌락을 증대시키는 과정에서 벌어질 수 있는 소수의 희생을 정당화함으로써, 그 과정에서 개인의 기본적인 권리와 정의가 침해될 수 있음을 간과한다. 이는 공리주의가 개인의 권리를 사회 전체의 행복에 종속시키려는 경향이 있음을 시사하며, 이러한 경향성은 윤리적 문제들을 해결할 때 중요한 과제로 남는다.

▸ 공리주의의 문제점2 – 자연주의적 오류

자연주의적 오류는 사실(있는 그대로의 상태)에서 가치(어떠해야 한다는 규범)를 도출하려는 시도에서 발생한다. 즉, '있는 그대로의 것'에서 '어떻게 되어야 하는가'를 직접적으로 도출해 결론짓는 것은 논리적으로 부적합하다.

예를 들어, "사람들은 자연스럽게 쾌락을 추구한다"는 심리적 사실에서 "그러므로 쾌락을 추구하는 것이 도덕적으로 옳다"는 결론을 도출하는 것은 자연주의적 오류에 해당한다. 즉 심리적 쾌락주의(사람들이 쾌락을 추구한다는 심리적 현상)에서 윤리적 쾌락주의(쾌락을 추구하는 것이 윤리적으로 옳다는 주장)로 넘어가는 과정에서 자연주의적 오류가 발생하고 있다.

이 오류는 공리주의에서 중요한 비판점으로 다루어진다. 공리주의와 같은 이론들은 종종 쾌락이나 행복을 최고의 가치로 보고, 이를 기반으로 윤리적 판단을 내리려고 한다. 하지만 자연주의적 오류는 이러한 접근 방식이 가정하는 바가 논리적으로 타당한지에 대해 의문을 제기한다.

현재에 적용하기

내 삶에서 질 낮은 쾌락과 질 높은 쾌락을 구분해 보고, 이 구분이 어떤 기준으로 이루어지는지 탐구해 본다.

생기부 진로 활동 및 과세특 활용하기

▶ **책의 내용을 진로 활동과 연관 지은 경우**(희망 진로: 컴퓨터공학과)

컴퓨터공학의 깊은 지식을 활용하여 혁신적인 방식으로 밀의 공리주의 원칙을 적용한 인터랙티브 게임 개발 프로젝트에 참여함. 이 프로젝트를 통해 다양한 상황에서 최대 다수의 최대 행복을 추구하는 공리주의적 결정을 내려야 하는 복잡한 시나리오들을 세심하게 설계하고 구현함. 이를 통해 게임을 플레이하는 이들이 복잡한 문제 상황에서 윤리적, 도덕적 판단을 내리는 데 필요한 사고의 전환을 경험하게 함. 특히 게임 내에서 플레이어들이 내리는 결정의 장기적인 영향을 예측하고 분석할 수 있는 독창적인 게임 메커니즘을 개발하는 데 중점을 둠. 이러한 메커니즘은 플레이어들로 하여금 자신의 결정이 미치는 영향을 심도 있게 고민하게 함으로써, 비판적 사고와 문제 해결 능력을 향상시키는 기회를 갖게 함. 이 과정을 통해 온라인 게임 제작의 다양한 측면을 이해하고, 진로를 탐색하는 데 있어 소중한 경험을 쌓음. 프로젝트를 진행하며 다양한 전문 분야의 팀원들과 원활하게 협력하고, 각자의 아이디어를 조화롭게 결합하여 공동의 목표를 달성하는 방법을 배움. 또한 팀 내에서 리더십을 발휘하고, 복잡한 프로젝트를 효율적으로 관리하는 데 필요한 기술을 개발함. 자신이 진로로 생각하고 있는 컴퓨터공학과 온라인 게임 제작에 대한 깊은 열정을 바탕으로, 공리주의적 원칙을 적용한 이 인터랙티브 게임 개발 프로젝트는 윤리적 사고, 문제 해결, 팀워크, 의사소통 능력을 포함한 여러 중요한 능력들을 종합적으로 발전시키는 기회가 됨.

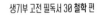

▸ 책의 내용을 윤리 교과와 연관 지은 경우

영화를 통해 공리주의적 관점에서 복잡한 도덕적 딜레마를 분석하는 능력을 발전시킴. '테넷(크리스토퍼 놀란)'과 '인페르노(론 하워드)' 같은 영화를 통해 시간 조작과 전염병 확산이라는 주제를 공리주의적 관점으로 탐구함. 이 과정에서 최대 다수의 최대 행복 추구 원칙과 개인의 희생 사이의 균형을 이해하는 데 중점을 둠. 장기적인 인류의 복지와 단기적인 희생 사이의 관계를 평가하는 비판적 사고력을 키움으로써, 다양한 윤리적 이론들과의 조화를 고려해 복잡한 도덕적 문제를 해결하기 위한 윤리적 추론 능력을 개발함. 또한 영화를 주제로 하는 토론에서 인간의 존엄성과 권리, 장기적인 결과를 종합적으로 고려하는 복잡한 의사결정 능력을 함양함. 이때 공리주의의 원칙을 적용할 때 발생할 수 있는 윤리적 함정을 인식하는 능력 또한 향상시킴. 예를 들어 나치 독일의 홀로코스트와 같은 역사적 사건을 공리주의적 관점에서 잘못 정당화할 위험성을 이해하고 심각성을 지적함. 이는 학급 전체의 학생들에게 공리주의를 신중하게 적용할 필요성을 알리는 계기가 됨. 이 수업을 통해 사회적, 역사적 상황을 분석하고, 이에 대한 공리주의적 접근 방식을 적용하는 능력뿐만 아니라, 다른 윤리적 접근 방식과의 비교를 통해 보다 폭넓은 이해를 갖추게 됨. 또한 복잡한 세계에서 발생하는 다양한 도덕적 문제에 대해 보다 깊이 있고 다각적으로 생각할 수 있는 기회를 가짐.

후속 활동으로 나아가기

▸ 실제 사회적 이슈나 역사적 사건을 선정하여 그 상황에서 공리주의적 접근이 어떻게 적용될 수 있는지를 분석하고 결과를 발표한다.

▸ 공리주의에 관한 찬반 양측을 대표하는 팀을 구성하여 각각의 입장에서 논리적 근거를 바탕으로 토론하는 대회를 개최한다.

▸ 정의론, 의무론, 덕윤리 등 다른 윤리 이론과 공리주의를 비교하는 에세이를 작성한다.

▸ 학생들이 다양한 역할(예: 정치인, 의사, 사업가 등)을 맡아 공리주의적 결정을 내려야하는 롤 플레이를 진행한다. 이를 통해 공리주의적 결정이 실제 상황에서 어떻게 적용될 수 있는지를 이해한다.

▸ 공리주의의 최대 행복 원칙을 적용하여, 학생들이 직접 특정 정책이나 결정이 사회에 미칠 긍정적 및 부정적 효과를 계산해 보는 '학교 규칙 정하기' 행사를 만든다.

▸ 경제학 융합 수업에서 게임이론의 기본 개념을 소개하고, 공리주의적 결정이 게임이론의 관점에서 어떻게 해석될 수 있는지에 대해 탐구활동을 진행한다.

함께 읽으면 좋은 책

에피쿠로스 《쾌락》 현대지성, 2022.

데이비드 흄 《도덕 원리에 관한 탐구》 아카넷, 2022.

제러미 벤담 《도덕과 입법의 원칙에 대한 서론》 아카넷, 2013.

존 스튜어트 밀 《자유론》 현대지성, 2018.

도덕형이상학 정초·실천이성비판

임마누엘 칸트 ▶ 한길사

칸트의《도덕형이상학 정초》는 인간의 도덕적 이해와 철학적 탐구를 더 깊이 이해하기 위한 작업을 포함하고 있습니다. 칸트는 이 작업을 통해 도덕에 관한 평범한 이성 인식에서 출발하여 철학적 이성 인식으로, 그리고 대중적 도덕철학에서 도덕형이상학으로, 마지막으로 도덕형이상학에서 순수실천이성비판으로의 전환을 제시합니다.《도덕형이상학 정초》에서 칸트는 도덕형이상학의 토대를 마련하고, 인간의 도덕적 행위가 이성에 의해 어떻게 지배되어야 하는지에 대한 이해를 심화시키려 합니다. 이러한 과정은 인간의 존엄성을 정립하고, 도덕, 과학, 종교 간의 조화를 이루는 것을 목표로 합니다.

칸트의 《실천이성비판》은 이성의 한계를 밝히고 선험철학의 기초를 마련한 《순수이성비판》에 이어, 자유의 문제를 중심으로 이성적인 존재자의 도덕적 행위를 탐구합니다. 칸트는 자유를 도덕법칙을 스스로 입법하고 준수하려는 이성적 존재자의 선의지에 기초한 것으로 보며, 이를 통해 인간을 지성계와 감성계 양쪽에 속하는 이중적 존재로 재정의합니다. 《실천이성비판》에서는 이성의 방법과 절차를 따르지 않는 탐구가 미신, 광기, 점성술 등으로 이어질 수 있다고 경고하면서 자유에 대한 올바른 이해와 탐구를 강조합니다. 칸트는 자유를 순수이성 체계의 핵심이라고 보며, 이를 통해 도덕법칙이 작동되는 방식을 탐구합니다. 그는 이 과정을 통해 학문으로서의 비판 철학을 '지혜에 이르는 좁은 길'로 규정하며, 대중이 철학의 깊은 탐구에 직접 관여할 필요는 없지만, 철학은 학문의 수호자이므로 철학이 탐구한 결과를 통해 대중에게 제시되는 교훈에는 관심을 가져야 한다고 주장합니다. 이제 우리는 《도덕형이상학 정초》와 《실천이성비판》을 중심으로 칸트의 도덕철학을 깊이 있게 탐구해보려 합니다.

먼저 칸트는 인간을 이중적인 존재로 규정합니다. 이는 우리의 삶이 근본적으로 두 개의 서로 다른 차원, 즉 도덕 세계와 자연 세계에 뿌리를 두고 있기 때문입니다. 이 두 세계는 인간의 삶과 행동에 근본적으로 다른 방향과 규범을 제시합니다.

도덕 세계는 순수이성에 의해 구축되며, 이는 도덕법칙이라는 절대적인 기준에 따라 운영됩니다. 이 법칙들은 인간의 이성적 능력을 통해 발견되며 인식됩니다. 칸트는 여기서 인간을 이성적 존재로서, 도덕법칙을 스스로 설립하고 그에 따라 행동할 수 있는 능력을 가진 유일한 존재로 위치시킵니다. 이 세계에서 도덕성은 인간 행위의 최상의 지표이며, 이성적 판단에 따라 도덕법칙을 준수하는 것이 요구됩니다.

자연 세계는 완전히 다른 원칙에 의해 운영됩니다. 이곳은 인과 필연성의 자연법칙에 따라 지배되는 세계로 인간과 동물이 공유하는 본능적이고 경험적인 차원입니다. 이곳은 행복의 세계이기도 한데, 여기서 인간의 행복은 본능, 경험, 쾌락 및 고통과 같은 요소들에 의해 형성됩니다. 자연 세계에서는 모든 존재가 자연법칙의 틀 안에서 움직이며, 인간의 삶도 이러한 법칙에 따라 영향을 받습니다.

인간은 이 두 세계 모두에 속하는 특별한 존재로서 도덕적 이유로 행동하면서도 자연 세계에서 본능과 경험에 따라 생활합니다. 칸트는 인간이 도덕성과 자연성, 이성과 본능 사이의 긴장 속에서 균형을 찾아가며 살아가는 복잡한 존재임을 강조하며, 이성에 따라 도덕 세계에서 살아가는 것이 진정한 인간다운 삶이라고 주장합니다.

칸트는 인간이 도덕 세계에서 도덕법칙을 형성하는 과정을 이렇게 설명합니다.

\<도덕법칙의 형성 과정\>

> 준칙 → 실천이성에 의해 확립된 의지의 원리(보편성, 필연성) → 도덕법칙

즉, 개인의 준칙 중 실천이성에 의해 확립된 의지의 원리(보편성과 필연성)를 지닌 것은 도덕법칙이 됩니다. 그는 실천 원칙을 주관적인 준칙과 객관적인 도덕법칙으로 구분하고, 주관적 조건에 따라 이성이 정한 실천 규칙을 포함하고 있는 것을 준칙으로 보는 반면, 모든 이성적 존재자에게 타당한 객관적 원리로서 이성적 존재자가 따라야 할 명령은 도덕법칙이라 정의합니다. 칸트는 순수이성이 의지를 규정하기 위한 충분한 근거를 내포할 때 실제로 존재하는 것이 도덕법칙이라 주장하며, 이것이 충족되지 않는 경우 실천 원칙들은 단지 준칙에 지나지 않는다고 설명합니다.

도덕법칙은 이성적 존재자가 따라야 할 절대적이며 보편적으로 유효한 실천 법칙입니다. 가장 완전한 존재자에게는 신성의 법칙으로 작용하고, 다른 모든 이성적 존재자에게는 의무의 법칙으로 작용합니다. 인간은 자연 세계의 본능적 욕구와 도덕 세계의 이성을 모두 갖춘 이중적 존재로서, 도덕법칙을 준수하기 위해 본능적 욕구를 극복해야 하는 의무를 가집니다. 이 도덕법칙은 실천이성에 의해 자신에게 부과된 자율적 명령이며, 정언명령의 형식으로 표현됩니다.

정언명령은 무조건적이고 절대적인 명령으로 모든 인간이 어떠한 상황에서도 예외 없이 따라야 합니다. 이것은 특정 목적을 위한 수단이 아닌 그 자체로 선하고 옳은 행위를 명령합니다. 자연법칙이 현상세계를 지배하듯 정언명령은 이성에 의해 필연적으로 강제되는 도덕법칙입니다. 가언명령이 특정 목표를 달성하기 위한 수단을 제안하는 반면, 정언명령은 무조건적으로 그리고 그 자체로 선한 행위를 명령한다는 점에서 차이가 있습니다.

칸트는 인간의 도덕적 행위가 단순히 결과에 의해 평가되어서는 안 된다고 말하며, 모든 상황에서 예외 없이 따라야 할 무조건적이고 절대적인 도덕법칙을 강조했습니다. 이처럼 인간이 이성적 존재로서 어떻게 이러한 도덕법칙을 따를 수 있는지 이해하기 위해서는 '선의지' 개념을 살펴볼 필요가 있습니다. 선의지는 어떠한 다른 의도나 결과를 고려하지 않고 오로지 옳은 것을 행하려는 의지입니다. 이는 실천이성에 의해 규정되며 선험적 형식에 의해 정의되는 보편적이고 필연적인 선을 지향합니다. 선의지는 도덕적 행위의 직접적인 동기가 되며, 칸트에 따르면 이러한 행위는 오직 의무의 내적 동기에 의해서만 이루어집니다. 이는 의무를 따르는 행위가 아니라 행위 자체가 지닌 선의지를 중요시하는 것을 의미하며 결과가 아닌 의도의 순수성에 초점을 둡니다.

따라서 선의지를 가진 행위는 이성적 존재에게만 가능하며 도덕법칙과 그에 대한 존경심에 근거하여 의무를 수행하는 것으로 나타납니다. 이 과정에서 법칙에 대한 존경은 도덕적 행위가 법칙에 복종하는 나의 의지와 의무로부터 나온 행위임을 인식하게 합니다. 이를 통해 칸트는 도덕적 판단이 외부적인 결과나 상황에 의존하지 않고 오로지 내적인 선의지와 의무감에 기반해야 함을 주장합니다. 그의 철학은 인간이 도덕적으로 올바른 행위를 할 때, 그 행위의 결과가 자신 및 타인에게 어떠한 이익을 가져다주는지가 아니라, 그 행위가 순수한 동기와 보편적인 원칙에 의해 이루어졌는지를 중시합니다.

칸트의 철학은 서양 철학사에 있어서 매우 중요한 역할을 하며, 인식론부터 윤리학, 미학, 종교철학에 이르기까지 광범위한 분야에 깊은 영향을 미쳤습니다. 특히《도덕형이상학 정초》와《실천이성비판》을 통해 그의 도덕철학은 상대주의, 회의주의, 이기주의를 넘어서는 보편적 도덕 판단의 기준을 제시하고, 이성적 존재자 모두가 따라야 할 도덕법칙의 확립을 목표로 하여 근대 철학 발전에 결정적인 기여를 하였습니다.

도서분야	철학, 고전, 정치	관련과목	도덕·윤리, 정치, 법	관련학과	법학과, 정치외교학과, 윤리교육과, 철학과, 사학과

▸ **기본 개념 및 용어 살펴보기**

주요 기본 개념 및 용어	
개념 및 용어	의미
형이상학	– 물질을 초월한 관념의 세계를 탐구함.
선험적	– 경험이 있기 이전에 인식의 주관적 형식이 인간에게 이미 있다고 여기는 것. – 대상에 대한 인식이 선천적으로 가능하다는 것.
인과 필연성	– 원인과 결과가 반드시 일어나는 성질.
선의지	– 어떠한 다른 의도 없이 오로지 옳은 것만을 행하고자 하는 의지.
의무	– 도덕법칙에 대한 존경심으로 인해 그 도덕법칙이 명령하는 행위를 하지 않을 수 없는 필연성. – 나의 의지가 법칙에 복종하고 있다는 깨달음에서 비롯됨.

▸ **도덕과 행복**

칸트에 따르면 도덕은 '도덕 세계'에 속하며, 행복은 '자연 세계'에 속한다. 인간은 이 두 세계 모두에 속하는 특별한 존재로서 도덕적 이유로 행동하면서도 자연 세계에서 본능과 경험에 따라 생활한다.

행복에 대해서는 칸트는 이를 이성적 존재자의 삶에서 느끼는 쾌적함, 자신의 소망과 의지대로 모든 것을 하는 상태로 설명한다. 이는 인간이 자신의 전체 존재에 걸쳐 지속적으로 느끼는 쾌적한 삶의 의식, 이 세상에서 자신의 모든 것을 원하는 대로 할 수 있는 상태를 의미한다.

칸트는 행복의 원리와 도덕의 원리 사이에는 분명한 구별이 있다고 보고, 도덕과 행복은 양립 가능하지만 행복을 도덕의 최종 목적으로 볼 수는 없다고 말한다. 자신의 행복을 추구하는 것은 우리의 직접적인 의무가 아니며, 행복의 원리(자기애의 원리)는 도덕의 원리와는 다르다고 주장한다. 또한 행복의 원리는 자연법칙에서 보면 보편적일 수 있지만, 도덕 원리로 볼 때는 상대적이고 주관적이어서 도덕법칙이 될 수 없다고 말한다. 즉 쾌락과 불쾌의 수용성에 근거한 주관적 조건만으로 충분한 준칙이 될 수는 있지만, 보편성과 필연성이 결여되어 있어 실천법칙이 될 수는 없다고 보았다.

칸트는 행복을 인간 삶의 중요한 요소로 보았지만, 그것을 도덕적 행위의 최종 목표로 설정하지는 않는다. 도덕적 행위는 그 자체로 가치를 지니며, 행복의 추구는 도덕법칙에 의해 정의되거나 제한될 수 있는 것이 아니라고 보았다.

▶ 의지의 자율의 원리: 보편성, 필연성

칸트의 도덕법칙에 대한 의지의 자율의 원리는 보편성과 필연성이라는 형식을 통해 이해된다. 이 원리는 오직 이성에 의해서만 확립되며, 이는 어떤 행위의 준칙을 그 내용과 상관없이 도덕법칙으로 만들어 주는 조건을 제공한다.

보편성이란 행위 일반의 보편적 합법칙성을 의미하며, 이는 실천이성의 강제를 통해 객관 법칙에 상응하게 의지를 규정한다.

필연성은 두 가지 측면에서 나타난다. 첫째, 이성적 존재자들의 의지가 이 규칙에 필연적으로 묶여 있다는 것에서 드러난다. 둘째, 현상세계가 인과법칙에 의해 지배되는 것처럼, 도덕 세계의 도덕법칙도 자연법칙처럼 반드시 지켜야 하는 행위의 필연성을 포함한다는 것에서 드러난다.

▸ 정언명령의 종류

> <첫 번째 정식: 보편법칙의 정식>
> "네 의지의 준칙이 항상 동시에 보편적인 입법의 원리가 될 수 있도록 행위하라."

칸트의 정언명령 중 첫 번째 정식은 개인적인 준칙에 따라 행동하되, 그것이 보편적인 법칙이 되기를 원할 만한 준칙에 따라서만 행동하라는 것이다. 이것은 곧 그 행동 방침이 모든 사람에게 적용될 수 있는 법칙이 될 만한지를 고려하며 행동해야 한다는 의미다.

칸트는 개인의 행동이 개인적인 이익이나 욕구에 기반하지 않고, 보편적인 도덕적 원칙에 부합하는지를 중시했다. 칸트에 따르면 우리의 행동은 이 방식으로만 진정한 도덕적 가치를 가질 수 있으며, 이는 모든 이성적 존재가 따라야 할 도덕법칙을 확립하는 기반을 마련하는 것이다.

> <두 번째 정식: 보편적 자연법칙의 정식>
> "마치 너의 행위의 준칙이 너의 의지에 의해 보편적 자연법칙이 되어야 하는 것처럼,
> 그렇게 행위하라."

칸트의 정언명령의 두 번째 정식은 우리의 개인적 행위 규칙이나 준칙이 보편적 자연법칙이 될 수 있는지를 판단하는 기준을 제시한다. 즉, 개인적 준칙이 보편적 법칙이

되기를 의욕한다는 것은 그러한 준칙이 마치 모든 사물을 지배하는 필연적 자연법칙처럼 내적 모순 없이 필연적으로 모든 인간의 행위를 지배하기를 원한다는 것이다.

그는 구체적으로 의무의 종류와 사례에 대해 다루는데, 완전한 의무와 불완전한 의무가 있다. 완전한 의무는 경향성의 이익을 고려하지 않는데, 이는 개인의 감정이나 욕구에 의존하지 않고 보편적인 도덕적 원칙에 따라 행동해야 한다는 것을 의미한다. 또한 이성적으로 사유했을 때 논리적 모순을 발생시킨다. 완전한 의무를 위반하는 사례로 두 가지를 들 수 있다. 첫째는 자살이다. 자살은 자기애의 원리에 따라 생명을 유지해야 하므로 모순에 빠진다. 생명 유지를 규제하는 자연법칙과 생명을 파멸시키는 법칙이 동시에 존재할 수 없기 때문이다. 둘째는 거짓약속이다. 약속은 자기 자신에게 의무를 지우는 행위인데 거짓 약속은 의무를 지우지 않으므로 보편적 자연법칙이 될 수 없다. 만약 거짓 약속이 보편화되면 약속 자체가 무의미해지며 이는 모순이 된다.

한편 불완전한 의무는 완전한 의무와는 달리 이성적으로 사유했을 때 논리적 모순을 일으키지 않지만, 보편적 자연법칙으로서 의욕할 수 없는 의무이다. 이 의무는 상황에 따른 적용의 예외가 허용된다. 예를 들어 자선은 특정 상황에서는 도덕적으로 요구되지만 모든 상황에서 강제되는 것은 아니다. 따라서 불완전 의무는 개인의 판단에 따라 달라질 수 있다. 그러나 이러한 불완전한 의무도 보편적 자연법칙으로는 의욕할 수 없다. 불완전한 의무를 위반하는 사례로 두 가지를 들 수 있다. 첫째는 자기 계발 포기이다. 자기 계발을 포기하는 것은 쾌락을 추구하는 자연적 성향으로 인해 발생할 수 있는 일이다. 그러나 이성적인 존재는 이러한 행동을 도덕적 의무로 받아들이지 않으며, 자신이 가진 재능을 발휘하지 않는 것을 의무로 인식하지 않는다. 둘째는 타인의 곤경에 대한 무관심이다. 만약 타인의 곤경에 대한 무관심이 보편적 자연법칙으로 인정된다면, 그 준칙을 가진 사람은 자신이 원하는 도움을 받을 수 없게 되는 결과를 초래한다.

> <세 번째 정식: 인간성의 정식>
> "네가 너 자신의 인격에서나 다른 모든 사람의 인격에서 인간성을 단지 수단으로만
> 대우하지 말고 항상 동시에 목적으로 대우하라."

칸트의 정언명령의 세 번째 정식은 인간을 단지 수단으로만 대우하지 않고 항상 목적으로서 대우해야 한다는 철학적 원칙이다. 이는 인간의 존엄성과 가치를 강조하는 도덕적 지침으로 모든 개인이 가지는 절대적인 가치와 존엄성에 대한 인식을 요구한다. 인간의 경향성에 관련된 것이나 인간이 필요로 하는 물건들은 시장에서 가격이 매겨진다. 이러한 가격은 물건의 상대적 가치를 나타내지만, 인간 자체는 시장 가격으로 평가될 수 없는 존재다. 인간은 그 자체로 목적을 지닌 존재며, 이 목적은 유일하고 대체 불가능한 내재적 가치, 즉 인간의 존엄성을 의미한다.

이러한 관점에서 인격은 최고의 가치를 가진다. 현상세계에서는 인과 필연법칙에 의해 목적을 설정하고 실현하는 것이 불가능하지만, 도덕세계에서는 인간의 자유에 의해 목적적 활동이 가능하다. 인격은 실천법칙의 근거가 되는 절대적 목적이며, 인격성은 초월적 자유와 자연의 기계적 법칙으로부터의 독립성, 그리고 순수한 실천법칙에 복종하는 능력을 포함한다.

현재에 적용하기

내가 하는 행위의 준칙을 나열하고, 이 준칙이 보편적으로 적용될 수 있는지 검토하여, 그것이 도덕 법칙이 될 수 있는지 탐구한다.

생기부 진로 활동 및 과세특 활용하기

▶ **책의 내용을 진로 활동과 연관 지은 경우**(희망 진로: 정치외교학과)

칸트의 철학적 이념과 유엔의 근본 설립 목적 사이에 깊고 복잡한 연결고리를 탁월하게 파악함. 국제적 차원에서 평화와 협력의 중요성에 대한 강한 관심과 열정을 적극적으로 나타냈음. 특히 '영구 평화론(칸트)'을 읽고 깊이 있게 탐구하며, 국가들 사이의 상호 이해와 연대가 국제 평화의 지속가능성에 어떻게 기여할 수 있는지에 대한 중요한 인사이트를 얻음. 이 과정에서 평화와 안보의 중요성에 대한 심도 있는 통찰력을 개발했으며, 이는 학문적 탐구와 연구에 깊이를 더함. 또한 칸트의 세계시민사상과 유엔이 추구하는 평화, 안보, 인권 증진 목표 사이의 긴밀한 연계를 인식함. 이를 바탕으로 국가 간의 대화와 협상이 분쟁 해결과 인권 증진에 어떻게 핵심적인 역할을 할 수 있는지를 분석하여 친구들에게 소개함. 이와 더불어 칸트의 보편적 도덕법칙과 인간성의 정식을 포함하는 철학적 사상을 현대의 복잡한 국제 질서에 적용함. 국제적 협력과 지속 가능한 발전을 추진하는 데 필요한 도덕적이고 윤리적인 기준을 설정하는 데 큰 관심을 보이며 미래 국제지형도를 그려봄.

▶ 책의 내용을 과학 교과와 연관 지은 경우

칸트 철학과 과학을 융합한 수업에서 칸트의 정언명령을 근간으로 하여 유전자 편집 기술의 윤리적 문제를 탐구하는 활동에 참여함으로써, 과학적 발견과 인간의 도덕법칙 사이의 복잡한 상호작용을 파악하는 데 있어서 중요한 통찰력을 얻음. 이 과정에서 유전자 편집이 인류의 기본적 가치인 존엄성, 자유, 평등에 어떠한 영향을 끼칠 수 있는지에 대해 심도 있게 분석함. 이를 통해 칸트의 도덕철학을 기반으로 한 윤리적 판단의 기준을 마련하고, 이를 현대 과학 기술에 적용하는 능력을 키움. 이와 더불어 인공지능의 발전과 이에 따른 도덕적 판단의 문제를 탐구하는 활동을 통해, 인공지능 기술의 발전에 칸트의 도덕법칙을 어떻게 반영하고 적용할 수 있는지에 대해 모색함. 특히 자율주행차량의 사고 상황에서의 윤리적 결정 문제를 다루며, 기술 발전이 인간의 도덕적 판단에 어떠한 영향을 미치는지, 그리고 인공지능이 인간의 도덕적 판단과 어떻게 다를 수 있는지에 대해 깊이 성찰함. 이러한 과정을 통해 칸트의 철학이 현대 기술 사회에서 여전히 중요한 윤리적 기준을 제공할 수 있음을 깨달음. '오펜하이머(크리스토퍼 놀란)' 영화 관람 후 진행된 토론 활동에서 두드러진 비판적 사고 능력을 발휘함. 칸트의 윤리적 입장에서 핵무기 개발의 이유와 과학기술자들의 책임, 그리고 핵폭탄 사용으로 인한 민간인 피해의 정당성 여부에 대해 깊이 있게 탐구함. 이 과정에서 칸트의 정언명령을 적용하여 인간존엄성을 해치는 어떠한 과학적 행위도 정당화될 수 없음을 강력히 주장함. 과학과 기술의 발전이 인류에게 가져다주는 혜택에도 불구하고, 그것이 인간의 기본적 가치와 도덕적 원칙을 침해하지 않도록 책임감을 가져야 한다고 강조함.

후속 활동으로 나아가기

- 칸트와 다른 철학자의 비교 워크숍을 통해 칸트와 다른 철학자를 비교 분석하는 세션을 진행하면서, 각 철학의 핵심 원칙과 이론적 차이점에 대해 토론한다.(결과주의, 쾌락주의, 행복주의, 공감이론, 스피노자, 반이성주의, 자연법 윤리 등)
- 의무에 따른 행위와 합의무적 행위에 대해 토론하며, 칸트의 도덕철학에서 이 두 구분이 어떤 의미를 가지는지 탐구한다.
- 칸트 이후의 철학자들 중 칸트의 철학에 영향을 받은 인물들에 대한 연구 발표를 진행한다.
- 칸트의 정언명령과 가언명령에 대해 깊이 있게 이해한 후, 실생활 사례를 통해 이 두 명령의 차이점과 적용할 점을 탐구해 본다.
- 칸트의 처벌에 대한 관점을 탐구하고, 현대 사법 체계와의 관련성에 대해 논의한다.
- 칸트의 세계시민사상을 현대적 관점에서 재해석하는 프로젝트를 진행하고, 글로벌화와 국제 관계에 대한 칸트의 영향력을 분석해 본다.
- 칸트 철학의 한계와 문제점에 대해 토론한다. 비판적 시각에서 칸트의 이론을 재평가하고 현대적 맥락에서의 적용 가능성을 탐구해 본다.

함께 읽으면 좋은 책

베네딕투스 데 스피노자 《에티카》 책세상, 2019.
장 자크 루소 《사회계약론》 돋을새김, 2018.
데이비드 흄 《도덕 원리에 관한 탐구》 아카넷, 2022.
존 스튜어트 밀 《공리주의》 현대지성, 2020.
임마누엘 칸트 《순수이성비판》 동서문화사, 2016.
임마누엘 칸트 《영구 평화론》 범우사, 2012.

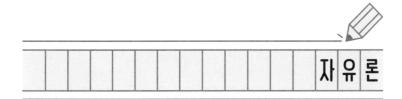

자유론

존 스튜어트 밀 ▸ 현대지성

　존 스튜어트 밀의《자유론》은 개인의 자유와 사회의 권한 사이의 관계를 탐구한 작품입니다. 이 책은 인간의 자유를 어떻게 이해하고, 이 자유를 보호하면서 사회적 개입의 한계를 어떻게 설정해야 하는지에 대한 밀의 철학적 고찰을 담고 있습니다.

　'제1장 서론'에서는 자유의 중요성과 이 책의 주된 주제를 소개합니다. 밀은 개인의 자유가 사회적 발전과 인간의 복지에 필수적이라고 주장하며, 이러한 자유가 어떻게 보호되어야 하는지 탐구할 것임을 밝힙니다.

　'제2장 사상과 표현의 자유'에서는 사상과 의견의 자유로운 표현이 왜 중요한지를 다룹니다. 밀은 모든 의견이 자유롭게 표현되어야 하며, 심지어 틀렸다고 여겨지는 의견조차도 공개적으로 논의될 기회를 가져야 한다고 주장합니다. 그 이유는 토론을 통해 진리에 더 가까워질 수 있으며, 심지어 일반적으로 받아들여지는 진리조차 비판적으로 검토될 필요성이 있기 때문입니다.

'제3장 인류의 복지를 위해 필수적인 개성'에서는 개성의 중요성과 이를 통한 인간 발전의 가능성을 강조합니다. 밀은 사회가 개인의 창의성과 개성을 억압하면, 그 사회는 정체되고 발전되지 못할 것이라고 경고합니다. 개성은 인류의 발전에 필수적이며, 이를 통해 개인은 자신만의 방식으로 삶을 탐색하고 기여할 수 있습니다.

'제4장 사회가 개인에 대해 가지는 권한의 한계'에서는 개인의 자유와 사회의 권한 사이의 적절한 균형을 찾는 것에 대해 논합니다. 밀은 사회가 개인에게 간섭할 수 있는 유일한 근거는 타인에게 해를 끼칠 위험이 있을 때라고 주장합니다. 그 외의 모든 경우에 개인은 자신의 삶을 자유롭게 살 권리가 있으며, 이는 신체적, 정신적 복지를 포함합니다.

'제5장 적용'에서는 앞서 논의된 원칙들을 구체적인 상황에 적용하는 방법을 탐구합니다. 여기서 밀은 여러 사회적, 경제적 문제들에 대해 그의 자유주의 원칙을 적용하며, 개인의 자유가 어떻게 사회적 조화와 복지를 증진시키는지를 설명합니다.

지금부터 《자유론》에 대해 더 깊이 알아보겠습니다. 가장 먼저 밀은 인간 이성의 불완전성과 그로 인해 발생하는 민주주의 사회의 여러 문제점들을 심도 있게 다룹니다. 특히 다수의 횡포와 사상 및 표현의 자유에 대한 옹호를 중요한 주제로 다룹니다.

민주주의 사회에서 다수의 횡포는 대중 여론이라는 매개체를 통해 개인에게 가해지는 불법적인 통제 형태로 나타납니다. 이러한 횡포는 개인의 존엄성을 파괴하고, 행복을 저해하며, 궁극적으로는 획일화를 촉진하여 전체주의로까지 심화될 수 있습니다. 밀은 다수결의 원칙이 소수의 희생을 정당화하고 다수의 독재로 이어지는 이러한 현상이야말로 민주주의의 근본적인 딜레마를 드러내는 것이며, 따라서 사상과 표현의 자유가 필요함을 강조합니다.

그는 소수의 의견이 진리일 가능성이 있으며, 이를 부정하는 것은 자신의 무오류성을 가정하는 것과 마찬가지라고 이야기합니다. 또한 소수의견이 오류를 포함하고 있고 완전한 진리가 아니더라도, 그 일부에는 진리를 포함하고 있을 가능성이 여전히 존재합니다. 심지어 밀은 일반적인 사회통념이 진리일 때조차 소수를 억압해서는 안 된다고 주장합니다. 왜냐하면 도전받지 않는 사상은 그 사상을 수용하는 사람들이 합리적 이해 없이 단순한 편견의 형태로 그 사상을 지지할 위험이 있기 때문입니다. 우리에게 자유로운 토론이 없다면 교의 자체의 의미가 상실되고, 개별성과 행위에 대한 활력 있는 효과가 약화될 우려가 있습니다.

따라서 밀은 사회가 개인의 독특한 개성과 재능, 즉 개별성을 최대한 발휘할 수 있도록 개인의 자유를 허용해야 한다고 주장했으며, 이러한 개인의 자유는 행복한 삶을 영위하는 데 필수적 요소라고 강조하였습니다. 그는 개인이 전통이나 관습, 여론의 압력에 의해 자신의 자율성을 침해받는 것에 반대하며, 각자가 자신에게 가장 적합한 삶의 방식을 추구할 수 있어야 한다고 주장합니다.

밀은 인간의 개별성에 고차원의 정신적 능력과 독특한 본성적 능력이 포함된다고 보았습니다. 그는 이러한 개별성의 발전을 개인의 행복과 사회의 진보에 필수적인 요소로 보았으며, 행복한 삶의 토대로서 개인의 자기 결정권과 밀접하게 연관되어 있다고 말합니다. 자기 결정권이란 개인이 이성을 사용해 자신에게 중요하고 가치 있는 것을 스스로 판단하고, 그에 따라 인생 계획을 세우고 이를 자율적으로 실행하는 능력을 의미합니다. 이와 같은 자기 결정권은 의지의 자유, 목표를 추구하는 자유, 결사의 자유를 포함하며, 개인이 자신의 삶을 주도적으로 이끌 권리와 능력에 중점을 둡니다. 밀은 개인이 자신의 개별성을 발전시키고 자유를 확보함으로써 진정한 행복을 이룰 수 있다고 주장했으며, 반대로 개별성이 충분히 발휘되지 않을 경우 이것은 점차 소멸하며 이는 개인뿐만 아니라 사회 전체에도 해를 끼칠 수 있다고 경고했습니다.

또한 밀은 개인이 자신의 개별성에 따라 이익을 추구하는 것이 중요하다고 보았으나, 이는 타인에게 해를 끼치지 않는 한에서만 가능해야 한다고 주장했습니다. 그는 개인의 개별성 발전이 사회 전체의 행복과 발전으로 이어진다고 믿었습니다. 따라서 밀은 선관 형성 능력이 있는 자들만이 자유를 누릴 수 있음을 강조하였습니다. 이러한 관점에서 자유는 자기 발전과 연결되며, 진정으로 도움이 되는 것을 알고 그것을 자유롭게 행할 수 있는 능력과 연결됩니다.

《자유론》에서 밀은 개인의 자유를 두 가지 주요 범주로 나눕니다. 첫 번째는 개인 행위가 자신에게만 영향을 미치는 경우로, 이러한 상황에서는 사회가 개인에게 책임을 묻지 않아야 하며, 개인의 자유를 최대한 존중해야 한다고 봅니다. 이는 개인의 자율성과 자기 결정권을 강조하는 것으로 자신의 삶을 스스로 결정할 권리를 인정하는 것입니다. 두 번째 범주는 개인의 행위가 타인의 이익을 침해할 때입니다. 밀은 이 경우에는 당사자가 그 행위에 대한 책임을 져야 한다고 명시합니다. 이는 개인의 자유가 절대적이지 않으며, 타인에 대한 존중과 사회적 책임도 중요하다는 의미입니다. 따라서 개인이 자유를 행사할 때는 항상 타인에 대한 해악을 고려해야 하며, 이를 통해 자유와 책임 사이의 균형을 찾아야 합니다. 이를 '자유의 원리(해악의 원리)'라고 합니다. 이 원칙에 따르면 개인의 행위가 타인에게 직접적인 해를 끼칠 경우, 사회 및 권력이 그 자유를 제한할 수 있습니다. 이처럼 밀은 자유를 개인의 권리로 보되, 그 자유를 행사함에 있어서는 타인에 대한 존중과 사회적 책임도 중요하다는 점을 강조합니다.

　존 스튜어트 밀의 《자유론》은 인간의 독특한 개성과 자유의 중요성을 강조하며, 타인에게 해를 끼치지 않는 범위 내에서 자유를 보호하는 방법을 탐구합니다. 개인이 자유를 향유하면서도 사회에 해를 주지 않는 방식을 통해 개인과 사회 전체의 행복과 균형을 추구하는 시도를 담고 있습니다.

도서 분야	철학, 고전, 정치	관련 과목	도덕·윤리, 정치, 법	관련 학과	법학과, 정치외교학과, 윤리교육과, 철학과, 사학과

▶ 기본 개념 및 용어 살펴보기

주요 기본 개념 및 용어	
개념 및 용어	**의미**
다수의 횡포	– 수적 우세와 여론 형성 능력에 기반하여 다수가 권위를 갖게 되면서 그들과 상치되는 소수의 자유의지에 제약을 가하는 사태가 발생.
의지의 자유	– 개인이 자신의 생각, 감정, 행동에 대해 스스로 결정할 수 있는 권리.
목표를 추구하는 자유	– 개인이 자신의 삶의 목표와 방향을 자유롭게 설정하고, 그 목표를 향해 나아갈 수 있는 권리.
결사의 자유	– 개인이 자신이 선택한 다른 사람들과 함께 모임을 이루고, 공동의 목표나 이익을 추구할 수 있는 권리.
선관 형성능력	– 개인이 자신의 합리적 이익이나 좋음에 대한 관점善觀을 형성하고 수정하며, 이를 합리적으로 추구할 수 있는 능력.

▶ 자유의 원리(해악의 원리)

해악의 원리Harm Principle는 개인의 자유에 대한 중요한 기준을 제시한다. 이 원리는 타인에게 해를 끼치지 않는 한 모든 개인의 자유를 용인하며, 타인에게 해를 끼칠 경우 권력이 그 자유를 간섭할 수 있다는 것을 의미한다. 개인의 행위가 자신에게만 영향을 줄 때는 사회에 책임을 지지 않으므로 개인의 범위에서 자유가 존중되어야 한다. 반면 타인의 이익을 침해한 행위에 대해서는 당사자가 당연히 책임을 져야 한다는 점에서 개인 행위의 책임을 강조한다. 해악의 원리는 개인의 자유와 사회적 규제 사이의 균형을 맞추고, 개인의 자율성과 사회적 책임 사이의 조화를 이루는 데 기여한다.

현재에 적용하기

우리 사회에서 사상과 표현의 자유가 얼마나 완전히 실현되고 있는지 살펴보고, 이러한 자유가 잘 실현되는 분야와 사례, 그리고 잘 실현되지 않는 분야와 사례를 탐구한 후, 이를 윤리적으로 평가한다.

생기부 진로 활동 및 과세특 활용하기

▸ **책의 내용을 진로 활동과 연관 지은 경우**(희망 진로: 신문방송학과)

'자유론(밀)'을 통해 사상과 표현의 자유가 개인의 자아실현과 사회적 혁신에 얼마나 중요한지에 대한 깊이 있는 이해를 바탕으로 보고서를 작성함. 인간이 자신의 생각을 자유롭게 탐구하고 표현하는 것이 개인의 성장에 기여할 뿐만 아니라, 사회의 다양성을 촉진하는 데에도 중요하다고 주장함. 이러한 사상을 내면화하여 저널리즘의 핵심 가치와 사상의 자유가 개인 발전과 사회 혁신을 어떻게 촉진하는지 깊이 이해함. 또한 언론의 사회적 책임과 표현의 자유에 따른 한계를 식별하는 능력을 키움으로써, 공정하고 책임감 있는 저널리스트로서의 자질을 갖추기 위한 기반을 마련함. 언론이 사실을 전달하는 것뿐만 아니라 다양한 관점을 제시하여 공론장을 형성하고, 사회가 진실에 접근하여 건전한 토론을 할 수 있는 환경을 조성하는 데 기여함을 인식함. 이를 통해 언론의 중요성과 역할을 깊이 이해하고, 미래의 저널리스트로서의 방향성을 확립함. 특히 밀의 사상을 통해 사상의 자유가 개인의 권리를 넘어 사회적 발전과 혁신의 원동력임을 깨닫고, 이를 바탕으로 공정하고 책임감 있는 보도를 통해 사회에 기여하고자 하는 목표를 설정함. 이러한 준비 과정을 통해 앞으로 사회에 긍정적인 변화를 이끌어낼 수 있는 저널리스트로 성장할 수 있을 것임.

▸ 책의 내용을 사회 교과와 연관 지은 경우

'자유론(밀)'을 읽고 사람들에게 허용될 수 있는 자유의 한계를 실질적으로 측정하기 위한 프로젝트를 실시함. 자유의 한계를 타인에게 고통을 주는 정도로 표현하고자 행동에 있어서 고통과 혐오의 양을 임의로 설정함. 이를 위해 다양한 상황에서 발생할 수 있는 고통의 정도를 수치화하고, 고통의 총합이 10을 넘길 경우를 자유의 한계로 설정함. 이어 정치적 자유, 표현의 자유, 신체의 자유 등 다양한 자유의 유형 리스트들을 만들어 실제 생활에 실험해보고, 그것을 통해 자유의 한계를 측정함. 정치적 자유의 경우, 개인이 자신의 정치적 견해를 표현할 수 있는 범위를 탐구하고, 해당 견해가 타인에게 미칠 수 있는 영향을 분석함. 표현의 자유는 예술적 창작물이나 미디어 콘텐츠를 포함시켜 이러한 표현이 사회적 규범이나 법적 제약에 부딪힐 때의 사례를 연구함. 신체의 자유는 개인의 신체적 자율성을 중심으로 이 자유가 타인의 권리와 충돌할 수 있는 상황을 평가함. 이를 통해 사회적 규범과 개인의 자유 사이의 균형과 이해를 넓히는 데 도움이 됐다고 밝힘.

후속 활동으로 나아가기

‣ 자유주의 사상의 변천사를 조사한 후, 자유의 의미와 가치가 어떻게 변화됐는지 파악해보고, 자유주의 사상가들의 일람표를 만들어 본다.

‣ 정부나 기업이 인터넷 활동을 감시하고 검열하는 문제에 대해 조사하고, 밀의 자유론을 적용하여 분석하는 프로젝트를 수행해 본다.

‣ 사회적으로 논란을 일으킬 수 있는 예술 작품이나 영화에 대한 검열 문제에 대해 조사하고, 밀의 자유론 입장에서 예술가의 표현의 자유를 확보하기 위한 근거를 찾아본다.

‣ 코로나 시국 때, 공공장소의 제한과 마스크 착용 의무화, 백신 권장 등의 일들이 밀의 자유론의 입장에서 어떻게 해석될 수 있는지 토론해 본다.

‣ '종교의 자유'에 관해서 토론한다. 사이비 종교를 규정하는 문제와 개인의 종교 선택에 관련된 자유에 대해 토론한다.

함께 읽으면 좋은 책

존 스튜어트 밀 《공리주의》 현대지성, 2020.

존 롤스 《정의론》 이학사, 2003.

이한구 《칼 포퍼의 『열린사회와 그 적들』 읽기》 세창미디어, 2014.

로버트 노직 《아나키에서 유토피아로》 문학과지성사, 2000.

자유론 ‣ 존 스튜어트 밀

의지와 표상으로서의 세계

아르투어 쇼펜하우어 ▶ 을유문화사

　칸트 사후 19세기 초반 독일 철학계에서 헤겔의 이성과 정반합 원리가 주류를 이루던 시기에 쇼펜하우어는《의지와 표상으로서의 세계》를 통해 이성이 아닌 의지를 세계 해석의 중심으로 삼는 새로운 접근법을 제시했습니다. 그는 칸트 철학에 대한 비판을 바탕으로 의지의 부정을 통해 고통을 제거하고 해방을 추구하는 독창적인 철학적 입장을 확립했습니다. 이 저작은 인간의 인식과 존재에 대해서 깊이 있게 다루며, 염세주의적 세계관과 의지의 철학을 통해 삶과 세계를 이해하는 새로운 방식을 제안합니다.

　먼저 쇼펜하우어는 세계를 '표상으로서의 세계'와 '의지로서의 세계'로 나눕니다. '표상으로서의 세계'는 주관적 표상의 관점에서 접근하며 이는 지각 능력이 있는 인간에게 보이는 세계입니다. 그에 따르면 이 세계는 개별화의 원리에 따라 인간에 의해 형성되고 표상되는 것으로 존재하는 모든 현상은 주관적 인식에 의해 그렇게 보이는 것입니다. 쇼펜하우어는 인간의 지성과 이성, 시간과 공간이라는 틀, 개념과 논리학의 역할을 중요시합니다. 그는 이러한 요소들이 세계를 인식하는 과정에서 중요한 역할을 한다고 설명합니다. 특히 우리의 인식은 시간과 공간이라는 형식 안에서 이루어지며 이러한 틀이 없다면 세계를 이해할 수 없다고 주장합니다. 더 나아가 주체와 객체의 상호작용을 통해 세계가 우리의 표상으로 나타나는 과정을 상세히 설명합니다. 모든 사물과 현상은 그 자체로 충분한 이유나 근거를 가진다는 '충분근거율'이라는 원칙에 따라 설명될 수 있기 때문입니다.

한편 '의지로서의 세계'는 존재하는 모든 것의 본질을 규정짓는 근본적인 개념입니다. 이는 단순히 인간의 욕망이나 의지를 넘어 모든 생명체와 무생물까지 포함하는 우주를 구성하는 근본으로, 현실 세계의 모든 현상을 만들어내는 배후에 존재하는 근원적 힘입니다. 쇼펜하우어는 이 의지가 자연의 힘으로서 충분근거율에 종속되지 않는 독립적인 원리로 작용한다고 주장합니다. 이를 통해 세계의 모든 현상이 객관화되며, 이러한 의지의 객관화는 자연 세계와 인간 삶의 다양한 측면에서 나타납니다. 우리의 신체 움직임에서부터 자연 현상에 이르기까지 모든 것이 의지의 발현으로 볼 수 있습니다. 이어 쇼펜하우어는 의지가 인간의 감정과 행동을 어떻게 지배하는지 설명하면서, 이를 통해 인간 존재의 근본적인 동력으로서의 의지를 탐구합니다. 그의 철학에서 의지는 신체와 의지의 관계, 의지의 객관화 과정, 자연력 등 다양한 주제를 통해 세계와 인간 존재를 이해하는 데 중요한 역할을 합니다.

쇼펜하우어는 세계의 근본적인 본질을 '살고자 하는 맹목적 의지'로 보았습니다. 이 의지는 모든 존재의 근원으로 무기물에서는 자연력으로, 식물에서는 생명력으로, 동물과 인간에게서는 삶에 대한 의지로 나타납니다. 이러한 의지는 비합리적이고 무한한 충동과 욕망을 내포하며 시간과 공간, 인과율로부터 자유로운 독특한 존재입니다. 쇼펜하우어는 이를 통해 세계를 인식하고 해석하는 데 있어 반이성주의와 비합리주의적 관점을 제시합니다. 그는 세계를 의미나 목적이 없는 곳으로 보며 맹목적인 의지의 실현을 위한 수단에 불과하다고 주장합니다. 세계는 개별 의지들의 끊임없는 투쟁의 장으로 이는 필연적으로 고통을 초래하는 구조입니다. 각 개인은 자신의 의지를 실현하려 하며, 이 과정에서 다른 사람들과 충돌하게 되는데 이러한 투쟁은 인간 존재의 본질적인 특징입니다.

쇼펜하우어는 삶의 본질을 고통으로 정의하며 인간은 태어나서 죽을 때까지 끊임없이 고통을 겪는다고 주장합니다. 이는 인간에게 있어서 불가피한 부분으로 쇼펜하우어는 고통을 삶의 중심에 두고 이를 철학적으로 설명하고자 합니다. 고통의 원인은 다양한 요소에서 비롯되는데, 첫째 인간은 끊임없이 무언가를 갈망하며 이러한 욕망은 결코 채워질 수 없어 항상 결핍감을 느끼게 합니다. 욕망이 충족되지 않으면 고통을 느끼고 욕망이 충족되더라도 새로운 욕망이 생겨나기 때문에 고통은 계속됩니다. 둘째, 인간의 이기심은 고통의 또 다른 원인입니다. 자신만을 생각하고 자신의 이익을 추구하는 과정에서 타인과의 갈등이 발생하며 이는 고통을 초래합니다. 이기심은 인간이 다른 사람들과 조화롭게 살아가는 것을 방해합니다. 셋째, 타인의 욕망을 제거하려는 부당한 행위도 고통의 원인입니다. 자신의 욕망을 충족시키기 위해 다른 사람의 욕망을 억누르거나 무시하는 행위는 갈등과 고통을 야기합니다. 이러한 행위는 인간 사회의 불화를 초래하며 개인과 사회 모두에게 고통을 안겨줍니다.

쇼펜하우어는 고통으로부터 해방될 수 있는 근본적인 방법으로 삶에 대한 의지를 부정하는 것을 제시합니다. 이는 무한한 욕망과 결핍에서 벗어나기 위한 과정으로 단순히 욕망을 억제하는 것이 아니라 삶 자체에 대한 의지를 포기하고 욕망에 지배받지 않는 상태를 추구함을 의미합니다. 쇼펜하우어는 이러한 태도를 고통으로부터 벗어날 수 있는 가장 근본적인 방법으로 보고 예술적, 윤리적, 종교적 차원에서 고통으로부터의 해방을 다양한 방식으로 탐구합니다.

쇼펜하우어는 예술적 차원에서의 해방을 심미적 관조와 세계 사물들의 본질에 대한 직관을 통해 일상적 고통과 욕망에서 벗어나는 일시적인 상태로 설명합니다. 특히 음악을 가장 순수한 형태의 예술로 보아 맹목적 의지로부터의 해방을 가능하게 하고 인간의 내면에 있는 의지를 직접적으로 표현하고 해방시키는 힘을 가진다고 평가합니다. 또한 예술은 단순한 모방이 아니라 이념을 표현하는 방식으로 예술 작품을 통해 우리는 일상을 벗어나 더 높은 차원의 진리를 경험할 수 있으며, 이는 우리의 의지와 감정을 초월하게 만듭니다. 쇼펜하우어는 예술을 통해 표상되는 이데아를 중요하게 여기며 이것이 인간이 세계를 인식하는 또 다른 방식을 제공한다고 주장합니다. 그러나 이러한 예술적 해방은 영혼의 일시적 안정제에 불과하며 영원히 지속될 수는 없다고 말합니다.

윤리적 차원의 해방은 동정심을 중심으로 한 비합리주의적 윤리학을 통해 이루어집니다. 동정심은 모든 존재에 대한 '헌신적인 사랑'과 '고통 제거'를 목표로 자기희생을 실현하게 합니다. 이는 타인의 고통을 함께 나누는 인간적 유대 감정을 포함하며, 타인의 고통을 자신의 고통으로 느끼는 정서와 타인에 대한 순수하고 이타적인 사랑을 의미합니다. 이러한 윤리적 태도는 삶에 대한 의지를 긍정하는 이기심과 악에서 벗어나 동정심과 선으로 나아가게 하며,

결국 자아와 타자의 일치를 통해 참된 해방을 제시합니다. 쇼펜하우어는 인간의 이기적인 본성을 극복하고 타인의 고통을 자신의 고통처럼 느끼는 능력을 강조하며, 이를 통해 개인적인 욕망을 초월하는 윤리적 삶을 추구합니다.

마지막으로 종교적 차원에서의 해방은 금욕을 통해 이루어집니다. 이는 삶에 대한 부정이 아니라 맹목적 의지와 욕구의 부정을 통해 해탈을 추구하며, 자발적인 의지의 부정을 통해 '무無로의 전환'을 추구함으로써 고통으로부터의 해방을 도모합니다. 쇼펜하우어는 불교와 같은 동양 종교에서 영감을 받아 금욕과 자기부정을 통해 삶의 고통에서 벗어나는 길을 제시합니다. 이러한 종교적 해방은 예술적 차원의 일시적 쾌락이나 윤리적 차원의 개인적 욕망의 충족을 넘어 궁극적인 평화와 해탈을 목표로 합니다.

쇼펜하우어의 사상은 니체, 프로이트, 융 같은 후대 사상가들에게 큰 영향을 미쳐 인간 본성과 무의식에 대한 현대 사상의 발전에 중요한 기초를 제공하였습니다. 또한 예술, 문학, 심리학 등 다양한 분야에 반영되었으며, 인간 존재와 우리가 사는 세계에 대한 근본적인 이해를 깊게 하는 데 크게 기여하였습니다.

도서 분야	철학, 고전, 정치	관련 과목	도덕·윤리, 정치, 법	관련 학과	법학과, 정치외교학과, 윤리교육과, 철학과, 사학과

고전 필독서 심화 탐구하기

▶ **기본 개념 및 용어 살펴보기**

주요 기본 개념 및 용어	
개념 및 용어	**의미**
헤겔의 변증법 정반합 正反合	– 헤겔의 정반합 개념은 사유와 현실의 지속적인 발전을 설명하는 변증법적 과정을 기반으로 함. – 변증법: 대립되는 요소들 간의 내적 모순을 통해 발전하는 과정. – 정定; Thesis : 어떤 개념이나 명제가 제시되는 단계. – 반反; Antithesis : 첫 번째 단계의 정定에 대해 반대되는 개념이나 명제. – 합合; Synthesis :정定과 반反의 대립과 모순을 양질의 차원에서 종합하고 극복하여 새로운 질적 상태나 개념을 형성.
심미적 관조	– 예술 감상을 통해 일상적인 고통과 욕망에서 벗어나 세계의 본질을 직관적으로 이해하는 상태.

▶ 쇼펜하우어의 자살에 대한 관점

쇼펜하우어는 자살은 인간이 겪는 고통으로부터의 해방 수단이 될 수 없다고 주장한다. 그의 관점에서 자살은 단지 삶을 부정하는 행위에 불과하며, 근본적인 '삶에의 의지'를 부정하는 것은 아니다.

그는 모든 존재의 본질을 '의지'로 보는데, 이 의지는 맹목적이고 영원히 재생되며 윤회하고 순환한다고 본다. 따라서 자살을 통해 주체의 의식이 소멸되더라도 '삶에의 의지'는 사라지지 않는다. 이 의지는 쇼펜하우어가 보기에 근본적인 고통의 원천이다. 자살은 이 의지를 해소하거나 극복하는 행위가 아니며, 따라서 진정한 의미에서의 고통으로부터의 해방을 가져오지 못한다.

그는 고통을 초월하는 방법을 종교적 차원에서의 해탈과 같은 정신적, 영적 수행에서 찾는다. 쇼펜하우어에 따르면 '의지'로부터의 자유는 의지 자체를 부정하고 초월하는 깨달음을 통해서만 가능하다. 이러한 관점에서 자살은 고통으로부터의 진정한 해방이 아니라 어리석은 행위로 간주된다.

현재에 적용하기

우리 삶에서 끊임없이 생겨나는 욕구를 찾아보고, 그 욕구의 충족과 불충족이 가져오는 고통을 탐구한다. 또한 자신의 욕구를 인식하고, 그것들이 정말 필요한 것인지 아니면 단순한 욕망에서 비롯된 것인지를 구분하는 연습을 해 본다.

생기부 진로 활동 및 과세특 활용하기

▸ **책의 내용을 진로 활동과 연관 지은 경우**(희망 진로: 심리학과)

진로 융합 수업 시간에 쇼펜하우어의 자살에 대한 철학적 견해를 바탕으로 심리 상담사 진로 활동을 진행하며, 자살 징후를 보이는 학생을 상담하는 역할을 상상하며 자살 예방과 심리적 안정에 관한 새로운 상담 방법을 제안함. 쇼펜하우어가 제시한 고통을 초월하는 방법으로서의 정신적, 영적 수행의 중요성을 강조하고, 삶에의 의지를 초월하는 깨달음을 통해 고통을 극복하는 접근법을 심리상담에 접목하여 제시함. 이를 통해 철학적 사고와 현대 심리상담 기법을 융합하여 자살 예방 상담에 대한 깊이 있는 이해와 창의적인 문제 해결 능력을 발휘함. 또한 심리상담 사로서 미래에 필요한 전문적 역량을 함양하고, 인간의 고통에 대한 다각적 접근을 통해 심리적 지원의 방안을 모색하는 모습을 보임.

▸ **책의 내용을 심리 교과와 연관 지은 경우**

철학과 심리학의 교차점을 탐구하는 융합 수업에서 뛰어난 분석력을 발휘함. 특히 쇼펜하우어의 의지 철학과 프로이트의 정신분석학 간의 깊은 연관성을 탐색하는 과제에서 주목할 만한 성과를 보여줌. 쇼펜하우어가 제시한 인간 행동의 근본적 동기인 무의식적 '의지'의 개념이 프로이트의 정신분석학, 특히 '억압'이라는 핵심 이론의 발전에 어떻게 기여했는지에 대해 심도 있게 분석함. 이어 쇼펜하우어의 철학이 프로이트뿐만 아니라 집단무의식의 개념을 발전시킨 카를 융, 개인심리

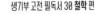

학을 창시한 알프레드 아들러, 구조주의 정신분석학을 주창한 자크 라캉 등 후대 심리학자들에게도 깊은 영향을 끼쳤음을 상세히 조명함. 이를 통해 쇼펜하우어의 철학이 현대 심리학 발전에 중추적인 역할을 했음을 입증함. 이 과정에서 단순히 철학과 심리학의 지식을 암기하는 것을 넘어서, 두 분야 간의 복잡한 상호작용을 이해하고 이를 체계적으로 분석하여 논리적으로 서술하는 능력을 보여줌. 이러한 접근 방식을 통해 철학적 개념과 심리학적 이론을 통합적으로 이해하는 데 있어서 높은 수준의 통찰력을 드러냈으며, 이로써 학문적 탐구의 깊이와 폭을 확장시킴. 또한 복잡한 학문적 아이디어를 명확하게 분석하고 표현하는 능력을 갖춘 것으로 관찰됨.

후속 활동으로 나아가기

▶ 일기쓰기를 통해 일상에서 겪는 욕구와 그로 인한 고통을 기록해 본다. 이를 통해 자신의 욕망을 인식하고, 쇼펜하우어의 이론을 개인적인 경험에 적용해 본다.

▶ 쇼펜하우어의 사상을 다른 철학자들과 비교하여 연구한다. 예를 들어, 칸트, 니체, 비트겐슈타인 등 다른 철학자들의 사상과 비교하여 그 차이점과 공통점을 분석하고, 이를 통해 쇼펜하우어의 철학적 위치를 파악해 본다.

▶ 쇼펜하우어의 철학이 반영된 문학 작품을 읽고 분석한다. 예를 들어, 도스토옙스키의 소설 등을 통해 의지와 고통의 주제를 문학적으로 탐구해 본다.

함께 읽으면 좋은 책

임마누엘 칸트 《도덕형이상학 정초 실천이성비판》 한길사, 2019.

헬런 짐먼 《쇼펜하우어 평전》 우물이있는집, 2016.

프리드리히 니체 《도덕의 계보》 아카넷, 2021.

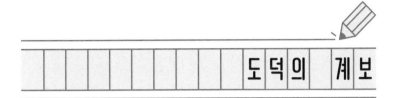

도 덕 의   계 보

프리드리히 니체 ▸ 아카넷

니체의 가장 유명한 저서인 《차라투스트라는 이렇게 말했다》는 철학적 은유와 상징을 통해 그의 사상을 표현한 작품입니다. 그러나 이 작품의 복잡성과 난해함으로 인해 일반 독자들에게 접근성이 떨어진다는 점을 알고, 이를 해결하기 위해 더 학문적이고 체계적인 방식으로 자신의 사상을 설명하고자 《선악의 저편》을 저술했습니다. 또한 도덕에 대한 생각을 더욱 확장하여 논문 형식으로 정리한 《도덕의 계보》를 펴냈습니다.

《도덕의 계보》는 세 개의 주요 논문을 통해 도덕이 어떻게 시작되고 발전해 왔는지에 대한 뛰어난 분석을 담아낸 저작입니다. 첫 번째 논문에서는 '선과 악', '좋음과 나쁨'의 개념을 다룹니다. 니체는 이러한 도덕적 가치가 사회적, 역사적 맥락에서 어떻게 형성되었는지를 분석합니다. 두 번째 논문에서는 '죄'와 '양심의 가책'에 초점을 맞춥니다. 양심과 죄책감이 인간 내면에서 어떻게 발생하며, 이것이 개인의 행동과 사고에 어떻게 영향을 미치는지를 분석합니다. 세 번째 논문에서는 금욕주의적 이상에 대해 탐구합니다. 금욕주의가 도덕적 가치와 어떻게 연결되며, 인간의 삶과 욕망에 어떤 영향을 미치는지를 분석합니다. 지금부터 니체의 철학에 대해 자세히 살펴보겠습니다.

《도덕의 계보》에서 그는 '힘에의 의지'라는 개념을 통해 인간의 본질과 도덕의 기원을 깊이 탐구합니다. 니체에 따르면 인간의 본질은 단순한 자기 보존이 아니라, 모든 힘의 중심에서 더욱 강해지려는 의지, 즉 '힘에의 의지'에 있습니다. 이 의지는 단순히 생존을 향한 것이 아니라 오히려 동화되고 주인이 되기를 원하며 그 이상이 되기를 원하면서 더욱 강해지기를 원하는 강한 욕망을 포함합니다.

니체는 이러한 '힘에의 의지'를 자유의 첫 번째 의미로 이해합니다. 이는 힘 관계에 기초한 도덕적 자연주의를 전제로 한 것입니다. 이 도덕적 자연주의에서 제시하는 도덕적 주체는 '주인'적 존재입니다. 주인적 존재는 자기 극복을 통해 삶을 조형하려는 강한 의지를 가지고 있으며, 다양한 욕구들의 긴장적 대립을 제어하는 능력을 소유하고 있습니다. 또한 그는 자기 긍정과 가치감을 새로운 선의 내용으로 평가할 수 있는 가치 설정자입니다. 이러한 존재방식은 그의 힘에의 의지에 의해 가능하며, 힘에의 의지를 발휘할 수 있는 존재는 곧 자유로운 존재입니다.

따라서 주인적 존재는 힘에의 의지를 발휘하는 존재이며, 그것은 곧 그의 자유의지입니다. 그러나 주인적 존재방식이 누구에게나 가능한 것은 아닙니다. 이는 오로지 그 자신의 의식적이고 의지적인 결단에 의해서만 성취될 수 있습니다. 니체는 자유를 인간에게 천부적으로 부여된 자연적 속성으로 이해하지 않습니다. 오히려 힘에의 의지를 바탕으로 획득해야 하는 대상으로 봅니다. 따라서 인간은 누구나 자유로운 것이 아닙니다.

그는 힘에의 의지를 발휘하는 '주인 도덕'과 그렇지 못한 '노예 도덕'이라는 서로 다른 도덕 체계를 제시합니다. 《도덕의 계보》에서 첫 번째 논문을 살펴보면, '주인 도덕'은 '좋음과 나쁨'의 관점에서 출발하는 반면, '노예 도덕'은 '선과 악'의 구분에 기초하고 있다고 설명합니다.

'주인 도덕'은 자신의 힘과 우월성을 긍정하는 것에 초점을 맞춥니다. 이는 강자, 지배자, 귀족과 같은 주권적 존재들에 의해 수용되며, 이들은 자신의 우월성을 자신감과 자긍심의 원천으로 삼습니다. '좋음'은 이들의 능력, 고귀함, 유용성과 동일시되며, 이 평가 체계는 자신의 지위 유지와 강화에 필수적입니다. 그렇기 때문에 외부 세계의 환경 및 그것에 대한 지배를 자신의 발전 도구로 활용하는 데 중점을 둡니다. '나쁨'은 이러한 주권적 존재들의 가치 체계에 반하는 모든 것을 의미하며, 주로 비속함, 천박함, 약함으로 해석됩니다.

반면 '노예 도덕'은 주로 노예나 약자들의 생존 전략에서 비롯됩니다. 이들에게 '선'은 생존을 돕고 위험을 회피할 수 있는 모든 것을 의미하며, '악'은 생존을 위협하거나 해로운 것으로 간주됩니다. '노예 도덕'은 특히 '르상티망(원한)'이라는 감정에 크게 의존하는데, 이는 실제로 복수를 실행할 힘이 없는 이들이 내면에서 키우는 복수의 상상력입니다. 이것들은 자신들을 억압하는 세력에 대한 소심한 반발이며 자연히 수동적이고 반작용적인 성격을 띠게 됩니다. '노예 도덕'은 주로 자신과 대립하는 세계를 부정하고 비난하는 데 집중하며, 이를 통해 약자들은 자신들의 위치를 정당화하고 자신의 약함과 무력함을 극복하고자 하는 생존 전략을 구축합니다.

니체의 《도덕의 계보》두 번째 논문에서는 '죄'와 '양심의 가책'에 초점을 맞추며, 양심의 두 가지 형태를 분석합니다.

첫 번째 형태는 주권적 개인의 양심으로, 이는 '주인의 양심'이라 불리며 선한 양심으로 특징지어집니다. '주인의 양심'은 책임 의식이자 자유 의식이며, 주권적 개인이 자신의 자유를 자각하고 그에 따른 책임을 인식하는 데서 비롯됩니다. 이는 주권적 개인의 힘과 삶에의 의지를 표현하는 자연스러운 형태의 양심으로, 가책으로서의 양심과는 구별됩니다.

두 번째 형태는 가책으로서의 양심으로, 이는 '노예의 양심'이라 불리며 죄의식과 죄책감을 중심으로 형성됩니다. 이러한 양심은 부채 이론과 내면화 이론을 통해 설명됩니다. 부채 이론에 따르면 초기 인간 사회에서는 타인에게 입힌 손해를 변제해야 한다는 의식이 존재했습니다. 시간이 지나면서 이러한 변제 의무가 내면화되어, 사람들은 물질적 보상 대신 심리적 채무감을 느끼게 되었습니다. 즉 자신이 저지른 잘못에 대해 내면적으로 부채감을 느끼고, 이를 통해 죄책감이 형성되는 것입니다. 그리고 니체는 내면화 이론을 통해 인간이 외부로 향하던 공격성과 충동성을 사회적 규범과 압력에 의해 내면으로 돌리게 된 과정을 설명합니다. 이러한 내면화된 공격성은 자기 자신에게로 향하게 되어 개인은 자신의 욕망과 충동을 억제하면서 내면적 고통을 겪게 됩니다. 이로 인해 발생하는 자기 비난과 자책감이 바로 '가책으로서의 양심'의 근원이 됩니다.

니체는 이러한 과정을 통해 형성된 죄의식이 기독교의 신을 매개로 한 내면적 고통과 부채 의식의 도덕화로 발전했다고 주장합니다. 기독교는 원죄와 금욕주의를 통해 인간의 본능적 욕망을 죄악으로 간주하고, 죄책감을 부추깁니다. 신 앞에서의 죄의식과 부채

의식은 개인의 내면적 고통을 도덕적 가치로 둔갑시키며, 이는 인간의 자유로운 의지를 억압하는 수단으로 작용합니다.

니체는 그의 세 번째 논문에서 금욕주의적 이상의 본질을 심도 있게 탐구합니다. 그는 금욕주의가 도덕적 가치와 어떻게 연결되며 인간의 삶과 욕망에 어떠한 영향을 미치는지 분석합니다. 니체에 따르면 금욕주의적 이상은 인간의 본능적 욕구를 억압하고 현실 삶에 대한 부정적인 태도와 증오를 조장합니다. 이러한 태도는 인간의 자연적 본성인 힘에의 의지를 억제하며 결국 허무주의로 이어집니다. 니체는 힘에의 의지를 긍정하고 새로운 가치를 창조함으로써 이러한 허무주의를 극복할 수 있는 초인의 삶을 강조합니다.

이러한 상황을 극복하고 자신의 삶을 주체적으로 이끌어가는 방법에 대해서는 《차라투스트라는 이렇게 말했다》에서 더 자세히 설명됩니다. 니체는 인간 정신의 발달을 낙타, 사자, 어린아이라는 세 단계로 설명하는데, 이 세 단계는 인간이 기존 도덕과 관습을 초월하여 자신의 삶을 주체적으로 살아가고 최종적으로 초인으로 발전하는 과정을 상징합니다. 니체의 이러한 사상은 인간의 자유와 창조성을 강조하며, 기존의 도덕적 가치와 세계관을 넘어서 새로운 가치를 창조해야 한다는 메시지를 우리에게 전달해줍니다.

니체는 기존의 기독교적 도덕과 같은 전통적인 가치관을 망치로 때려 부수고 인간의 창조성과 자율성을 찾기 위한 깊은 여정을 시작했습니다. 그는 인간이 더 이상 르상티망(원한)을 지닌 노예가 아닌 자신의 힘에의 의지를 긍정하며, 주인적 가치를 지닌 '초인'으로 살아가기를 강력히 권장합니다. 주인으로 살아가는 것은 때때로 벅찰 수 있지만, 그것은 강력하고 혁신적이며 진취적인 자세를 요구한다고 이야기합니다. 우리가 그것을 획득할 때 비로소 자신의 운명을 사랑하게 되어 삶의 주인이 될 수 있을 것이라고 힘주어 말하고 있습니다.

도서 분야	철학, 고전, 정치	관련 과목	도덕·윤리, 정치, 법	관련 학과	법학과, 정치외교학과, 윤리교육과, 철학과, 사학과

▸ 기본 개념 및 용어 살펴보기

주요 기본 개념 및 용어	
개념 및 용어	의미
힘에의 의지	– 인간과 모든 생명체가 지니고 있는 자신의 영향력을 확장하고 환경을 지배하려는 본능적인 욕구를 넘어 서서, 삶의 근본적인 활력과 창조적 에너지로서 자신의 최대 잠재력을 실현하고자 하는 본능적인 충동.

▸ 르상티망 Ressentiment

이 용어는 프랑스어에서 유래되었으며 '원한', '앙금' 또는 '분노'를 의미한다. 니체는 이 개념을 통해 힘에 대한 무력감이나 열등감을 느끼는 사람들이 자신들보다 더 강한 사람들 또는 상황에 대해 갖는 부정적인 감정과 태도를 설명한다.

니체에 따르면 르상티망은 약자나 노예들이 자신들의 현실을 수용할 수 없을 때 발생하는 감정적 반응이다. 이들은 자신들의 약함이나 무력함을 인정하기보다는 외부 세계나 그들을 억압하는 세력을 비난하고 부정한다. 이 과정에서 '선'과 '악'의 도덕적 가치 판단이 탄생하며, '악'은 종종 그들을 억압하는 세력이나 상황을 가리킨다.

르상티망은 이러한 부정적인 감정이 오랜 시간 동안 내면화되어 복수의 상상력이나 원한으로 발전하는 과정을 포함한다. 그러나 실제로 복수를 실행할 힘이 없기 때문에 이러한 감정은 자기 자신 내부의 문제로 남게 되고, 이는 다시 자신을 더욱더 약화시키는 악순환을 만들어낸다.

니체는 르상티망을 비판하면서 이를 극복하고 자신의 삶을 긍정적으로 변화시킬 수 있는 힘을 개인의 창조성과 자기 극복에서 찾아야 한다고 강조했다. 그는 강한 개인이 자신의 운명을 수용하고 자기 자신을 초월하는 능력을 통해 진정한 자유와 가치를 창출할 수 있다고 믿었다.

▶ 초인 Übermensch

초인은 자신의 한계를 넘어 새로운 가치를 창조하고, 자신의 삶을 스스로 규정하는 이상적인 인간 형태를 의미한다.

초인은 니체가 비판한 기존의 도덕, 종교, 전통적 가치관을 넘어선 존재로, 자신만의 가치를 창조하고 자기 자신의 삶의 의미와 목적을 정의하는 인간이다. 니체는 기존의 도덕적 가치들이 인간을 억압하고, 인간의 창조적 잠재력을 제한한다고 보았다. 따라서 초인은 이러한 제약을 극복하고 자신만의 독립된 길을 걷는 존재로, 인간의 진화와 발전의 최종 목표를 상징한다.

니체에 따르면 초인이 되기 위해서는 자신의 '힘에의 의지'를 강화하고, 자신만의 가치를 창조하는 과정을 거쳐야 한다. 이는 니체가 말하는 '자아 극복' 과정을 통해 이루어지며, 개인이 자신의 내면과 외부 세계에 대한 깊은 이해를 바탕으로 자신의 삶을 적극적으로 형성해 나가는 것을 의미한다.

초인은 니체가 제시하는 이상적인 인간상이지만, 이는 단순히 초월적인 존재나 완벽한 인간을 의미하는 것은 아니다. 오히려 초인은 끊임없이 도전하고, 자신을 변화시키며, 한계를 넘어서려는 인간의 노력과 과정을 상징한다. 초인으로의 여정은 자신의 삶을 스스로의 가치로 채우고, 삶의 모든 순간을 적극적으로 창조해 나가는 데에 목적이 있다.

니체의 초인 개념은 그의 철학 전반에 걸쳐 등장하는데, 인간의 자유, 도전, 창조성의 중요성을 강조하는 핵심 요소다. 이는 인간이 자신의 가능성을 최대한으로 발휘하여 진정으로 자유롭고 창조적인 존재가 될 수 있는 길을 제시한다.

▶ 인간 정신 발달의 세 단계

니체의 인간 정신 발달 세 단계는 자아실현과 자유로운 창조를 향한 여정을 상징한다.

첫 번째는 낙타의 단계이다. 이 단계에서의 인간은 '낙타'처럼 강한 짐을 지고 있다. 이 짐은 사회, 문화, 그리고 전통적 도덕에서 오는 규범과 책임들이다. 낙타는 이러한 짐을 인내하며 감당할 수 있는 힘과 능력을 가지고 있다. 이 단계의 인간은 주어진 규범과 가치를 수용하며, 자신에게 부과된 역할과 책임을 충실히 수행한다. 그러나 이는 자신의 독립적인 사고와 창조적인 힘을 발휘하기 위한 준비 단계에 불과하다.

두 번째는 사자의 단계이다. '사자'는 기존의 가치와 규범에 도전하는 힘을 상징한다. 이 단계에서 인간은 '성스러운 불경'을 행사하여 기존의 가치를 부정하고, 자신만의 독립적인 사고를 통해 새로운 가치를 창조하기 위한 용기와 힘을 발휘한다. 사자는 '아니오'라고 말할 수 있는 힘을 가지고 있으며, 이는 자기 자신의 주체성을 확립하고, 기존의 질서와 도덕을 넘어서려는 의지를 나타낸다.

세 번째는 어린아이의 단계이다. 이 단계는 '새로운 시작'과 '창조'를 상징한다. '어린아이'는 무한한 가능성과 순수한 창조력을 가지고 있으며, 기존의 가치와 규범에 얽매이지 않는 자유로운 존재다. 어린아이는 긍정의 힘을 통해 새로운 가치를 창조하고, 세상을 자신의 눈으로 새롭게 바라보며, 놀이와 같은 창조적 활동을 통해 자신의 세계를 구축한다. 이 단계는 완전한 자유와 창조적 에너지의 발현으로, 진정한 자아실현을 의미한다.

니체는 이 세 단계를 통해 인간이 자신의 제약을 극복하고, 진정으로 자유롭고 창조적인 존재로 거듭날 수 있음을 강조한다. 이러한 과정은 니체가 제시하는 '초인'으로의 진화 과정과 일치하며, 인간이 자신의 한계를 넘어서서 새로운 가치를 창조하는 여정을 의미한다.

현재에 적용하기

자신이 처한 다양한 상황을 성찰하고, 운명을 사랑하는 태도amor fati를 통해 이를 긍정적으로 수용하며 내 존재가 성장할 방법을 찾아본다.

생기부 진로 활동 및 과세특 활용하기

▸ **책의 내용을 진로 활동과 연관 지은 경우**(희망 진로: 경영학과)

진로 융합 수업에서 자신이 꿈꾸는 기업 경영자로서의 역할을 모색하며, 니체의 철학을 바탕으로 한 진로활동에 몰두함. 특히, 니체가 제시한 '힘에의 의지'라는 개념을 깊이 있게 탐구하며, 이를 통해 주도적이고 능동적인 삶의 중요성을 인식하고, 니체의 철학을 현대 경영학의 맥락에 접목시키는 방법을 탐색하였으며, 이를 통해 경영자로서의 리더십과 혁신적 사고의 중요성을 깨달았다고 밝힘. 또한 니체가 제시한 '초인' 개념을 깊이 있게 고찰하며, 경영자로서 초인의 태도로 모든 일들을 처리하고 주도적이며 혁신적인 삶을 실현하는 것의 중요성을 깨닫고, 끊임없는 자기 초월과 혁신을 추구하는 자세가 경영자에게 필수 요소임을 친구들에게 강조함. 나약함과 양심을 품는 '노예 도덕'에서 벗어나 강한 리더십과 책임감, 주도성을 갖춘 '주인 도덕'을 따르는 경영자로서의 삶을 살겠다고 공언함.

▶ 책의 내용을 역사 교과와 연관 지은 경우

철학과 역사 융합 수업에서 '니체의 철학'과 '주인과 노예'의 역사적 관계에 대해 심도 있게 탐구함. 니체의 '주인 도덕과 노예 도덕' 개념을 중심으로 개인의 권력 욕구와 그로 인한 사회적, 역사적 계급 간의 상호작용을 이해하는 데 중점을 둠. 니체가 제시한 '힘에의 의지'와 '초인' 개념을 통해 인간의 본능적 욕구와 개인의 자아실현에 대한 깊은 이해를 보임. 이 과정에서 주인과 노예의 관계를 현대 사회의 다양한 맥락에서 재해석하며, 권력 구조와 개인의 역할에 대한 비판적인 시각을 보여줌. 역사적 사건들을 니체의 철학적 관점에서 분석하고, 역사적 사건들이 개인 및 사회에 미친 영향을 평가함. 이를 통해 철학적 사고와 역사적 분석을 결합한 논리적이고 비판적인 사고 능력을 발휘함.

후속 활동으로 나아가기

▸ 쇼펜하우어의 '삶에의 의지'와 니체의 '힘에의 의지'를 비교 토론한다. 두 철학자의
관점 차이를 분석하고, 각각의 의지가 개인의 삶과 사회에 어떤 영향을 미치는지 논
의한다.

▸ 쇼펜하우어의 금욕주의에 대해 니체가 비판한 내용을 찾아보고, 그가 삶을 긍정하는
태도의 중요성을 강조한 이유를 분석한다.

▸ 니체의 유명한 선언 '신은 죽었다'의 의미를 탐구하고, 그의 기독교 비판과 현대 사회
에서 종교가 가지는 역할에 대해 토론한다.

▸ 니체의 '힘에의 의지' 개념을 현대의 리더십 모델과 비교하는 사례 연구를 진행하면
서, 성공적인 리더의 특성과 니체의 철학 사이의 연관성을 탐구한다.

▸ 자신의 한계와 약점을 인식하고, 주인으로 살기 위해 구체적인 계획을 세우는 시간을
갖도록 해본다.

▸ 운명을 사랑하는 태도인 '아모르 파티'에 대해 토론해본다. 각자의 경험을 공유하며
어려움을 긍정적으로 받아들이는 방법에 대해 논의해본다.

함께 읽으면 좋은 책

아르투어 쇼펜하우어 《의지와 표상으로서의 세계》 을유문화사, 2019.

정동호 《니체: 『차라투스트라는 이렇게 말했다』 해설서》 책세상, 2021.

니코스 카잔차키스 《그리스인 조르바》 민음사, 2018.

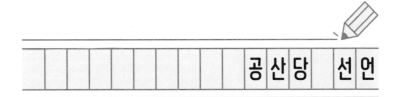

공 산 당　선 언

마르크스, 프리드리히 엥겔스 ▸ 돋을새김

《공산당 선언》은 1848년 카를 마르크스와 프리드리히 엥겔스가 발표한 선언문으로 공산주의 이론의 기본적인 원칙을 설명하고 당시의 사회계급 구조를 비판적으로 분석한 문서입니다. 이 선언문은 총 네 개의 주요 장으로 이루어져 있으며, 각각의 장은 공산주의 이론과 관련된 다양한 주제들을 다룹니다.

> Die Geschichte aller bisherigen Gesellschaft ist die Geschichte von Klassenkämpfen.
> 지금까지의 모든 사회의 역사는 계급투쟁의 역사이다.

첫 번째 장인 〈부르주아와 프롤레타리아〉에서는 역사를 계급투쟁의 역사로 해석하며, 부르주아지가 자본주의 사회의 지배 계급으로서 프롤레타리아(노동자 계급)를 억압한다고 주장합니다. 이 장은 프롤레타리아의 해방이 인류의 해방으로 이어질 것이라는 희망적인 전망을 제시합니다.

두 번째 장인 〈프롤레타리아와 공산주의자〉에서는 공산주의자들이 프롤레타리아의 이해를 대변한다고 설명하며, 그들의 목표는 사유재산의 폐지와 계급 차별의 종식임을 분명히 합니다. 이들은 모든 사람이 생산 수단을 공동으로 소유하고, 능력에 따라 일하며 필요에 따라 분배받는 사회를 지향합니다. 이로써 부르주아에 대한 프롤레타리아의 투쟁을 통해 계급 없는 사회를 실현하려는 공산주의 이념을 강조합니다.

세 번째 장 〈사회주의자와 공산주의 문헌〉에서는 다양한 사회주의적 사조를 분석합니다. 이 장에서는 '반동적 사회주의', '보수적 혹은 부르주아적 사회주의', '비판적-공상적 사회주의와 공산주의' 등 세 가지 유형의 사회주의를 구분하며 이를 비판합니다. 마르크스와 엥겔스는 이를 통해 진정한 공산주의의 필요성을 주장하며 자신들의 이론적 입지를 확립합니다.

마지막으로 네 번째 장인 〈기존의 다양한 반대당들에 대한 공산주의의 태도〉에서는 공산주의자들이 다른 정치 이념 및 당과의 관계를 명확히 하며, 최종적으로 모든 계급을 초월한 프롤레타리아의 전 세계적 혁명의 필요성을 강조합니다.

> Die Proletarier haben nichts in ihr zu verlieren als ihre Ketten.
> Sie haben eine Welt zu gewinnen.
> 프롤레타리아가 혁명에서 잃을 것이라고는 사슬뿐이요,
> 얻을 것은 전 세계다.
> Proletarier aller Länder, vereinigt euch!
> 전세계의 프롤레타리아여, 단결하라!

마르크스의 공산주의 사상은 생산 수단의 공동 소유, 계획 경제, 평등한 분배를 목표로 합니다. 이 사상은 사적 소유를 부정하며, 능력에 따라 일하고 필요에 따라 분배하는 사회를 지향합니다. 마르크스는 노동을 인간이 자신의 자연적 힘을 사용하여 자연과 관계를 맺는 과정으로 보고, 자본주의 사회에서는 생산 수단이 노동자를 지배하는 왜곡이 발생한다고 지적합니다. 이러한 자본주의의 계급 지배 구조와 인간 소외 과정은 창조적 노동의 가능성을 억제하고, 노동을 단지 생계유지의 수단으로 간주하게 만든다고 덧붙입니다.

마르크스는 인간이 자신의 본성과 잠재력을 발전시켜 자아를 실현하는 것을 진정한 자유로 봅니다. 따라서 창조적 노동을 통해 자신의 환경을 변화시키고 잠재력을 실현하여 자기 자신을 창조해 나가는 과정에서 자유와 자아를 실현할 수 있다고 생각하였으며, 이

는 개인의 고립된 활동이 아닌 공동체 내에서 타인과의 협동을 통한 활동으로 이루어집니다.

또한 마르크스는 사회의 본질은 경제적 생산양식에 의해 결정된다고 분석합니다. 그는 이 경제적 기반 위에 형성된 국가의 법이나 규범, 종교 등의 상부구조가 지배계급의 권력 유지에 기여한다고 보았습니다. 이러한 분석을 바탕으로, 그는 계급지배를 지속시키는 허위의식인 이데올로기를 비판하고, 모든 형태의 국가를 궁극적으로는 지배계급의 이익을 대변하는 집행위원회로 간주합니다. 이를 통해 마르크스는 자본주의 사회의 구조와 한계를 비판적으로 드러내며, 공산주의의 이상사회를 통한 인간 해방과 진정한 자유의 실현을 강조합니다.

마르크스의 사상과 그가 제안한 공산주의 이상사회는 역사적으로 많은 논란과 평가의 대상이 되어왔습니다. 마르크스가 세상을 떠난 후, 그의 이론을 바탕으로 소련 등 여러 국가에서 공산주의 체제를 시도했지만, 경제적 비효율, 정치적 억압, 인권 침해 등 다양한 문제들로 인해 체제가 무너졌으며 결국 실패로 평가되었습니다. 그럼에도 불구하고 마르크스의 이상사회는 인간 해방과 진정한 자유라는 고귀한 목표를 추구합니다. 그는 모든 인간이 평등하게 살며 경제적 차별 없이 자신의 능력에 따라 일하고 필요에 따라 분배받는 사회를 꿈꾸었습니다. 비록 마르크스의 이상과 현실 사이에 크

나큰 괴리가 있었다 할지라도, 그의 비전은 여전히 많은 이들에게 깊은 여운을 남기며, 우리의 평등, 자유, 공동체적 삶에 대한 열망을 반영하고 있습니다.

도서 분야	철학, 고전, 정치	관련 과목	도덕·윤리, 정치, 법	관련 학과	법학과, 정치외교학과, 윤리교육과, 철학과, 사학과

고전 필독서 심화 탐구하기

▶ 기본 개념 및 용어 살펴보기

주요 기본 개념 및 용어	
개념 및 용어	의미
부르주아	- 자본주의 사회에서 생산 수단을 소유한 계급. - 기업가, 대규모 농장주, 상인 등으로 구성되며, 프롤레타리아를 고용하여 이윤을 창출함.
프롤레타리아	- 자본주의 사회에서 생산 수단을 소유하지 않고, 생계를 유지하기 위해 자신의 노동력을 팔아야 하는 노동자 계급.

▶ 사회주의

사회주의는 개인의 이익을 넘어서 국가나 사회 전체의 이익과 복리를 최우선으로 여기며, 모든 사람들이 더 공정하고 평등한 조건에서 살 수 있는 사회를 목표로 한다. 이를 위해 사회주의는 생산수단을 개인이 아닌 공동체가 소유하고 관리해야 한다고 주장한다. 이로써 경제적 자원의 분배와 이용에서 발생하는 불평등을 줄이고, 사회적 연대와 공동의 이익을 추구하는 데 중점을 둔다.

자본주의 체제 하에서 나타난 빈부격차의 심화와 경제 불황의 문제점은 사회주의가 비판하는 부분이다. 이러한 문제들에 대해 사회주의는 경제적 평등과 사회적 정의의 실현을 통해 대안을 제시한다. 그러나 사회주의 체제가 실제로 적용되는 과정에서 경제적 효율성의 저하, 개인의 창의성과 인권의 제한과 같은 여러 한계에 부딪히기도 하였다.

▶ 사회주의와 공산주의 비교

사회주의 체제는 개인의 사적 소유를 어느 정도 허용하면서도 주요 생산수단에 대한 소유권을 사회 전체가 공유하거나 통제하는 방식으로 구성된다. 이 체제에서는 '능력에 따라 일하고, 노동의 실적에 따라 분배'하는 원칙을 중심으로, 개인의 노력과 기여를 존중하되 사회적 불평등을 최소화하는 것을 목표로 삼는다. 구체적으로 사회주의 체제 하에서는 교육, 보건, 주거와 같은 기본적인 사회 서비스를 국가가 제공하여 모든 시민이 기본적인 생활수준을 유지할 수 있도록 보장한다. 이를 통해 개인의 능력과 기여도에 따라 보상을 받되 극심한 경제적 불평등이 발생하지 않도록 하는 균형을 추구한다.

반면 공산주의 체제는 사적 소유를 전면적으로 부인하며, 모든 생산수단, 자원, 부를 공동체 전체가 소유하고 관리한다는 원칙에 입각한다. 공산주의에서는 '능력에 따라 일하고, 필요에 따라 분배'하는 원칙을 통해 모든 구성원이 필요한 만큼의 자원과 서비스를 받아 평등한 생활을 영위할 수 있도록 지향한다. 이상적인 공산주의 사회에서는 모든 사람이 자신의 능력을 최대한 발휘하여 공동체에 기여하며, 동시에 자신과 가족의 필요를 충족시킬 수 있는 충분한 자원과 서비스를 받게 된다. 이를 통해 개인의 욕구와 공동체의 필요가 조화를 이루며, 빈부격차나 사회적 계급 구분 없이 모두가 평등한 기회와 삶의 질을 누릴 수 있는 사회를 구현하는 것이 최종 목표이다.

▶ **자본주의, 사회주의, 공산주의 비교**

구분	자본주의	사회주의	공산주의
인간 본성	소외	소외가 극복되는 중	공동체 지향적인 창조적 노동자
사회	자본가가 노동자를 지배	노동자가 자본가를 지배	계급에 의한 지배와 통치가 아닌 무계급 사회
구조	사유 산업이 지배	중앙 집중화된 국가가 지배	강제적 제도 없음. 자발적 결사체만 존재
정치 권위	– 자본가의 독재 – 정부: 부르주아의 이익 집행 기구	– 노동자의 독재 – 정부: 재산을 사회화하고 경제를 계획함.	국가의 소멸
분배 정의	자본가에 의한 노동자 착취	능력에 따라 일하고 노동 실적에 따라 분배	능력에 따라 일하고 필요에 따라 분배
시민 참정권	시민은 대부분 신민	시민들은 참여자인 동시에 신민	시민은 집단적 역사를 만드는 데 주체로 참여

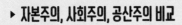

사회적·경제적 불평등이 깊어지고 인간의 존엄성이 위협받는 상황에서 공산주의 이외의 해결책을 모색해 본다.

생기부 진로 활동 및 과세특 활용하기

▸ **책의 내용을 진로 활동과 연관 지은 경우**(희망 진로: 사회학과)

마르크스의 공산주의 철학을 바탕으로 사회학자로서의 진로를 탐색함. 마르크스의 철학이 강조하는 사회적 및 경제적 불평등의 문제와 이를 해결하기 위한 공산주의 사회의 비전을 이해함. 공산주의 이론의 실제 역사적 실현 과정에서 나타난 다양한 문제점과 한계에 대해서도 학습함. 이 과정에서 공산주의 국가들의 역사적 사례들을 분석하며, 권력 집중, 경제적 비효율, 개인의 자유 억압 등 공산주의 실현 과정에서 발생한 주요 문제점들을 비판적으로 고찰함. 또한 공산주의 실패 원인을 통해 현대 사회에서 사회적, 경제적 불평등을 해결하기 위한 대안적 모델들을 탐구하여 친구들에게 알려줌. 이를 통해 역사적 사실과 철학적 이론을 결합하여 분석하는 능력을 발전시키고, 다양한 사회적 현상에 대한 깊은 이해와 비판적 사고를 통해 사회학자로서의 진로 탐색에 있어 독창적이고 실질적인 통찰력을 갖추게 됨. 이러한 학습 경험은 사회학자로서의 진로를 모색하는 데 있어 중요한 자산이 됨.

▶ 책의 내용을 역사 교과와 연관 지은 경우

철학과 역사의 융합 수업을 통해 소련, 중국, 북한, 베트남, 미얀마, 쿠바, 아프리카 등의 공산국가들을 포함한 다양한 국가들에서 공산주의가 어떻게 발전하고, 성장하고, 결국 몰락했는지 그 과정을 면밀히 탐구함. 이러한 탐구 과정에서 공산주의의 이상적인 목표와 현실 사이에 존재하는 괴리를 발견하고, 각국이 채택한 다양한 전략이 어떻게 사회적, 경제적 변화를 초래했는지 분석함. 더불어 이러한 역사적 사건들을 통해 현재 사회문제에 대해 깊게 이해하면서 비판적 사고와 평가 능력의 향상을 보여줌. 소련의 붕괴와 그에 따른 세계 정치 판도의 변화, 중국이 개혁개방 정책을 통해 어떻게 세계 경제의 중심 국가로 부상했는지, 북한의 고립 정책이 국제 사회와의 관계에 어떤 영향을 미쳤는지, 그리고 베트남과 쿠바가 경제 개방을 시도하며 겪은 어려움과 성공, 아프리카 국가들에서 공산주의 실험이 어떤 결과를 낳았는지 등 다양한 국가의 공산주의 실현 시도와 그 결과에 대해서 심층적으로 분석함. 더불어 공산주의 국가들이 겪은 실패와 억압 사례를 통해 정치, 경제 체제가 사회에 미치는 영향을 이해하고, 이를 바탕으로 현대 사회문제에 대한 창의적이고 실용적인 해결책을 모색함. 이러한 결과를 바탕으로 학교 내에서 다양한 실험을 진행하고, 논문을 작성하여 청소년 컨퍼런스에 참가함.

후속 활동으로 나아가기

▸ 노동 소외에 대한 자신의 관점을 정리하고, 이 문제를 해결하기 위한 창의적인 방안
  을 제시하는 논문을 작성한다.
▸ 학교에서 공산주의 사회를 실현해보는 실험을 해본다. 모든 것을 공유하고 구분이 없
  는 생활을 해보고, 그것의 장단점에 대해 탐색한다.
▸ 마르크스의 이상사회를 현대적 맥락으로 재해석하고, 이를 바탕으로 새로운 사회 시
  스템을 설계하는 프로젝트를 수행한다.
▸ 칼 포퍼가 마르크스주의에 대해 제기한 비판적 관점을 연구하고, 자신이 생각하는
  열린사회가 무엇인지에 대해 토의한다.
▸ 사회주의와 공산주의를 비교하여 보고서를 작성한다.
▸ 공산주의가 실패한 이유를 인간 본성의 관점에서 분석하여 보고서를 작성한다.

함께 읽으면 좋은 책

마르크스 《자본론》 풀빛, 2005.
장 자크 루소 《인간 불평등 기원론》 문예출판사, 2020.
이한구 《칼 포퍼의 『열린사회와 그 적들』 읽기》 세창미디어, 2014.
존 롤스 《정의론》 이학사, 2003.
장동익 《로버트 노직, 무정부·국가·유토피아》 커뮤니케이션북스, 2017.

실존주의는 휴머니즘이다

장 폴 사르트르 ▸ 이학사

장 폴 사르트르의《실존주의는 휴머니즘이다》는 2차 세계대전이 끝난 직후인 1945년 10월 파리에서 진행된 강연을 바탕으로 정리된 책입니다. 중세의 신 중심 사회를 지나 근대에는 인간 중심의 세상이 펼쳐졌고, 이성주의를 비롯한 다양한 사조들이 인간을 자만하게 만들었습니다. 그러나 두 차례의 세계대전의 비극을 겪은 인류는 이제 반성과 성찰의 시간을 갖게 되었고, 진정한 휴머니즘에 대한 고민을 시작했습니다. 당대의 대표적인 실존주의 철학자인 사르트르는 인간의 능력만을 과신하는 세태를 반성하고 새로운 휴머니즘을 모색하기 위해 자신의 철학적 입장을 세세하게 밝힙니다.

책은 세 부분으로 구성되어 있습니다. 첫 번째는 실존주의의 기본 개념을 설명하는 부분으로, 사르트르는 무신론적 실존주의와 기독교적 실존주의의 차이를 설명하고, 불안, 홀로 남겨짐, 절망 같은 개념을 통해 무신론적 실존주의의 개요를 제시합니다. 두 번째 부분에서는 당시 실존주의에 대한 주요 비판에 대해 반박하며, 도덕적 측면에서 앙가주망의 필연성을 강조합니다. 마지막 부분에서는 '실존주의는 휴머니즘이다'라는 주장을 통해 실존주의를 휴머니즘으로 정의하는 근거를 명확하게 제시합니다.

사르트르의 실존주의 철학을 깊이 들여다보면 예로부터 철학에서 '인간은 이성적 존재다', '인간은 목적적 존재다', '인간은 선한 존재다' 등으로 인간의 본질을 미리 정의한 것과 달리, 인간의 본질은 자유로운 선택을 통해 결정되며, 어떠한 철학이나 신에 의해 정해지지 않는다고 주장합니다. 사르트르는 인간을 본질이나 목적, 필연성 없이 이 세계에 '던져진' 우연한 존재로 보며, 이러한 존재는 자신의 목적과 본질을 자유롭게 창조하고, 그 결과에 대해 전적으로 책임져야 하는 주체적 존재라고 설명합니다.

> L'existence précède l'essence.
> **실존은 본질에 앞선다.**

이는 즉자即自와 대자對自라는 존재 방식을 통해 구체화됩니다. 즉자는 자의식을 가지지 않고 우연히 존재하는 사물들의 존재양식이며, 대자는 자의식을 가지고 모든 것에 의미를 부여하는 개별적 주체로서의 인간을 의미합니다. 인간은 대자로서 무無에서 본질을 채워나가며, 끊임없는 선택과 책임을 통해 자신의 규정성을 계속 바꿔갈 수 있는 존재입니다.

사르트르는 인간은 죽음 직전까지 계속해서 주체적으로 선택하고 결정하며, 그에 대한 전적인 책임을 지면서 자신의 삶을 구성해나간다고 보았습니다. 또한 죽음을 통해서만 인간의 본질이 최종적으로 정의될 수 있다고 주장하며, 인간의 모든 행동을 실패로 규정합니다. 이러한 사르트르의 견해는 대자와 즉자의 통합이 불가능하다는 점과, 인간관계에서의 삶을 하나의 거대한 실패로 보는 허무주의적 관점에서 비롯되었습니다. 하지만 우리는 운명과 삶에서 벗어날 수 없기에 죽는 순간까지 최선을 다해 살아가야 하며, '자유'를 통해 주체적으로 사는 게 더 좋다고 합니다.

> L'homme est condamné a être libre.
> **인간은 자유롭도록 선고받았다.**

사르트르는 인간이 자유를 선택하는 존재가 아니라 선고받은 존재라고 주장합니다. 이는 우리가 무한한 책임을 지니고 있음을 의미하며, 이러한 책임의식은 불안과 부조리를 동반합니다. 역설적으로 우리는 자유 그 자체에 예속되어 있는 셈입니다. 인간은 절대적으로 자유롭지만, 현실에서는 선택하지 않은 조건들에 둘러싸여 있고, 실상 이러한 조건들을 무시하고 자신을 창조하는 것은 불가능합니다. 사르트르는 모든 것이 자유의 형식으로 가능하다고 주장하지만, 이는 도덕을 인정하지 않는 것과 같습니다. 그는 진정한 '좋은 선택'이란 존재하지 않고 오직 '개인의 선택'만이 존재한다고 말합니다. 즉 인간은 다양한 선택을 할 수 있는 자유를 가지고 있지만, 자유 그 자체를 선택할 수는 없습니다. 이로 인해 우리는 항상 자유의 무게를 짊어지고 살아가야 하며, 이는 필연적으로 불안을 초래합니다.

인간은 이런 불안을 피하기 위해 자신의 자유를 숨기려고 하며, 결정론과 인과율을 통해 자유를 회피하려는 자기기만을 시도합니다. 결정론은 모든 일이 이미 결정되어 있으며 우리의 행동이 자유에서 비롯된 것이 아니라고 주장하는 반면, 인과율은 자유가 단지 환상에 불과하다고 믿습니다. 그러나 사르트르는 이러한 자기기만을 통해서도 인간이 불안으로부터 완전히 도망칠 수 없다고 말합니다.

진정한 자유의 회복은 '회심回心'을 통해 이루어집니다. 회심을 통해 우리는 자신을 변명할 수 없는 존재로 받아들이고, 자유를 취하며 새로운 관계를 세웁니다. 이 과정에서 인간은 자신의 본래 자유가 야기하는 불안을 받아들이고, 자기 기만적인 행위를 필연적인 것이 아니라 우연한 것으로 바라보게 됩니다. 이를 통해 고정된 형태를 버리고, 끊임없이 초월하는 대자적 존재로서 절대적 자유의 회복과 진실된 인간의 실현이 가능해집니다.

사르트르에 따르면 가치를 창조하는 삶은 인간이 스스로 이 세계 전체에 대한 의미와 가치를 결정할 때 비로소 자유로워지며, 이 과정에서 대자는 가치를 창조하게 됩니다. 진실된 인간의 모든 행위는 도덕적이며, 이는 해당 행위가 자유의 실천이자 가치의 창조라는 이중적 성격을 지니기 때문입니다. 가치의 창조는 인간이 절대적 자유를 실천하는 동안, 즉 자기 자신이 즉자로 존재하게 되는 상황을 경계하면서 오직 자유의 실천을 끊임없이 추구할 때 이루어집니다. 이러한 존재의 전개 과정에서 나의 자기성을 발현하는 존재 방식, 즉 앙가주망이 형성됩니다.

앙가주망은 원래 계약이나 구속을 뜻하는 말이지만, 정치나 사회 문제에 자발적으로 적극적으로 참여하는 것을 의미하기도 합니다. 개인이 어떤 목적을 향해 자신을 던질 때 나타나는 자기성의 존재 방식이 앙가주망이며, 이 경우 내가 대자적 존재이기 때문에 '자기 구속'이라고 번역하는 것이 타당합니다. 왜냐하면 근원적으로 자유인 인간은 자신이 처해 있는 상황 속에서 온갖 어려움에 부딪치고 주위로부터 저항을 받는데, 역설적이게도 그것에 의해 비로소 자유로운 존재로서 출현하는 게 가능해지기 때문입니다. 즉, 자유로운 대자는 대항하는 세계 속에서만 존재할 수 있으며, 이 구속 없이는 자유의 개념이 의미를 잃게 되는 역설을 통해 앙가주망의 존재 방식을 이해할 수 있습니다.

사르트르는 인간이 처한 절망적인 상황 속에서도 선고된 자유를 단순한 운명으로 받아들이는 것이 아니라, 주체적 자유로서 인식하고 이를 기반으로 끊임없이 선택하고 책임을 지면서 자신의 존재를 완성해 나가야 한다고 강조합니다. 이 과정에서 우리는 앙가주망을 통해 우리가 잃어버린 휴머니즘의 가치를 다시 찾아내고, 삶의 근본적인 의미를 복원할 수 있을 것입니다.

도서 분야	철학, 고전, 정치	관련 과목	도덕·윤리, 정치, 법	관련 학과	법학과, 정치외교학과, 윤리교육과, 철학과, 사학과

고전 필독서 심화 탐구하기

▶ **기본 개념 및 용어 살펴보기**

주요 기본 개념 및 용어	
개념 및 용어	**의미**
즉자 En-soi	– 자의식을 갖지 않고 어떤 의미, 목적, 필연성도 없이 우연히 존재하는 것으로, 의식의 대상이 되는 존재. – 외부에 있는 사물의 존재 양식을 나타내며, 스스로 자각하지 못하는 존재.
대자 Pour-soi	– 자의식을 갖고 모든 것에 의미를 부여하는 개별적 주관으로서, 어떠한 대상이 될 수 없는 존재. – 오직 인간만이 가능한 실존 방식.
앙가주망 Engagement	– 인간이 특정 목적을 향해 구체적으로 자신을 던지고, 그 과정에서 자신의 정체성을 실현하는 존재 방식. – 인간이 자신의 자유를 인정하고, 그 자유를 바탕으로 행동하며, 자신의 존재를 계속해서 창조해 나가는 과정.

현재에 적용하기

삶의 주체로서 자신의 실존을 자각하고, 나만의 본질을 창조해 나가는 방법을 고민하며, 그것을 실현할 수 있는 구체적인 방법을 모색한다.

생기부 진로 활동 및 과세특 활용하기

▸ **책의 내용을 진로 활동과 연관 지은 경우** (희망 진로: 철학과)

사르트르의 철학을 기반으로 한 진로 융합 수업에서 자신의 삶과 진로를 깊이 있게 탐색함. 사르트르의 '대자' 개념을 통해 자신이 '즉자'로서 스스로 자각하지 못하는 단순한 존재가 아닌, 의미와 목적을 부여할 수 있는 주체임을 인식함. 이를 통해 자신의 진로와 삶의 방향성에 대해 주도적으로 성찰하고 결정할 수 있는 존재가 될 것이라고 다짐함. 또한 앙가주망의 개념을 통해 자신의 선택과 행동에 대한 책임을 인식함. 이를 바탕으로 자신만의 독특한 정체성과 존재를 창조해 나가는 과정에서 적극적으로 자신의 삶과 진로를 고민함. 실존주의 철학의 교훈을 통해 삶의 태도가 정착되고, 지속적인 성찰과 고민을 한다면 자신이 분명 좋은 삶의 길을 걸어갈 것이라고 말함. 이러한 철학적 사고를 바탕으로 자신의 자유와 책임을 인식하며, 개인의 행복과 사회적 가치를 동시에 추구하는 진로 계획을 수립함.

▸ 책의 내용을 문학 교과와 연관 지은 경우

철학과 문학 융합 수업 시간에 사르트르의 실존주의 철학과 그의 문학 작품들을 심도 있게 분석함. 작품 속 등장인물들이 직면하는 실존적 상황과 그로 인해 발생하는 갈등을 탐구하며, 이를 통해 인간 실존의 본질에 대한 이해를 바탕으로 자신의 삶을 성찰하는 시간을 가짐.

특히 장편 소설 '구토'를 통해서는 주인공의 실존적 고뇌와 자아 발견의 여정을, '자유의 길' 3부작(철들 나이, 유예, 영혼 속의 죽음)을 통해서는 다양한 인물들이 겪는 정치적, 사회적 위기 속에서의 실존적 선택과 그 결과를 깊이 있게 분석함. 단편 '벽'에서는 인간의 자유와 죽음의 문제를, '바리오나 또는 천둥의 아들', '파리 떼', '닫힌 방', '더러운 손', '악마와 선한 신'과 같은 희곡들을 통해서는 사르트르가 무대 위에서 실존주의를 어떻게 표현했는지를 탐구함. 이 과정을 통해 사르트르의 철학적 개념을 구체적인 문학적 사례와 연결 지어 설명하는 능력을 향상시켰고, 실존주의가 현대 사회와 개인의 삶에 미치는 영향을 비판적으로 고찰하였으며, 실존주의 문학 작품을 간결하게 정리해서 독서 포트폴리오를 제작함.

후속 활동으로 나아가기

▸ 사르트르와 보부아르의 계약 결혼 일화를 소개하고, 전통적인 결혼제도와 비교해 토론한다. 개인의 자유, 독립성, 동등한 파트너십의 중요성에 대해 논의하며, 현대 사회에서의 관계와 결혼에 대한 자신의 견해를 재고해 본다.

▸ 키르케고르, 야스퍼스, 하이데거, 사르트르 등 주요 실존주의 철학자들에 대해 조사한다. 각 철학자의 주요 개념(예: 존재와 본질, 불안, 자유, 죽음 등)을 비교 정리하여 발표한다.

▸ 실존주의 철학과 관련된 문학, 예를 들어 사르트르의 《구토》, 《닫힌 방·악마와 선한 신》, 또는 알베르 카뮈의 《이방인》 같은 작품을 읽고, 그 내용과 철학적 의미에 대해 친구들과 함께 토론해 본다.

▸ 지역사회에서 봉사활동을 하거나 사회적 이슈에 참여하여 앙가주망을 실천해 본다.

함께 읽으면 좋은 책

장 폴 사르트르 **《구토》** 문예출판사, 2020.

장 폴 사르트르 **《존재와 무》** 민음사, 2024.

장 폴 사르트르 **《닫힌 방·악마와 선한 신》** 민음사, 2013.

정 의 론

존 롤스 ▸ 이학사

존 롤스의 《정의론》을 구체적으로 이해하기 위해, 먼저 그의 사회에 대한 관점을 살펴보겠습니다. 롤스에게 사회는 자기 이익에 관심을 갖는 합리적인 사람들이 더 나은 삶을 살기 위해 협동하는 사회적 협동체입니다. 이는 사회구성원들이 상호 간의 이익을 위해 협력하는 체제입니다. 개인은 사회 안에서 각자의 이익, 즉 선을 실현하기 위해 공통의 행동 규칙을 만들고 이를 함께 지켜나갑니다. 따라서 사회는 이해관계의 일치와 갈등이라는 양면성을 가지고 있는데, 즉 협동을 통해 모두에게 더 나은 생활을 가능하게 하지만, 다른 한편으로는 개인들이 더 많은 자신의 몫을 추구함으로써 이해관계의 갈등이 발생합니다. 이러한 갈등은 사회의 협동을 통해 해결해야 하는 중요한 문제 중 하나입니다.

사회구성원들 사이의 이해가 상충했을 때, 문제가 발생하는 그 배경적 조건에 따라 정의의 여건이 형성됩니다. 천연자원과 사회적 자원이 적절하게 부족한 상태와 자신의 이익 실현에만 관심을 갖는 개인의 주관적 상태가 이에 해당합니다. 이러한 조건들은 사회구성원들 사이의 협동을 통해 산출된 사회적 이익의 분배와 관련한 이해 상충 문제를 초래하며, 이는 곧 정의의 문제로 이어집니다. 따라서 정의의 원칙은 권리와 의무를 할당하고, 사회 협동체로부터 생긴 이익의 분배를 결정하며, 사회의 기본 구조를 결정하는 원칙과 기준으로서의 역할을 합니다.

정의는 사회제도의 제1 덕목으로, 사회제도의 정당성을 평가해주는 최상의 기준이자 시민이 소유한 불가침의 기본권과 시민적 자유를 보장해주는 역할을 합니다. 사회제도는 효율성보다는 그 제도가 정당해야만 받아들여질 수 있으며, 소수의 권리까지도 흔들림 없이 보장할 수 있어야 합니다. 따라서 개인의 권리를 우선시하는 것이 중요합니다.

롤스의 정의에 대한 관점을 정리해보면, '공정으로서의 정의관'은 원초적 입장에서 자유롭고 평등한 사람들의 공정한 최초의 합의 상황의 산물을 정의의 원칙으로 보는 관점을 뜻하며, 이는 순수 절차적 정의로 이어집니다.

'순수 절차적 정의'는 올바른 결과에 대한 독립적 기준은 존재하지 않고 공정한 절차만이 존재하며, 이 공정한 절차가 곧 결과의 공정성을 보장함으로써 도달하게 되는 정의입니다. 이러한 순수절차적 정의관은 다양한 상황에서 공정한 분배를 보장하기 위해서 필수적입니다.

첫 번째, 분배 기준들이 모든 상황에 적용될 수 있는 포괄적이고 보편적인 기준이 아니기 때문입니다. 이는 모든 상황에 일관적으로 적용할 수 있는 단일한 기준이 존재하지 않는다는 것을 의미합니다.

두 번째, 분배 기준들 간에 충돌이 발생할 경우 이를 조정할 수 있는 원리나 절차가 필요하기 때문입니다. 이것은 충돌 상황에서 공정한 해결책을 찾기 위해서는 순수 절차적 정의에 기반한 접근 방식이 필요함을 시사합니다.

《정의론》에 따르면 정의의 원칙을 도출하기 위해서는 순수 절차적 정의관을 바탕으로 원초적 입장을 설정해야 합니다. '원초적 입장'은 공정한 정의의 원칙을 도출하기 위한 출발점으로서, 현실이 아닌 순수한 가상적 상황을 설정하고 거기서 합의된 어떠한 원칙도 정의로운 것이 되도록 하는 공정한 절차를 설정하기 위한 것입니다. 이 원초적 입장은 정의의 원칙이 발생하는 조건이자 그 도덕적 정당성의 조건입니다.

원초적 입장은 반성적 균형상태를 통해 구성되며, 이는 원초적 입장을 형성하는 과정에서 도출됩니다. '반성적 균형상태'는 정의로운 시민들이 판단을 내리는 수단으로서, 의심스러운 요소들을 양극단에서 하나씩 제거하는 방법을 통해 무엇이 합리적이고 합당한지 끊임없이 숙고하여 적절한 상태에 도달하는 것입니다. 이를 통해 정의의 원칙이 무엇에 부합하고 부합하지 않는지를 판단하게 되며, 궁극적으로 정의의 원칙이 진정으로 정의로운지를 검토하게 됩니다.

이어 롤스는 원초적 입장에서 합의 당사자의 두 가지 조건을 통해 공정한 절차의 정당성을 확보하는 방법을 설명합니다.

첫째, 주관적 조건에 따르면 합의 당사자들은 자유롭고 평등한 존재로 자신의 견해에 기초하여 정의의 원칙을 결정하며, 합리적인 존재로서 목표 달성을 위한 최대한 효과적인 수단을 취합니다. 또한, 동정심이나 시기심 없이 상호 무관심한 합리성을 지니며, 정의감 행사 능력을 지닌 존재로 서로 간에 이 사실은 공공연히 알려져 있습니다.

둘째, 인지적 조건으로는 무지의 베일이 존재하며, 이는 사람들을 연대하지 못하게 하고 사회적, 자연적 여건을 자신에게 유리하게 만드는 타고난 우연의 결과를 무효화하기 위한 목적으로 설정됩니다. 이를 통해 정의의 원칙을 선택함에 있어 아무도 사회적, 자연적 여건의 우연성으로 인해 유리하거나 불리해지지 않게 되며, 이는 만장일치의 공정한 합의와 공정한 정의의 원칙 채택으로 이어집니다. 이때 차단되는 지식은 합의 당사자 개인과 관련된 지식, 합의 당사자들이 속한 사회의 특수한 사정, 타인에 대한 정보입니다. 반면, 허용되는 지식은 사회가 정의의 원리 하에 있다는 인식과 그것을 바탕으로 하는 인간 사회의 일반적 사실에 대한 지식입니다. 이러한 지식이 허용되는 이유는 합의 당사자들이 최대한 편견 없이 협상에 임하게 하고, 상대의 무지를 이용한 불공정한 합의를 막기 위해서입니다. 이렇듯 원초적 입장은 정의의 원칙이 권리와 의무를 할당하고, 사회 협동체로부터 생겨나는 이익을 분배하는 역할을 충실히 다할 수 있도록 설정되어야 합니다.

정의의 원칙을 선택하기 위한 합리적 선택 전략으로는 '최소극대화의 원리maximin principle'가 있습니다. 이는 원초적 입장에서 무지의 베일로 인한 불확실성 때문에 시기심 없고 상호 무관심한 합리성을 가진 사람들이 여러 대안들이 가져올 것으로 예상되는 결과들 중에서, 최선을 선택하기보다는 최악의 결과를 회피하려는 합리적 선택 전략입니다. 이 전략이 채택되는 이유는 원초적 입장의 특수한 상황에 기인합니다. 첫째, 평균 효용의 극대화의 원리는 비합리적이기 때문입니다. 둘째, 원초적 입장에서의 한 번의 선택이 자신을 포함한 자손만대의 장래를 결정하기 때문입니다.

그리하여 도출된 정의의 두 원칙은 사회의 기본 구조에 적용되며, 의무와 권리의 할당을 규제하고 사회적, 경제적 이익의 배분을 규제합니다.《정의론》의 목적상 사회 구조는 두 가지 다소 상이한 부분을 갖는 것으로 간주되는데, 제1 원칙은 평등한 기본적 자유를 보장하는 사회 체제의 측면에 적용되고 제2 원칙은 사회적, 경제적 불평등을 규제하는 사회 체제의 측면에 적용됩니다.

<정의의 제1원칙: 평등한 자유의 원칙>
"각 개인은 다른 사람들의 유사한 자유와 양립할 수 있는 가장 광범위한 기본적 자유에 대해 동등한 권리를 가진다."

제1 원칙인 평등한 자유의 원칙은 이렇습니다. 각 개인은 다른 사람들의 유사한 자유와 양립할 수 있는 가장 광범위한 기본적 자유에 대해 동등한 권리를 가집니다. 시민들은 기본적 자유가 서로 상충되지 않는 한 가장 광범위하고 동등하게 그 자유를 누릴 수 있어야 하며, 이러한 자유는 법이나 국가의 질서와 안녕을 이유로 제한될 수 없다고 강조합니다. 제1 원칙에 따른 기본적 자유로는 정치적 자유, 양심과 사상의 자유, 언론과 결사의 자유, 신체의 자유, 사유재산을 가질 수 있는 자유, 자의적인 구속과 체포로부터의 자유 등이 포함됩니다.

이어《정의론》에서는 기본적 자유의 제한이 현실적으로 존재하는 두 가지 경우를 설명합니다. 첫 번째는 모든 사회 구성원들 사이에 자유의 불평등은 없으나, 광범위한 자유보다는 좁은 범위의 자유를 가지는 경우, 즉 자유의 범위가 덜 광범위한 경우를 말합니다. 두 번째는 사회의 어떤 계층이 다른 계층보다 더 큰 자유를 가지는 상황, 즉 자유 자체가 덜 평등한 경우입니다. 롤스는 자연적 제약과 역사적 우연성의 영향이 존재하는 사회에서 이러한 현상은 불가피하다고 보지만, 기본적 자유는 오직 자유 그 자체를 위해서만 제한될 수 있다고 주장합니다. 그는 덜 광범위한 자유의 경우에 대해 이렇게 설명합니다. 예를 들어 '마약하지 마시오', '위험하니 들어가지 마시오'와 같은 경우처럼 그것이 모든 이에게 공유된 자유의 전체적 체계를 강화할 때는 제한이 허용된다고 설명합니다. 또한 덜 평등한 자유에 대해서는 보다 적게 자유를 가진 시민들 스스로가 그러한 상황을 받아들일 때에만 제한이 허용된다고 덧붙입니다.

> **<정의의 제2 원칙: 차등의 원칙과 공정한 기회균등의 원칙>**
> "사회적·경제적 불평등은 다음 두 가지 조건이 충족될 때 허용된다. 그 불평등이 모든 사람, 그중에서도 특히 최소 수혜자에게 최대 이익을 보장하고, 불평등의 계기가 되는 직책이나 직위는 공정한 기회균등의 원칙에 따라 모든 사람에게 개방되어야 한다."

　　제2 원칙은 차등의 원칙과 공정한 기회균등의 원칙입니다. 이 원칙들은 사회의 주요 직책을 모든 사람에게 공정하게 개방하고, 그러한 조건 하에서 사회적·경제적 불평등을 모두에게 이익이 되도록 조정할 것을 요구합니다. 이러한 불평등은 사회의 최소 수혜자에게 최대의 이익이 되는 경우에 한해서만 정당화됩니다. 이는 공정한 기회의 균등을 보장하기 위함이며, 즉 이러한 원칙이 없을 때 벌어질 수 있는 사회적 임무를 수행하는 과정에서의 자아실현 경험 상실과 같은 인간적 가치의 상실을 막고자 하는 것입니다.

롤스는 차등의 원칙을 정당화하기 위해 천부적 재능의 사회적 공유문제에 대해 논의합니다. 그는 개인의 천부적 재능이 공로나 자격이 아니라 운이나 우연에 의해 결정된다고 보며, 이로 인해 얻어지는 이익은 사회 전체와 공유되어야 한다고 주장합니다. 롤스는 공정한 기회균등의 원칙과 차등의 원칙을 통해 이러한 재능의 사회적 공유를 정당화하며, 사회적, 경제적 불평등이 가장 불리한 사람들에게 최대의 이익을 줄 때만 차등이 허용될 수 있다고 설명합니다. 이것은 개인의 노력과 성공하려는 의지조차도 가정과 사회적 환경에 영향을 받는다는 사실을 지적하는 것이며, 따라서 천부적 재능 역시 사회적 자산으로 간주해 모든 구성원에게 혜택이 돌아가도록 하는 것이 정의로운 사회를 이루는 핵심임을 강조합니다. 하지만 이런 차등의 원칙은 오직 사회적 자원의 분배 문제에만 적용되며, 개인적, 정치적, 법적 권리들은 어떤 이유로도 불평등하게 분배될 수 없습니다. 사회가 허용할 수 있는 불평등은 오로지 자원 분배의 불평등에 한정됩니다. 또한 제2 원칙의 의도는 사회적, 자연적 요인의 평준화가 아닌, 이러한 요인에서 발생하는 이익의 차등을 조정하여 부정의를 제거하고 정당한 불평등을 허용함으로써 높은 사회적 평등을 실현하는 것입니다.

이런 정의의 원칙은 절대 바뀔 수 없는 축차적 서열을 따릅니다. 이러한 서열은 사회적 가치가 서로 충돌할 때 우선순위를 정하는 데 중요한 역할을 합니다. 제1 우선성 규칙에 따르면 자유는 가장 중요한 가치로 간주되어 제1 원칙이 항상 제2 원칙보다 우선합니다. 이는 사회적 혹은 경제적 이익을 이유로 기본적 자유의 평등한 권리를 침해할 수 없다는 것을 분명히 합니다. 또한, 제2 우선성 규칙에서는 효율성과 복지에 대한 정의의 우선성이 더 강조되며, 이는 어떤 사회적 직책이나 지위에 접근할 수 있는 기회가 경제적·사회적 불평등을 통해 얻는 이익보다 언제나 우선적으로 고려되어야 한다는 것을 의미합니다. 즉, 공정한 기회는 차등의 원칙보다 우선돼야 한다는 것을 의미합니다.

끝으로《정의론》에서 롤스는 정의의 원칙을 바탕으로 사회구성원들의 선을 증진시키고, 공적인 정의관에 의해 규제되는 질서정연한 사회를 지향합니다. 이러한 사회에서는 모든 구성원이 다른 사람들도 동일한 정의의 원칙을 받아들인다고 인식하고 있으며, 사회의 기본제도가 일반적으로 이러한 원칙을 충족하고 있다는 사실이 널리 알려져 있습니다.

롤스는 현대 사회에서 심화되는 불평등과 불공정성을 심각한 문제로 인식하였습니다. 그는 이러한 현실적 문제들을 정치철학의 논증 방식을 통해 정당화하는 데 집중했습니다. '원초적 입장'이라는 사유 실험을 통해 공정한 절차적 정의를 도출하는 그의 논리적 체계는 매우 독창적입니다. 인간이 자유와 평등을 기반으로 협동하는 사회를 지향하는 그의 인류애적 발상은 현재 우리의 사회 체계에도 여전히 영향을 미치고 있습니다.

도서 분야	철학, 고전, 정치	관련 과목	도덕·윤리, 정치, 법	관련 학과	법학과, 정치외교학과, 윤리교육과, 철학과, 사학과

고전 필독서 심화 탐구하기

▶ 기본 개념 및 용어 살펴보기

주요 기본 개념 및 용어	
개념 및 용어	의미
최소극대화의 원리 Maximin Principle	- 최악의 것 중에서 최선의 것을 선택한다는 원칙. - 사회에서 가장 불리한 상황에 있는 사람들이 경험할 최악의 상황을 개선하는 데 초점.
평균 효용 극대화의 원리 Principle of Average Utility Maximization	- 사회 전체의 행복이나 만족도를 극대화하기 위해 각 개인의 효용(즉, 행복이나 만족)을 최대화하는 것을 목표로 하는 윤리적 원칙. - 예: 공리주의(최대 다수의 최대 행복).
축차적 서열	- 어떤 항목들이 순서에 따라 배열된 상태. - 순서는 절대적으로 고정되어 있으며, 항목 간의 순서는 뒤바뀔 수 없음.

▶ 공정한 분배의 다양한 기준 살펴보기

구분	분배 원칙
절대적 평등 분배	모든 사람에게 동일하게 분배
필요에 따른 분배	사람들의 필요에 따라 다르게 분배
능력에 따른 분배	능력이 뛰어난 사람에게 더 많이 분배
업적에 따른 분배	업적이나 기여가 큰 사람에게 더 많이 분배
노동에 따른 분배	더 많이 노동한 사람에게 더 많이 분배
마르크스주의	능력에 따라 일하고, 필요에 따라 분배
롤스	공정한 절차에 따른 분배
노직	능력과 업적에 따른 분배

▸ 세 종류의 절차적 정의 살펴보기

	올바른 결과에 대한 독립적 기준	공정한 절차	예시
순수 절차적 정의	X	O	도박
완전 절차적 정의	O	O	케이크 자르기
불완전 절차적 정의	O	X	형사재판

순수 절차적 정의란 분배 절차에 앞서 올바른 분배에 대한 객관적이고 독립적인 기준이 없음에도 불구하고, 공정한 절차가 존재하는 경우에 도달하게 되는 정의다. 이는 절차의 공정성이 결과의 정의로움을 보장함으로써 달성되며, 공정한 절차는 있으나 올바른 결과에 대한 기준이 없는 상황을 의미한다. 예로는 도박이 있다. 도박에서는 공정한 게임 규칙을 따르는 한, 그 결과가 공정하다고 간주된다. 여기서 중요한 것은 절차의 공정함이지, 결과가 어떤 기준에 부합하는지는 고려되지 않는다.

완전 절차적 정의는 분배 절차에 앞서 공정한 분배가 무엇인지에 대한 객관적이고 독립적인 기준이 존재하며, 올바른 분배 결과를 보장하는 절차가 있는 경우 도달하게 되는 정의다. 이는 올바른 결과에 대한 기준이 있고, 이를 달성할 절차가 구비된 상황을 의미하며, 케이크 자르기가 대표적인 예시가 될 수 있다. 케이크를 자를 때 한 사람이 케이크를 자르고, 다른 사람이 먼저 조각을 선택하는 방식은 공정한 분배를 보장하는 절차로, 이는 결과적으로 각자에게 공평한 몫이 돌아가도록 한다.

불완전 절차적 정의는 분배 절차에 앞서 올바른 분배가 무엇인지에 대한 객관적이고 독립적인 기준은 존재하지만, 올바른 분배 결과를 보장할 만한 절차가 없는 경우에 기대할 수 있는 최선의 정의다. 이는 올바른 결과에 대한 기준은 있으나, 이를 달성할 공정한 절차가 구비되지 않은 상황을 의미하며, 예로는 형사재판을 들 수 있다. 형사재판에서는 법률에 의거한 올바른 판결을 내리려는 목표가 있지만, 판사나 검사의 오류 가능성, 증거의 한계 등으로 인해 항상 공정한 결과가 보장되지는 않는다. 이는 올바른 결과를 달성하기 위한 기준은 존재하지만, 그 결과를 완벽하게 보장하는 절차가 없음을 의미한다.

현재에 적용하기

롤스의 《정의론》이 우리나라의 복지, 교육 정책, 법과 제도 설계, 정의감 등의 측면에서 어떤 영향을 끼쳤는지 탐구해 본다.

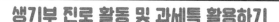

▸ 책의 내용을 진로 활동과 연관 지은 경우(희망 진로: 공간 디자인과)

공간 구성가를 꿈꾸고 있으며, 롤스의 정의론을 배우고 나서 이를 공간 디자인에 적용하는 프로젝트를 진행함. 특히 원초적 입장의 무지의 베일을 실제로 제작하여 공간을 구현함. 무지의 베일을 통해 모든 사람이 자신의 사회적 지위, 능력, 성별 등을 알지 못하는 상황을 상상하고, 이러한 상황에서 공정한 공간을 디자인하고자 함. 또한, 정의의 원칙을 반영한 공간을 만들고자 모든 사람이 평등한 상태에서 공정한 사회구조를 설계하는 방식을 공간 디자인에 반영함. 이 공간을 디자인하는 과정에서 사회적, 경제적 불평등을 최소화하는 구조를 고민하는 모습을 보임. 가장 취약한 계층이 가장 이용하기 편리하도록 공간을 설계하는 것을 중점으로 둠. 자유롭게 이용할 수 있는 공용 공간을 마련하여 모든 사람에게 최대한의 기본적 자유를 보장함. 이 프로젝트를 통해 디자인적 사고, 문제 해결 능력, 사회적 가치를 고려한 창의적 접근 방식을 발전시키고, 공간 구성가로서의 잠재력과 능력을 보여줌.

▶ 책의 내용을 경제 교과와 연관 지은 경우

경제학 융합 수업에서 롤스의 정의론, 케인스의 수정자본주의, 노직의 소유권리론, 그리고 신자유주의를 비교하며 학습함. 롤스의 정의론을 통해 사회적, 경제적 불평등을 정당화하는 원칙들을 이해하고, 이를 바탕으로 친구들에게 우리 사회는 각자에게 가장 넓은 기본 자유를 보장하고, 가장 취약한 계층에게 이익을 줘야 한다고 설득함. 케인스의 수정자본주의에 대해서는 시장실패와 경제 불안정성을 국가의 경제적 개입을 통해 수정하려는 점을 학습하고, 정부가 공공 지출과 세금 정책을 통해 수요를 조절하며, 경제적 불평등을 줄이고, 고용을 증진시키는 데 중점을 둔다는 내용을 이해하고 동료 교수법을 통해 친구들에게 알려줌. 노직의 소유권리론을 통해 개인의 자유와 재산권을 최우선으로 보고, 정부의 역할을 최소한으로 제한하며, 개인의 노동과 소유품에 대한 절대적 권리를 주장하는 내용을 파악함. 신자유주의에 대해서는 자유 시장 경제의 원리에 근거하여 경제성장과 효율성을 최대화하기 위해 시장의 자유를 강조하며, 규제 완화, 무역 자유화, 민영화, 세금 감소를 통해 개인의 기업가 정신과 경쟁을 촉진한다는 것을 프레젠테이션으로 제작하여 발표함. 롤스와 케인스, 노직과 신자유주의를 묶어서 토론을 제안하고, 자신이 진행을 맡으며 친구들의 논쟁을 조율하고 정리하는 모습을 보여줌.

후속 활동으로 나아가기

- 원초적 상태 시뮬레이션 게임을 통해, 무작위로 다양한 사회적, 경제적 위치를 배정받아 자신의 실제 정체성을 모른 채로 사회 계약을 형성하고, 원초적 상태와 정의의 두 원칙을 체험하며 공정한 원칙에 대해 탐구한다.
- 차등의 원칙과 공정한 기회균등의 원칙이 현실 사회에 어떻게 적용되는지 사례를 통해 탐구하고 그 장단점에 대해 토론한다.
- 다양한 분배 원칙을 탐구하고 친구들과 자신의 가치관에 맞는 분배 원칙을 선택하여 토론해 본다.
- 롤스와 소로의 시민불복종 개념을 탐구하고, 그 정당성에 대해 탐구한다. 양심적 병역거부와 같은 복합적인 예를 통해 심도 있는 토론을 유도한다.
- 롤스, 싱어, 노직의 관점에서 약소국에 대한 국제 원조의 입장을 비교 탐구하고 자신의 생각을 표현해 본다.
- 롤스, 노직, 왈저의 입장을 비교하며 '정의'에 대한 개념의 차이를 탐구하고, 이를 바탕으로 소논문을 작성해 본다.
- 소그룹별로 롤스의 원칙을 반영하는 이상 국가 모델을 설계하고, 이를 프레젠테이션을 통해 설명한 후 다른 그룹과 비교하여 최선의 이상 국가를 도출해 본다.

함께 읽으면 좋은 책

임마누엘 칸트 《도덕형이상학 정초 실천이성비판》 한길사, 2019.
존 스튜어트 밀 《자유론》 현대지성, 2018.
마이클 샌델 《정의란 무엇인가》 와이즈베리, 2014.
마이클 왈저 《마이클 왈저, 정치철학 에세이》 모티브북, 2009.
헨리 데이비드 소로 《월든·시민 불복종》 현대지성, 2021.

명문대 입학을 위해 반드시 읽어야 할

생기부 고전 필독서 30 | 철학 편 |

초판 1쇄 발행 2024년 12월 5일

지은이 박시몽
펴낸이 민혜영
펴낸곳 데이스타
주소 서울시 마포구 월드컵로 14길 56, 3~5층
전화 02-303-5580 | **팩스** 02-2179-8768
홈페이지 www.cassiopeiabook.com | **전자우편** editor@cassiopeiabook.com
출판등록 2012년 12월 27일 제2014-000277호

ⓒ박시몽, 2024
ISBN 979-11-6827-252-1 (43100)

• 데이스타는 ㈜카시오페아 출판사의 어린이·청소년 브랜드입니다.
• 잘못된 책은 구입하신 곳에서 바꿔 드립니다.
• 책값은 뒤표지에 있습니다.